Thomas Bremer, Burkhard Haneke (Hrsg.)
Zeugen für Gott

Zeugen für Gott

Glauben in kommunistischer Zeit

Im Auftrag von Renovabis

Herausgegeben von Thomas Bremer und Burkhard Haneke
mit Andrea Claaßen, Alena Kharko und Ruth Kubina

Das Projekt wurde betreut von Christof Dahm und
Angelika Schmähling (Renovabis).

Aschendorff
Verlag

Bildnachweis

G2W-Archiv: S. 185; Savo B. Jović: S. 105, 115, 117, 118; Ruth Kubina: S. 77; František Neupauer: S. 31, 34; Frano Prcela: S. 211, 213; privat: 47, 66, 72, 156, 197, 207, 240, 251; Renovabis: S. 154, 232, 259; Jānis Logins: 65, 67; Lidia Stăniloae Ionescu: S. 169, 171; Ágnes Tímár: S. 75, 88, 91; Tribunal für Seligsprechungsprozesse St. Petersburg: S. 58, 123, 125, 130, 131; www.dveri.bg: S. 93; www.pravoslavie.uz: S. 139.

Der Verlag hat sich um die Klärung der Bildrechte bemüht. Sollte dies im Einzelfall nicht gelungen sein, wird um Nachricht an den Verlag gebeten. Einige Bildvorlagen waren zudem leider nicht in besserer Qualität zu beschaffen.

Printed in Germany

Gedruckt auf säurefreiem, alterungsbeständigem Papier ∞

ISBN 978-3-402-13070-4

Inhaltsverzeichnis

6

Zur Idee dieser Publikation

Zu den für immer in die Erinnerung eingeschriebenen Begegnungen meines Lebens gehört die mit Silvester Krčméry. Es war an einem dunklen Winterabend im Januar 2013, als ich ihn in seiner Privatwohnung in Bratislava kennenlernen durfte. Der damals 89-jährige, altersschwache Arzt war schon lange Zeit bettlägerig gewesen. Sein Geburtstag – es sollte sein letzter sein – war bereits überschattet von dem sich nahenden Tod und wurde so zu einem Abschied für viele seiner Freunde. Von diesen hatte sich bei meiner Ankunft schon ein gutes Dutzend um ihn versammelt. Der Sekretär der Bischofskonferenz, Pater Anton Ziolkovský, war gekommen, um eine Messe am Bett des Kranken zu feiern. Eine dichte Atmosphäre, die nicht zuletzt von der großen Persönlichkeit und der spürbaren Andacht des Kranken geprägt war. Am Ende bedankte sich Krčméry bei allen Anwesenden für ihr Kommen und beschloss selbst die Feier mit einem fröhlichen italienischen Lied.

Beim Verlassen der Wohnung steckte mir ein Messteilnehmer – später erfuhr ich, dass es der ehemalige Außenminister der Slowakei, Pavol Demeš, war – die im Eigenverlag erschienenen autobiographischen Aufzeichnungen Krčmérys mit dem englischen Titel „This saved us" zu, die mich in den kommenden Wochen in eine für mich weitgehend unbekannte Zeit der Verfolgung eintauchen ließen. Jetzt stand die faszinierende Persönlichkeit dieses äußerlich so unscheinbaren Mannes deutlich vor mir: Ein überzeugter Naturwissenschaftler, ein katholischer Laie, der insgesamt zehn Jahre lang wegen angeblichen Hochverrats in Haft gesessen hatte und dabei eine unglaubliche geistig-geistliche Überlebensstrategie entwickelte, mit deren Hilfe er jedem Versuch widerstanden hat, ihn physisch, psychisch und moralisch zu brechen und ihn so seiner Würde zu berauben. Der „General der Untergrundkirche", wie man ihn auch nannte, ein enger Freund Papst Johannes Pauls II., hat nach der Verfolgungszeit viel dazu beigetragen, die Kirche in der Slowakei wieder frei und offen aufleben zu lassen. Als Krčméry im September 2013 starb, gedachte man seiner im Parlament mit einer Schweigeminute.

Die Begegnung mit Silvester Krčméry hat mich sensibel für die Frage werden lassen, wie wir mit dem Vermächtnis der vielen Glaubenszeugen und Glaubenszeuginnen aus der kommunistischen Zeit umgehen. Europa, zumal die Kirchen in Europa, kann es sich nicht leisten, die Glaubenskraft von Menschen wie Silvester Krčméry einfach dem Vergessen anheimfallen zu lassen. Aus dieser Überzeugung heraus regte schon Papst Johannes Paul II. Ende des letzten Jahrhunderts an, in den verschiedenen Ländern Dokumentationen über christliche Blutzeugen des 20. Jahrhunderts zu erstellen, um deren Zeugnis nicht in Vergessenheit geraten zu lassen.

Aus der gleichen Überzeugung heraus habe ich nach meiner Begegnung mit Silvester Krčméry den ersten Anstoß zu dieser – im Auftrag von Renovabis publizierten – Textsammlung gegeben. Die Idee war es, Glaubenszeugnisse aus der Zeit der Verfolgung in verschiedenen Ländern Mittel-, Ost- und Südosteuropas zu sammeln und sie auch deutschen Leserinnen und Lesern zugänglich zu machen. Der „Austausch der Gaben", von dem das Zweite Vatikanische Konzil mehrfach spricht, wenn es um die Kirche in verschiedenen Ländern und Konfessionen geht, kann an diesem reichen Gabentisch der Glaubenszeugnisse nicht vorbeigehen.

Unter *martyria* versteht die Kirche das Zeugnis für den Glauben. Im 20. Jahrhundert starben mehr Christen für ihren Glauben als in den neunzehn Jahrhunderten vorher. Und auch unter denen, die nicht Blutzeugen geworden sind, gibt es beeindruckende Zeugnisse für Glaubensmut und Zivilcourage von Menschen, die bereit waren, viel, ja alles für Christus zu opfern.

Der „Opferbegriff" mag in unserer Zeit sperrig klingen, für die christliche Botschaft ist er eine unverzichtbare theologische Kategorie. Von Theodor Haecker, einem der leider weitgehend in Vergessenheit geratenen geistigen Väter der Widerstandsgruppe „Weiße Rose", stammt folgender Gedanke: Das Opfer ist keine Erfindung des Menschen, auf die er kam, um die Götter versöhnlich zu stimmen. „Das Opfer ist primär eine Idee Gottes, ja das ist zu wenig. Es ist ein Sein Gottes. Das Opfer ist sozusagen von Ewigkeit zu Ewigkeit und m u s s t e darum auch in die Zeit eingehen. Der sich opfernde Gott ist die Überfülle seines Seins."

Die Nachfolge Christi in Zeiten der Verfolgung bringt Glaubenszeugnisse hervor, in denen der „sich opfernde Gott" mit Händen zu greifen ist. Das ist vielleicht der tiefste Grund, warum wir Christen an dem Glaubenszeugnis von Silvester Krčméry und all den anderen, für die die Auswahl der Texte dieses Buches steht, nicht vorbeigehen dürfen. Hier offenbart sich Gott in der Überfülle seines Seins.

Ich wünsche allen Leserinnen und Lesern, dass sie sich nach der Lektüre dieses Buches im Glauben gestärkt fühlen und das Zeugnis dieser Menschen als Ansporn erfahren, selbst den Glauben mit Freimut zu bezeugen.

Freising, Sommer 2014   P. Stefan Dartmann SJ

Zur Auswahl und Gestaltung der Texte

Der vorliegende Band vereint Texte ganz unterschiedlichen Charakters, denen es gemeinsam ist, Zeugnisse über das oder aus dem Leben von Menschen zu sein, die während der Zeit des Kommunismus in der Mitte und im Osten Europas für ihren christlichen Glauben eingestanden sind. Manche haben das mit ihrem Leben bezahlen müssen, andere wurden zu Haftstrafen verurteilt, wieder andere hatten oft schwere Nachteile in ihrem beruflichen oder privaten Alltag.

Es war keine leichte Aufgabe, sich angesichts des begrenzten Raumes für siebzehn Personen zu entscheiden, die in diesem ersten von zwei geplanten Bänden vorgestellt werden sollten. Bei den dokumentierten Fällen sollten folgende Aspekte deutlich werden:

- Die Auswahl sollte zeigen, dass Angehörige aller Kirchen und Religionsgemeinschaften Nachteile in Kauf nehmen mussten.
- Männer waren von den Verfolgungsmaßnahmen ebenso betroffen wie Frauen, Laien ebenso wie Priester, Bischöfe und Ordensleute – auch das sollte sich in der Auswahl widerspiegeln. Allerdings sind die Fälle von Priestern und Bischöfen in der Regel viel besser dokumentiert, was sich auch im vorliegenden Band zeigt.
- Es musste eine Auswahl von Ländern getroffen werden, da nicht alle postkommunistischen Staaten vertreten sein konnten. Maßstab waren dabei die heutigen Staaten, weil untergegangene Staaten wie die Sowjetunion oder Jugoslawien keine geeignete Gliederungskategorie bieten konnten.
- Es sollten verschiedene Gattungen Verwendung finden, nicht nur kurze Lebensbeschreibungen. Außerdem sollten in den Fällen, in denen das möglich war, auch Originalquellen dokumentiert werden.

Diese Kriterien führten zu einer Reihe von Problemen. Eine den historischen Gegebenheiten entsprechende Verteilung war bei den in diesem Band vorgestellten Fällen nicht möglich – Länder und Kirchen mit relativ starker Erfahrung von Verfolgung und strengen staatlichen Maßnahmen stehen somit neben solchen mit einer eher liberaleren Kirchen- und Religionspolitik. Einige Länder fehlen ganz. Auf die konkreten staatlichen Maßnahmen gegenüber den Kirchen konnte nicht im Einzelnen eingegangen werden, da diese sowohl in den verschiedenen Ländern als auch zu verschiedenen Epochen ganz unterschiedlich waren – das wird nur im einleitenden Aufsatz thematisiert, der eine Art Überblick über diese Fragen bietet. Die hier dokumentierten Lebenszeugnisse sind also insofern repräsentativ, als sie die Breite der Schicksale von Glaubenszeugen im Kommunismus abdecken, sie sind aber nicht repräsentativ, wenn man eine historisch genaue Relation zwischen den Verfolgungsmaßnahmen in den einzelnen Staaten und gegenüber den einzelnen Kirchen einerseits und den hier dokumentierten Beispielen andererseits ziehen will.

Obwohl so viele gläubige Menschen unter den Repressalien der kommunistischen Systeme gelitten haben, war es nicht einfach, die Texte zusammenzustellen. Bekannte Fälle und die Publikationen darüber, Martyrologien, persönliche Kontakte und eigene Recherchen standen am Anfang. Allerdings erwiesen sich manche Fälle bei genauerem Hinsehen als doch nicht so geeignet, wie auf den ersten Blick gedacht. Andere Menschen wollten nicht, dass ihre oft sehr beeindruckende Geschichte oder die ihrer Angehörigen veröffentlicht wird. In wieder anderen Fällen konnten wir keine Texte oder Materialien bekommen. Auch das sind Gründe für die Auswahl in diesem Band. Doch ist ein zweiter Band in Bearbeitung (die Publikation ist für 2015 vorgesehen), in dem versucht werden soll, viele der hier sichtbaren Lücken zu schließen.

Das Bemühen, die Geschichte der einzelnen Glaubenszeugen auf unterschiedliche Weise zu präsentieren, war naturgemäß durch die jeweiligen Lebensumstände beeinflusst. Von lange verstorbenen Personen ließ sich in der Regel nur eine Biographie schreiben, die sich unter Umständen durch erhaltene Dokumente (privater Natur oder aus staatlichen Archiven) ergänzen ließ. Mit lebenden Personen wurden zum Teil Interviews oder Gespräche geführt. Über manche Glaubenszeugen, die sehr bekannt sind, gibt es viel publiziertes Material, das dann verwendet wurde. Wieder andere haben eigene Aufzeichnungen und Erinnerungen publiziert, die für diesen Band sehr hilfreich waren. Die räumlichen Beschränkungen brachten es mit sich, dass auch hier fast immer eine Auswahl getroffen bzw. gekürzt werden musste.

Das hat zur Folge, dass es unterschiedliche Formen von Mitarbeit an diesem Band gab. Einige Texte wurden eigens für diese Publikation verfasst; manche davon mussten erst ins Deutsche übersetzt werden. In anderen Fällen wurden vom Redaktionsteam (Andrea Claaßen, Alena Kharko und Ruth Kubina) Dokumente oder Veröffentlichungen von einer oder über eine Person gesammelt, ausgewertet und eine Auswahl getroffen, die dann zumeist noch kommentiert wurde. Die Liste der Autor/inn/en die auf S. 275–276 gefunden werden kann, ist daher also viel kürzer als die Zahl der Beiträge. Das Redaktionsteam hat den größten Teil der Überarbeitungen und Übersetzungen besorgt. In jedem Fall findet sich am Ende des Textes der Name der Person, die ihn geschrieben oder zusammengestellt hat. An dieser Stelle sei zudem noch Herr Dr. Friedemann Kluge genannt, der die Endkorrektur mit großer Sorgfalt vorgenommen hat.

Es war Ziel des Buches, die Glaubenszeugen so vorzustellen, dass der Leser oder die Leserin neben dem individuellen Schicksal in der kommunistischen Zeit auch den Lebenslauf der Person kennenlernt. In manchen Fällen geschieht das durch die einleitenden Sätze des Textes selbst, vor allem dann, wenn er chronologisch vorgeht. Wo das nicht der Fall ist, weil sich der Text etwa konkret auf die Gefängniszeit o. ä. konzentriert, wurde ein biographischer Einleitungsabsatz vorangestellt, der die betreffende Person kurz vorstellt.

In den Fällen, in denen Texte aus anderen Publikationen übernommen wurden, sind sie an die gültige Rechtschreibung angepasst worden. Wo offensichtliche Fehler in Sachfragen oder in der Übersetzung auffielen, wurden sie korrigiert. Die Zitate innerhalb eines Textes werden nicht in Fußnoten nachgewiesen, sondern am Ende des Beitrags den dort aufgeführten Quellen zugeordnet. Bei Texten aus Sprachen mit kyrillischer Schrift wurde im Text selbst die einfacher lesbare Transkription verwendet, während im Literaturverzeichnis die wissenschaftliche Transliteration Verwendung fand; so heißt es beispielsweise im Text „Puschkin", während in der Literaturangabe „Puškin" steht.

Beim Bildmaterial wurde versucht, möglichst solche Abbildungen zu finden, die entweder die betreffende Person in der Zeit der berichteten Ereignisse zeigen oder Dokumente, Orte oder ähnliche Dinge, die in enger Verbindung zu der Person stehen. Zuweilen ist die Bildqualität nicht perfekt, was in der Natur der Geschichte dieser Abbildungen liegt. Den Inhabern der Bildrechte, die uns die Genehmigung zur Reproduktion gegeben haben, sei an dieser Stelle gedankt.

Dank gebührt auch allen, die in ganz unterschiedlicher Weise dazu beigetragen haben, dass dieses Buch so erscheinen konnte. Neben den in diesem Vorwort oder im Verzeichnis der Autor/inn/en Genannten sei noch Herr Dr. Dirk F. Paßmann vom Verlag Aschendorff für die reibungslose Zusammenarbeit namentlich angeführt. Alle anderen, die nicht eigens genannt werden können, seien aber ausdrücklich in unseren Dank eingeschlossen! Sie haben mit dazu beigetragen, dass durch die hier veröffentlichten Beispiele das eindrucksvolle Leiden so vieler gläubiger Menschen in den kommunistischen Staaten Mittel-, Ost- und Südosteuropas in Erinnerung gehalten wird.

Thomas Bremer/Burkhard Haneke
Münster/Freising, Sommer 2014

Verfolgung von Gläubigen und Kirchen während des Kommunismus – ein Überblick

Im vorliegenden Band werden siebzehn Menschen anhand ihrer Lebensbilder vorgestellt, die während der kommunistischen Herrschaft in Mittel-, Ost- und Südosteuropa wegen ihres Glaubens verfolgt wurden. Um diese Schicksale besser einordnen zu können, sollen vorweg einige Überlegungen über die Beziehung zwischen der kommunistischen Ideologie und der christlichen Lehre angestellt werden. Zudem soll überblicksweise dargestellt werden, wie sich die Beziehung zwischen beiden historisch entwickelt hat, nachdem der Kommunismus zum ersten Mal in ein politisches System umgesetzt wurde.

Marxismus und Christentum

Die im 19. Jahrhundert entstandene kommunistische Lehre bedeutete von Anfang an eine klare Ablehnung jeder Form von Religion. Historisch hing das mit einer Ablehnung der Kirche(n) zusammen: Von den geistigen Vätern des Kommunismus wurden sie als Instrumente gesehen, die den Unterdrückern der Arbeiterklasse dazu dienten, bei den Arbeitern durch die Hoffnung auf ein zukünftiges Leben ohne Mühen die Tendenzen zum Widerstand gegen die Beschwerden ihres jetzigen konkreten Lebens zu vermindern. Die Kirchen wurden also auf der Seite der Kapitalisten verortet, die ungebildeten Arbeiter waren nach dieser Auffassung Opfer der Vertröstung auf ein Jenseits. Religion als „Opium des Volkes" – diese berühmte Metapher von Karl Marx drückt genau das aus: Wie ein Süchtiger seinen mühsamen Alltag im Rausch zu vergessen sucht, so lässt die Religion die Arbeiter ihr schweres und vor allem ungerechtes Schicksal vergessen.

In der Logik dieser Vorstellung basiert Religion nicht auf einer transzendenten Wirklichkeit, sondern ist ein menschliches Konstrukt. Es gibt nach dem Marxismus keinen Gott, sondern die Vorstellung von einem solchen Wesen sei vielmehr erfunden worden, um die Arbeiterschaft gefügig zu halten. Daher bedürfe es nur der Aufklärung und Bildung, um die Menschen von der Last der Religion zu befreien. Wenn die Wissenschaft weiter fortschreite und ihre Erkenntnisse allen Menschen zugänglich sei, dann – so die marxistische Idee – werde allen klar werden, dass es keinen Gott gibt und dass Religion eine menschliche Projektion ist. Wenn die Menschen das erkannt haben, werden sie sich von der Kirche abwenden. Der Marxismus meint deswegen vorauszusehen, dass Religion von selbst absterben werde. Allein durch die historischen Notwendigkeiten, die sich unausweichlich durch den Fortschritt der Menschheit ergeben werden, müsse es dazu kommen, dass alle Menschen den Scheincharakter von Religion erkennen und sie nicht mehr nötig sei. Daraus folgt einerseits die Notwendigkeit der Aufklärung der nicht gebildeten Klassen, andererseits der Glaube an die Wissenschaft, deren Entwicklung dazu beitragen werde, dass der trügerische Charakter von Religion entlarvt werde.

Dieser theoretische Ansatz zeigt, dass ein unüberbrückbarer Gegensatz zwischen Religion auf der einen und der Ideologie des Kommunismus auf der anderen Seite besteht. Eine Erklärung der Welt mit Rückgriff auf ein transzendentes Wesen und die Ablehnung jeglicher Trans-zendenz schließen sich notwendig aus. Zwar gab es in der Geschichte immer wieder Versuche, beide Denksysteme miteinander in Übereinstimmung zu bringen, doch hat sich keiner davon durchsetzen können. Zu diesen Versuchen gehören die Ansätze der christlichen Sozialisten, ebenso die Berufung auf das frühe Christentum durch Marxisten. Trotz aller Ähnlichkeiten, die es in den Zielen – der Befreiung des Menschen aus irdischen Abhängigkeiten – geben mag, bleiben die Grundvoraussetzungen einander diametral entgegengesetzt.

Kommunismus und Kirche in der Sowjetunion

Zum ersten Mal in der Geschichte wurde der Kommunismus als Staatssystem eines Landes durch die Oktoberrevolution von 1917 umgesetzt; das Russische Reich wurde zur Sowjetunion, deren Staatsaufbau die Grundsätze der marxistischen Ideologie widerspiegeln sollte. Dazu gehörte von Anfang an eine scharfe Feindschaft zur orthodoxen Kirche, die bis zur Revolution eine privilegierte Stellung in Russland innehatte. Gleich nach der Revolution verlor die Kirche alle Ansprüche und ihren gesamten Besitz. Die Schulen, deren Trägerin zumeist die Kirche war, wurden verstaatlicht, und aus allen staatlichen Einrichtungen und Vorgängen wurden die Kirche und jedes Element von Religion verbannt.

Darüber hinaus wandten die neuen Machthaber jedoch von Anfang an auch Gewalt an, um die Kirche zu bekämpfen. Unmittelbar nach der Revolution wurden etliche Priester und Gläubige getötet, als erster Bischof kam im Februar 1918 der Metropolit Wladimir von Kiew ums Leben. In den nächsten Jahren wurden viele tausend Gläubige, Amtsträger und ebenso Laien, umgebracht, und noch viel mehr wurden in Gefängnissen und Straflagern inhaftiert. Das kirchliche Leben wurde mittels administrativer Maßnahmen extrem erschwert, Kirchengebäude wurden geschlossen und zweckentfremdet oder gleich ganz abgerissen. In den 30er-Jahren ging die Kirchenverfolgung mit dem „allgemeinen Terror" einher, der das Regime Josef Stalins vor dem Zweiten Weltkrieg kennzeichnete. Waren in den ersten Zeiten andere christliche Kirchen und nichtchristliche Religionsgemeinschaften aus taktischen Gründen weniger betroffen als die orthodoxe Kirche, so betrafen die Verfolgungsmaßnahmen nun jede Art von Religion. Auch der ideologische Kampf wurde intensiviert; „Gottlosenverbände" und Kampagnen sollten den Niedergang der Kirche beschleunigen.

Trotz dieser Bemühungen der Regierung blieb die Religiosität der Bevölkerung, vor allem auf dem Lande, weitgehend bestehen, wie von der Regierung in Auftrag gegebene (aber damals nicht veröffentlichte) Befragungen belegen. Das machte es für Stalin notwendig, nach dem Überfall der Wehrmacht auf die Sowjetunion 1941 die Unterstützung der orthodoxen Kirche zu suchen. Er empfing 1943 drei Bischöfe und gestand der Kirche wieder einen – wenn auch sehr begrenzten – Aktionsradius zu. Auch wenn nach dem Krieg die physische Verfolgung der Kirche endete, so geriet sie nun unter die strenge administrative Kontrolle des Staates. Jede einigermaßen wichtige Entscheidung musste mit den staatlichen Behörden abgestimmt werden; Kirchenvertreter hatten bei offiziellen Anlässen – vor allem im Ausland – die staatliche Politik zu rechtfertigen; die Zahl der Gemeinden, die nach dem Krieg besonders im Westen des Landes relativ hoch war (die deutschen Besatzer hatten die orthodoxe Kirche dort gefördert, um das Vertrauen der Bevölkerung zu erlangen), wurde langsam wieder vermindert. Die Kirche konnte existieren, allerdings in einem sehr engen Rahmen, der nicht von ihr selbst bestimmt wurde. Jegliches abweichende Verhalten oder Denken wurde sanktioniert. Das blieb im Großen und Ganzen die Situation in der Sowjetunion bis zum von Michail Gorbatschow eingeleiteten Umbauprozess, der sogenannten Perestroika, in der Religion wieder in die Öffentlichkeit zurückkehren konnte und durch die – gegen die Absicht ihres Initiators – das Ende des Kommunismus eingeleitet wurde.

Mittel-, Ost- und Südosteuropa unter dem Kommunismus

Nach dem Zweiten Weltkrieg war die Landkarte Europas stark verändert. Jetzt waren auch andere Länder in den Einflussbereich Moskaus gelangt und erhielten entweder sofort oder nach kurzer Zeit kommunistische Regime: Die baltischen Staaten wurden der UdSSR eingegliedert,

Deutschland wurde geteilt und der Ostteil wurde als „Deutsche Demo-
kratische Republik" kommunistisch, Polen, die Tschechoslowakei, Ungarn, Rumänien, Bulgarien, Jugoslawien und Albanien erhielten nach
und nach Regierungen, die in engen Beziehungen zu den sowjetischen
Machthabern standen. In kirchlicher Hinsicht bedeutete das, dass erstmals katholisch und evangelisch geprägte Staaten kommunistisch wurden, zudem auch weitere mit orthodoxer Bevölkerungsmehrheit. Zwar
waren Katholiken und Protestanten (ebenso wie Muslime, Juden und
Angehörige anderer Religionen) schon in der UdSSR von den antireligiösen Maßnahmen betroffen, doch hatte es sich hier immer nur um
relativ kleine Minderheiten gehandelt. Nun aber standen Staaten unter
der Herrschaft des Kommunismus, in denen sich der größte Teil der
Bevölkerung zur katholischen Kirche (wie etwa in Polen) oder zur evangelischen Kirche (wie in der DDR) bekannte.

Schon bald zeigte sich, dass zwei Staaten, Albanien und Jugoslawien,
einen eigenen Weg gehen würden. Jugoslawien brach 1948 mit der Sowjetunion und wurde zu einem der führenden Staaten in der Bewegung
der „Blockfreien", behielt allerdings den Kommunismus als sein politisches System bei. Auch wenn die Regierung später einige Öffnungen zuließ – so konnten die Bürger Jugoslawiens fast ohne Einschränkung ins
Ausland reisen, dort arbeiten (die „Gastarbeiter"), und ausländischen
Touristen war es möglich, ohne Visum ins Land zu kommen –, so blieb
doch der „Bund der Kommunisten" die einzige zugelassene Partei, und
Andersdenkende wurden verfolgt. Albanien wandte sich 1948 von Jugoslawien ab und gründete mit den übrigen kommunistischen Staaten
sowohl ein Militär- als auch ein Wirtschaftsbündnis. 1960/61 überwarf
sich die Führung jedoch mit der UdSSR und sah zunächst in den chine-
sischen Kommunisten ihre Verbündeten. Im Unterschied zu Jugoslawi-
en schottete sich Albanien völlig ab und ließ kaum Kontakte zum und
mit dem Ausland zu.

Die sechs verbliebenen Staaten (also Polen, die DDR, die Tschechoslowakei, Ungarn, Rumänien und Bulgarien), die zusammen mit der
Sowjetunion den sogenannten „Ostblock" bildeten, blieben unter dem
dominanten Einfluss der UdSSR, die etwa in den Fällen von Volksauf-
ständen (wie 1953 in Berlin) oder ideologischer Abweichung (wie 1968
in Prag) auch militärisch intervenierte. Hinsichtlich der Religionspolitik entwickelte sich ein Szenario, in dem die Verfolgungsgeschichte in
der UdSSR gleichsam in geraffter Form nachvollzogen wurde: In den
ersten Jahren dominierte der Versuch, das Christentum physisch zu
eliminieren. Gläubige wurden diskriminiert, Bischöfe und Priester verhaftet und schikaniert, Kirchen geschlossen, Orden aufgelöst, kirchli-

che Schulen und das kirchliche Pressewesen auf ein Minimum reduziert und Religion weitgehend aus dem öffentlichen Leben verbannt. In dieser Zeit gab es in fast allen Staaten Schauprozesse gegen herausragende Vertreter der katholischen Kirche; der kroatische Erzbischof und spätere Kardinal Stepinac saß von 1946 bis 1951 in Haft und anschließend bis zu seinem Tod 1960 in Hausarrest, der polnische Kardinal Wyszyński war von 1953 bis 1956 im Gefängnis, der ungarische Primas Mindszenty blieb von 1948 bis 1956 inhaftiert, der tschechische Erzbischof Beran war von 1949 bis 1963 in Haft bzw. in Hausarrest. Die katholischen Bischofssitze waren oft über viele Jahre vakant, weil der Heilige Stuhl sich weigerte, einen Sitz neu zu besetzen, wenn der rechtmäßige Bischof durch die Behörden an der Amtsausübung gehindert war, oder weil die Behörden ihrerseits die vom Vatikan vorgesehenen Kandidaten nicht akzeptierten.

Später differenzierte sich die Kirchenpolitik in den Ostblockstaaten. In Polen stellte die katholische Kirche die wichtigste gesellschaftliche Größe dar und konnte nicht nur eine katholische Universität unterhalten, sondern hatte etwa auch Militärseelsorger in der Armee. Durch die Wahl des polnischen Kardinals Karol Wojtyła zum Papst Johannes Paul II. im Jahre 1978 erhielt der Katholizismus in Polen noch stärkeren Auftrieb. Die dissidenten Bewegungen, die schließlich zum Ende des Systems führten, bezogen sich immer sehr deutlich auf die katholische Kirche. Dem kommunistischen Staat ist es nie gelungen, sich die Kirche unterzuordnen oder auch nur ihren Einfluss in der Gesellschaft zu verkleinern.

Anders war es etwa in der Tschechoslowakei, wo sich die historischen Bedingungen von denen in Polen unterschieden. Der Staat versuchte auf verschiedene Weise, das Leben der katholischen Kirche zu behindern. Dazu gehörte die Vereinigung *Pacem in terris*, ein 1971 gegründeter und von den Behörden zumindest unterstützter Verband von Priestern, die aus unterschiedlichen Gründen mit dem Regime übereinstimmten. Sie stellten die – aus der Sicht des Staates – „fortschrittliche" Seite der katholischen Kirche dar und wurden in vielerlei Hinsicht privilegiert. Insbesondere versuchte der Staat, Priester aus den Reihen dieser Vereinigung, die von den Bischöfen nicht anerkannt wurde, von Rom zu Bischöfen ernennen zu lassen. Im Falle der Verweigerung blockierte der Staat die Neubesetzung eines vakanten Sitzes – ein weiterer Grund dafür, dass Bistümer über viele Jahre ohne Oberhirten blieben. Ein Teil der Kirche reagierte auf diese Einschränkungen durch Untergrundtätigkeiten. Sie konnten sich von heimlich gefeierten Gottesdiensten in den Wohnungen von Katholiken, denen man vertraute, bis zum Versuch erstrecken, eine eigene geheime Hierarchie aufzubauen. Bischöfe aus anderen Ländern, etwa aus Polen oder aus der DDR, wohin Bürger der Tschechoslowakei relativ problemlos reisen konnten, weihten heimlich Priester und auch Bischöfe. Manche von ihnen waren verheiratet, so dass sie den Behörden nicht ohne Weiteres auffielen. Wie in anderen Ländern auch, gab es unterschiedliche Phasen der Verfolgung. Während des „Prager Frühlings" 1968 ließen die Maßnahmen nach; danach wurden sie wieder mit großer Härte aufgenommen.

Seit dem Jahr 1968 konnte im Osten der Slowakei die griechisch-katholische Kirche wieder legal tätig sein, wenn auch unter stark eingeschränkten Bedingungen. Die griechisch-katholischen Kirchen waren den Behörden insgesamt ein besonderer Dorn im Auge. Es handelt sich um katholische Kirchen, die aus der orthodoxen Tradition kommen und im Laufe der Geschichte eine Union mit dem Römischen Stuhl eingegangen sind (daher auch die Bezeichnung „Unierte", die jedoch von diesen Kirchen selbst nicht verwendet wird). Sie sind katholisch, insofern sie den Papst als ihr Oberhaupt anerkennen, feiern ihre Liturgie aber im östlichen („griechischen") Ritus. Daher wurden sie auch von der Orthodoxie schon immer mit großer Skepsis und als Verräter am Glauben der Väter betrachtet. Die kommunistischen Behörden verboten diese Kirchen vielfach. In der westlichen Ukraine wurde nach deren Anschluss an die Sowjetunion 1946 eine Synode inszeniert, die der Vereinigung mit der russischen Orthodoxie zustimmte. Heute wissen wir durch Archivdokumente, dass der KGB dieses Pseudokonzil organisiert hatte. An der Versammlung nahm kein einziger Bischof der griechisch-katholischen Kirche teil; sie wurden alle inhaftiert. Nur ein einziger überlebte, nämlich das Oberhaupt dieser Kirche, Großerzbischof Jossyf Slipyj, der 1963 im Rahmen der Verbesserung der Beziehungen zwischen der UdSSR und dem Vatikan nach Rom ausreisen durfte, nachdem er noch wenige Tage zuvor als Häftling im Straflager gesessen hatte. In Rumänien wurde die griechisch-katholische Kirche 1948 mit der orthodoxen Kirche des Landes zwangsvereint. Lediglich in Ungarn und in Jugoslawien, wo es nur relativ kleine Gruppen von Katholiken des östlichen Ritus gab, konnten sie existieren, jedoch nie in völliger Freiheit.

Ein Land unterschied sich völlig von den anderen, und zwar Albanien. Dafür gibt es mehrere Gründe, beispielsweise die ideologische Ausrichtung an China (nach dem Bruch zwischen Chruschtschow und Mao 1959/60) oder die besondere religiöse Situation der Albaner, die zwar mehrheitlich Muslime waren, bei denen es jedoch auch relativ große Anteile von Katholiken und Orthodoxen gab. Durch ihre nationale Identität und ihre Sprache unterschieden sie sich noch dazu von allen benachbarten Nationen. Die strenge Ausrichtung des albanischen Kommunismus führte nicht nur dazu, dass die harten Verfolgungsmaßnahmen über lange Zeit dauerten, sondern auch dazu, dass sich das Land in seiner Verfassung von 1967 als erstes Land überhaupt offiziell für atheistisch erklärte. Hatten alle anderen Staaten in ihren Verfassungen Bestimmungen über Glaubens- und Gewissensfreiheit festgehalten (auch wenn die in der Praxis nicht eingehalten wurden), so war Religion in Albanien ausdrücklich verboten. Somit wurde jede religiöse Ausdrucksform, jedes Begehen von Feiertagen oder etwa jede Taufe streng bestraft, wenn den Behörden etwas davon zu Ohren kam. Keine einzige Kirche oder Moschee in Albanien konnte als solche fungieren; sie wurden zerstört oder zweckentfremdet.

Die unterschiedlichen christlichen Kirchen

Betrachtet man das Schicksal der Gläubigen nicht nach den Staaten, sondern nach den Konfessionen, so ergeben sich ebenfalls erhebliche Unterschiede. Die katholische Kirche wurde von den Machthabern zumeist als die gefährlichste Gegnerin eingestuft. Das hing einerseits mit dem artikulierten und klaren Antikommunismus Roms zusammen, der erst in den 60er-Jahren durch einen eher pragmatischen Ansatz ergänzt wurde. Die später einsetzende vatikanische „Ostpolitik", für die vor allem der Name des späteren Kardinals Casaroli steht, war bei den Katholiken in Mittel-, Ost- und Südosteuropa selbst sehr umstritten. Für Deutschland kam die besondere Situation hinzu, dass die Diözesangrenzen nach den durch den Krieg bewirkten territorialen Veränderungen nicht mehr den politischen Wirklichkeiten entsprachen. Somit ergab sich eine schwierige Konstellation, in der Rom, die polnischen, die westdeutschen und die ostdeutschen Bischöfe sowie die Regierungen in Warschau, Berlin und Bonn jeweils eigene Interessen hatten. Auch in den Ländern, in denen Bischöfe inhaftiert waren oder ihr Amt nicht ausüben konnten, stieß die von Papst Paul VI. initiierte Politik der Öffnung und des Dialogs mit den kommunistischen Machthabern bei den Ortskirchen zuweilen auf große Skepsis. Als mit Johannes Paul II. ein Pole zum Papst gewählt wurde, der die Situation aus eigener Anschauung kannte, änderte sich der Kurs Roms rasch; nun unterstützte der Vatikan in Polen die unabhängige Gewerkschaftsbewegung „Solidarność" materiell wie ideell und machte sehr deutlich, dass die kommunistische Regierung von der Kirche nicht als legitime Vertreterin Polens angesehen wurde. Nach wenigen Jahren bewirkte die Perestroika-Politik

Michail Gorbatschows, dass die Satellitenstaaten allmählich aus der engen Umklammerung Moskaus entlassen wurden; kurz darauf war der „real existierende Sozialismus" in Europa am Ende.

Die Protestanten waren fast überall in Mittel-, Ost-und Südosteuropa eine Minderheit. In den ersten Jahren nach dem Zweiten Weltkrieg kann man die DDR noch als evangelisches Gebiet betrachten; doch schon in den 60er-Jahren ging die Religiosität erheblich zurück. Nach einer Verfassungsänderung in der DDR musste sich die evangelische Kirche in Ostdeutschland 1969 auch von der EKD trennen, mit der sie administrativ noch verbunden war. Sie entwickelte im Laufe der Jahre ein eigenes Selbstbewusstsein. Das Treffen des Berliner Bischofs Schönherr mit Erich Honecker 1978 brachte einige Verbesserungen, auch wenn die von einer Synode angenommene Formel von der „Kirche im Sozialismus" nicht unumstritten war. Mit dieser Formel wurde das System der DDR als die Kondition anerkannt, in der die Kirche lebte und ihre Sendung zu erfüllen hatte. Allerdings ermöglichte dieser Ansatz einer grundsätzlichen Anerkennung des Staates der Kirche, einen gewissen Freiraum zu bewahren oder neu zu erkämpfen. Insbesondere in den ökumenischen Versammlungen in der DDR brachte sie sich erfolgreich ein, und es gelang ihr, Fragen wie die nach Frieden und Gerechtigkeit auf die Tagesordnung zu bringen und immer wieder zu thematisieren, die sie in anderem Sinne als die Behörden interpretierte. Die Rolle der evangelischen Kirche bei der Wende, die auch mit der Betonung dieser Themen zusammenhängt, kann kaum überschätzt werden.

Außer in der DDR gab es noch kleinere Gruppen von Protestanten vor allem in der Tschechoslowakei und in Ungarn. Auch die baltischen Staaten Lettland und Estland waren überwiegend lutherisch, als sie im Krieg von der UdSSR annektiert wurden. Durch Verfolgungsmaßnahmen und durch den Zuzug nichtreligiöser (oder wenn, dann orthodoxer) Bürger aus anderen Sowjetrepubliken verlor die evangelische Kirche dort aber rasch an Einfluss.

Die größte Kirche in Mittel-, Ost- und Südosteuropa war und ist jedoch die Orthodoxie, die dort nach Nationalkirchen organisiert ist. Die einzelnen Kirchen sind voneinander unabhängig („autokephal") und völlig selbstständig, erkennen sich aber gegenseitig an und betrachten sich als die eine orthodoxe Kirche. Historisch hatte sich in der Orthodoxie immer eine enge Beziehung zu den Staaten entwickelt, in denen sie lebte (vor allem, wenn die Mehrheit der Bevölkerung orthodox war), und eine ebensolche Beziehung zu den Nationen, die überwiegend orthodox waren. Trotz aller Verfolgungsmaßnahmen blieb das grundsätzlich auch unter dem Kommunismus so. Ein sprechendes Beispiel hierfür ist die Haltung der russischen Orthodoxie, als 1941 die deutsche Wehrmacht die Sowjetunion überfiel: Obwohl das Regime die Kirche einer der blutigsten Verfolgungen in der gesamten Geschichte unterzogen hatte und die orthodoxe Kirche bis auf wenige Reste dezimiert war, rief der leitende Metropolit seine Landsleute zum Widerstand gegen die Eindringlinge und zur Unterstützung der Regierung auf – und zwar mehrere Tage, bevor Staatschef Stalin sich das erste Mal öffentlich äußerte.

Diese Nähe der Orthodoxie zum Staat hatte zur Folge, dass die entsprechenden Kirchen viel eher bereit waren, sich auch mit einem feindlich gesinnten Staat zu arrangieren, und ebenso, dass es den staatlichen Behörden oft viel leichter fiel, sich die Kirchen zu Diensten zu machen. Das lässt sich deutlich an den ökumenischen Beziehungen sehen. So wandte sich die Russische Orthodoxe Kirche gemeinsam mit den anderen Lokalkirchen aus dem kommunistischen Machtbereich bei einer Konferenz 1948 in Moskau, fast zeitgleich mit der Gründung des Weltkirchenrates in Amsterdam, mit einer Erklärung an die Öffentlichkeit, in der die ökumenischen Bemühungen auf das Schärfste verurteilt wurden. Nur einige Jahre später, nämlich 1961, trat sie jedoch selbst dem Weltkirchenrat bei, nachdem die staatlichen Behörden die Möglichkeit erkannt hatten, die Kirche in der internationalen Politik einzusetzen. In der Folgezeit verteidigten die Delegierten aus dem sowjetischen Machtbereich bei internationalen Begegnungen – auch bei bilateralen, etwa mit der Evangelischen Kirche in Deutschland oder der Deutschen Bischofskonferenz – die politischen Positionen ihres Staates. Religiöse Verfolgung oder Diskriminierung wurde immer bestritten – wenn Menschen im Gefängnis säßen, dann deswegen, weil sie gegen die Gesetze verstoßen hätten, und wenn Kirchen geschlossen oder abgerissen würden, dann deswegen, weil die religiösen Bedürfnisse der Menschen zurückgegangen seien und nicht mehr so viele Kirchengebäude benötigt würden.

Es lässt sich also sehen, dass man über die Verfolgung von Kirchen und Gläubigen im Kommunismus kaum allgemeingültige Aussagen machen kann. Die Maßnahmen unterschieden sich je nach Epoche, Staat und Konfession. Außer Christen waren auch Muslime, Juden und Angehörige anderer Religionen betroffen. Häufig hatte die Verfolgung von Gläubigen eine zusätzliche nationale Konnotation, die nicht so einfach von der religiösen unterschieden werden kann. Daher kann dieser Überblick auch keinesfalls erschöpfend sein, sondern will nur einige Charakteristika hervorheben.

Methoden der Verfolgung

Die Mittel der Verfolgung von Religionsgemeinschaften waren oftmals ähnlich. Den Behörden war es wichtig, dass die Kirchen nicht mehr öffentlich wirken konnten und sichtbar waren. Die größten Triumphe für die Kirchen waren, wenn das misslang, wie etwa bei den Besuchen von Papst Johannes Paul II. in Polen, Eucharistischen Kongressen (z.b. Marija Bistrica/Kroatien 1984) oder großen Feiern zur Tausendjahrfeier der Christianisierung der jeweiligen Nation, die durch historischen Zufall oft in die kommunistische Zeit fielen (etwa Polen 1966, Russland 1988) und bei denen häufig Millionen von Gläubigen öffentlich auftraten und deutlich machten, dass das Christentum keineswegs ein aussterbendes Phänomen ist. Doch das staatliche Interesse lag vor allem darin, den kirchlichen Einfluss auf die Bevölkerung einzuschränken. Die Maßnahmen hierzu ähnelten sich: Die Kirchen sollten nicht mehr in sozialen Einrichtungen tätig sein, keine Schulen mehr unterhalten und in den Medien möglichst wenig präsent sein; dazu sollte vor allem auch die kirchliche Medienarbeit selbst eingeschränkt werden. Entsprechend waren die Maßnahmen, die ergriffen wurden. Gerade im Bereich der katholischen Kirche war die soziale und erzieherische Arbeit eng mit den Ordensgemeinschaften verbunden, die somit entweder ganz verboten wurden (und damit aus dem Bild der Öffentlichkeit verschwanden) oder deren Tätigkeit erheblich eingeschränkt wurde. Krankenhäuser, Heime und andere Einrichtungen wurden enteignet und unter staatliche Aufsicht gestellt.

Theologische Bildungseinrichtungen waren erheblichen Einschränkungen unterworfen. In den meisten Fällen konnten sie nicht mehr als Fakultäten an den staatlichen Universitäten bleiben, sondern wurden zu privaten Einrichtungen der Kirche heruntergestuft. Der Zugang wurde beschränkt und kontrolliert; wer sich für das Theologiestudium (das bedeutete überwiegend: für einen geistlichen Beruf) entschied, wusste, dass er an den Rand der Gesellschaft gedrängt wurde. Das Diplom einer solchen Einrichtung galt nicht als Hochschulabschluss, so dass damit nur die Kirche selbst als Arbeitgeberin zur Verfügung stand.

In den Schulen wurde der Religionsunterricht abgeschafft; er konnte entweder nur noch im kirchlichen Rahmen oder – wie in der Sowjetunion – nur individuell in der Familie erteilt werden. Kinder, die zur Kirche gingen, wurden benachteiligt, von schulischen Aktivitäten ausgeschlossen und konnten oft trotz guter Leistungen keinen adäquaten Abschluss machen, so dass sie auch nicht studieren konnten. In fast allen Ländern hatten die Kirchen keinen Zugang zur Armee, zu Gefängnissen, Krankenhäusern und anderen staatlichen Institutionen.

Zugleich wurde es den Kirchen untersagt oder erheblich erschwert, Druckerzeugnisse herzustellen – sei es für die Öffentlichkeitsarbeit, sei es für den liturgischen Bedarf. Oft geschah das auf administrativem Wege, indem kein Druckpapier zugeteilt wurde oder Importgenehmigungen für die notwendige Ausrüstung nicht erteilt wurden, selbst dann nicht, wenn sie von westlichen Organisationen kostenlos zur Verfügung gestellt wurden. Alle Druckerzeugnisse unterlagen strenger Zensur, die Auflagenzahlen waren meistens ungenügend. In den staatlichen Medien kam Religion als inländisches Phänomen kaum vor. In einigen Ländern wurden die Kirchen oder einzelne ihrer Vertreter gezwungen, die staatliche Politik zu rechtfertigen, Glaubensverfolgung zu leugnen und – besonders eklatant im Falle Rumäniens und des dortigen Parteichefs Ceauşescu – die führenden Persönlichkeiten des Staates zu preisen.

Folgen für die Gläubigen

Die geschilderten Maßnahmen betreffen Kirchen – aber damit waren immer auch Gläubige betroffen. Das ist eine bedeutsamere Unterscheidung, als es auf den ersten Blick scheinen mag. Die Verfolgung von Kirchen zielte darauf ab, ihre Infrastruktur zu zerstören, Gemeinden die Geistlichen zu nehmen, ihr öffentliches und pastorales Wirken einzuschränken oder zu verhindern und somit dazu beizutragen, dass Religion – entsprechend der Lehre – aus den kommunistischen Gesellschaften allmählich verschwindet. Dabei konnte es jedoch durchaus vorkommen, dass Kirchen unter der Aufsicht des Staates und in einem von ihm definierten engen Rahmen existieren konnten. Doch auch das bedeutete nicht, dass man als Einzelner in einer solchen Kirche seinen Glauben leben konnte, ohne dafür sanktioniert zu werden. Vielmehr war die Bestrafung von Gläubigen, vor allem dann, wenn es sich um junge Leute oder um Menschen mit gehobener Bildung handelte, ein Mittel, um den erwarteten Absterbeprozess der Religion zu beschleunigen. Viele Menschen, die nicht nur heimlich in die Kirche gingen, hatten auch nach dem Ende der brutalen und physischen Verfolgung Probleme zu erleiden. In der DDR bedeutete das häufig den Entzug der Möglichkeit, ein Studium aufzunehmen: Schülerinnen und Schüler, die kirchlich aktiv waren, erhielten im letzten Oberschuljahr plötzlich schlechtere Noten, selbst wenn sie bislang immer ausgezeichnete Leistungen hatten, und schlossen die Schule mit einem Zeugnis ab, das ihnen kein Studium ermöglichte. Gläubige Menschen, die in der Sowjetunion trotz Warnungen die Kirche besuchten und sich religiös engagierten, wurden immer wieder in psychiatrische Anstalten eingewiesen: Ein Sowjetbürger, der in dem Staat eine Ausbildung erhalten hatte und dennoch religiös war, musste nach der Logik der Herrschenden geisteskrank sein. In vielen Staaten war ein Berufsverbot die Konsequenz für Religiosität; die vielen Priester, die als Heizer, Fensterputzer oder Hilfsarbeiter ihr Dasein fristen mussten, sind Beleg dafür. Natürlich gab es – vor allem in den ersten Jahren nach der Einführung des Kommunismus – auch viele Tausende von Menschen, die als Märtyrer für ihren Glauben mit dem Leben bezahlten oder die schwerste Misshandlungen, Folter und oft jahrelange Haft in Kauf nahmen. Zu den Formen der Tortur zählen alle Arten von Qualen und Erniedrigungen, die Menschen einander antun können.

Trotz dieser erschütternden Bilanz muss mit dem Begriff der Märtyrer vorsichtig umgegangen werden, schon allein aus Respekt gegenüber den wirklichen Märtyrern. In allen kommunistischen Staaten gab es solche Menschen, die wegen ihres Glaubens getötet wurden und somit das Martyrium auf sich genommen haben. Systematisch ist hier nochmals zu unterscheiden zwischen denjenigen, die nach einem Schauprozess oder nach Folter und Verhören hingerichtet wurden, weil sie nicht bereit waren, ihrem Glauben abzuschwören, und denjenigen, die willkürlich einfach deswegen getötet wurden, weil sie Gläubige bzw. kirchliche Amtsträger waren. In den Jahren nach dem Ende des Kommunismus haben die Kirchen viele Anstrengungen unternommen, das Schicksal dieser Glaubenszeugen zu klären. Aufgrund der schwierigen Quellenlage war das nicht immer einfach. In der katholischen und der orthodoxen Kirche wurden die Opfer, deren Namen bekannt und über die Unterlagen aufzufinden waren, häufig heiliggesprochen und damit auf eine der Kirche angemessene Weise geehrt. Dennoch ist davon auszugehen, dass die meisten Gläubigen, die von den kommunistischen Machthabern wegen ihres Glaubens getötet wurden, namentlich nicht bekannt sind.

Wie oben dargestellt, waren die meisten Todesopfer in den Jahren nach der Etablierung des kommunistischen Systems in einem Land zu verzeichnen. In der UdSSR dauerte diese Phase am längsten; obwohl die Kirchenverfolgung bewusstes Ziel der Regierung war, lässt sie sich in der Mitte der 30er-Jahre nicht mehr vom „allgemeinen Terror" trennen. Nach dem Krieg – in den meisten Satellitenstaaten seit den 60er-Jahren – wurden weniger Gläubige getötet; man versuchte, das Phänomen Religion mit anderen Mitteln zu bekämpfen. Doch selbst in einem Land mit einer so starken Kirche wie Polen wurde noch 1984 der Priester Jerzy Popiełuszko von Agenten des Geheimdienstes entführt und getötet.

Viele Gläubige wurden zwar nicht getötet, aber inhaftiert – sei es willkürlich, sei es nach Gerichtsprozessen. Dabei achteten die Behörden oft darauf, sie eines Deliktes anzuklagen, das nichts mit ihrem religiösen Bekenntnis zu tun hatte. Religion war ja offiziell nicht verboten und die Glaubensfreiheit durch die Verfassung gewährt; also wurden andere Beschuldigungen gegen die Gläubigen konstruiert. Landesverrat, feindliche Propaganda, Verstoß gegen administrative Bestimmungen oder aber angebliche moralische Verfehlungen dienten als Vorwand, kirchliche Amtsträger und Gläubige zu verurteilen. Viele von ihnen litten in den Gefängnissen und Lagern besonders schwer, weil sie mit Zustimmung der Aufsichtführenden von anderen Häftlingen gepeinigt werden durften und sogar sollten.

Neben den Getöteten und Inhaftierten sei noch eine dritte Gruppe genannt, nämlich diejenigen, die in ihrem Alltagsleben Einschränkungen erfuhren. Hierzu gab es, wie schon angedeutet, ein breites Spektrum von Möglichkeiten. Verbannung an entlegene Orte (ohne formalen Freiheitsentzug), Beeinträchtigungen im Bildungs- und Berufsleben, Schikanen, Benachteiligungen bei Zuteilungen von Gütern und Dienstleistungen wie etwa Reisen waren die am häufigsten zu beobachtenden Maßnahmen. Es war unerwünscht, dass bekennende Christen in Berufen arbeiteten, die hohe Qualifikation erforderten oder in denen sie auf andere Menschen Einfluss nehmen konnten. Daher war die Verweigerung eines Studiums eine Möglichkeit, Christen zu benachteiligen und zugleich dafür zu sorgen, dass sie möglichst keine höhere Bildung erlangen konnten. Besonders streng waren die Maßnahmen in Berufen, in denen mit Kindern und Jugendlichen gearbeitet wird, also vor allem bei Lehrern. Hier wurde sehr darauf geachtet, dass bekennende Gläubige schon durch Verhinderung des Studienantritts möglichst völlig ausgeschlossen wurden. Für kirchliche Amtsträger war vielfach vorgesehen, dass sie eine staatliche Genehmigung brauchten, um ihr Amt ausüben zu können. Sie konnte einfach entzogen oder gar nicht erst erteilt werden, so dass die Priester gezwungen waren, in anderen Berufen zu arbeiten, oft solchen mit schwerer physischer Arbeit und geringen Qualifikationserfordernissen.

Schließlich sei noch darauf hingewiesen, dass die unterschiedlichen Maßnahmen auch verschiedene Arten von Reaktionen bei den Gläubigen – Laien wie Amtsträgern – zur Folge hatten. Nicht alle waren bereit und in der Lage, aktiv Widerstand gegen das System zu leisten und dafür auch große, ja größte Nachteile in Kauf zu nehmen. Es gab unterschiedliche Grade, die eigene Unzufriedenheit mit dem System auszudrücken, von mangelnder Kooperationsbereitschaft mit den Behörden über Verweigerung, wo sie einfach möglich war, bis zu subversiven Formen des Protests. Konkret heißt das: Die Ordensschwester, die in einem Dorf heimlich Religionsunterricht erteilte, die Eltern, die ihre Kinder zwar nicht in der Stadt, aber während des Urlaubs taufen ließen, wo es nicht so auffiel, der Rekrut, der in seiner Wehrdienstzeit auf jeden Protest verzichtete, aber mit seinen Kameraden über seinen Glauben sprach, und der wegen seines Glaubens Hingerichtete – sie sind alle „Zeugen für Gott", aber eben auf unterschiedliche Art und Weise. Auch hier lässt sich keine allgemeingültige Kategorisierung schaffen, sondern sie müsste nach Kirchen und Staaten spezifiziert werden. Hier liegt noch eine gewaltige Forschungsaufgabe, die erst jetzt allmählich angegangen werden kann, da mehr über die Schicksale vieler Glaubenszeugen bekannt ist.

Es sei noch hinzugefügt, dass es auch nicht wenige Gläubige gegeben hat, die mit ihrer Lage nicht unzufrieden waren. Man muss ja bedenken, dass vor allem die jüngere Generation gar keinen anderen Zustand kannte. Man identifizierte sich mit seinem Heimatland (das nicht notwendig mit dem Staat identisch war – für viele gläubige Kroaten war nicht Jugoslawien, sondern Kroatien die Heimat, oder Litauen, nicht die Sowjetunion für viele Litauer), man wusste, dass man als gläubiger Mensch am Rande der offiziellen Gesellschaft stand, konnte sich aber damit arrangieren und ein Leben führen, in dem man seine Ziele zu verwirklichen suchte. Das erklärt, dass es eben nicht nur aktiven Widerstand gegeben hat. Es gibt keinen Grund, den Glauben solcher Menschen nicht als echten und wahren Glauben anzuerkennen. Sie verwirklichten ihn anders als andere. Auch gab es gläubige Menschen, die aus innerer Überzeugung die Zusammenarbeit mit den staatlichen Behörden suchten, sei es, weil sie darin einen Weg sahen, ihrer Kirche das Überleben zu sichern, sei es, weil sie subjektiv von der grundsätzlichen Richtigkeit des politischen Kurses überzeugt waren. Manche von ihnen waren Täter und Opfer zugleich. Auch über sie sollte kein rasches und einfaches Urteil gesprochen werden. Dass es Menschen gab, die nicht gläubig waren und im Auftrag der Geheimdienste die Kirchen infiltrierten und von innen zu zersetzen suchten, ist ein ganz anderes Phänomen.

Schlussbetrachtung

Die Verfolgung von Christentum und Religion überhaupt durch kommunistische Regimes im 20. Jahrhundert ist von ihrem Umfang her die gewaltigste Christenverfolgung der Geschichte. Sie war systematisch angelegt, wurde zwischen den einzelnen Staaten weitgehend koordiniert und konnte sich all der Mittel bedienen, die in der Moderne zur Verfügung standen. Die Machthaber schreckten vor keinen Mitteln zurück, und dennoch ist es ihnen nicht gelungen, das Christentum und die Kirchen als seine konkrete Sozialform zu vernichten. Fast in allen Staaten entstanden nach der politischen Wende von 1989/90 die Kirchen wieder neu oder regenerierten sich; es gibt nur wenige Ausnahmen, wie die frühere DDR oder die Tschechische Republik. Dort war die Rückkehr der Religion nicht so stark – aber auch dort haben die Kirchen heute die Möglichkeit, frei zu agieren, was ihnen über Jahrzehnte versagt war.

Es gibt verschiedene Erklärungsmodelle für dieses Wiedererstarken der Kirchen, und sicherlich tragen Aspekte wie die nationale Identität, die Suche nach einem neuen Sinn oder die Rückkehr zu alten Traditionen mit dazu bei, diese Entwicklung zu verstehen. Dennoch lässt es sich nicht bestreiten, dass dem christlichen Glauben offenbar ein Beharrungsvermögen zu eigen ist, das auch unter schwierigsten Bedingungen Menschen dazu bringt, zu diesem Glauben zu stehen. Aber es sind Menschen, die das tun müssen, die ihren Glauben auf diese oder jene Art bezeugen müssen. Institutionen allein können das nicht. Die in diesem Band präsentierten Frauen und Männer legen eindrucksvoll Zeugnis davon ab, wie Christen in schweren Zeiten ihren Glauben bekannt haben und für ihn eingestanden sind.

Thomas Bremer

Silvester Krčméry

„Krčméry ist eine gefährliche Person.
Vermeiden Sie den Kontakt mit ihm.
Sie zerstören Ihr eigenes Leben."

Silvester Krčméry war ein slowakischer Arzt. Während seiner Studienzeit beeinflusste ihn der kroatische Priester Tomislav Kolaković stark und brachte ihm vor allem die Bedeutung kleiner lokaler Laiengruppen in der Kirche nahe. Krčmérys Mitarbeit in der Laienbewegung der Katholischen Aktion führte bereits 1946 zu einer vierwöchigen Haft. Während seines Militärdienstes wurde er 1951 ein weiteres Mal verhaftet und 1954 wegen antistaatlicher Propaganda zu vierzehn Jahren Gefängnis verurteilt. Nach seiner Freilassung im Oktober 1964 widmete er sich erneut intensiv dem Laienapostolat. Unter anderem organisierte er Sommer- und Winterfreizeiten mit Jugendlichen in der ganzen Slowakei, wo diese, getarnt als Campingausflug oder Skifreizeit, zum Austausch und gemeinsamen Gebet zusammenkommen konnten. Für viele Jugendliche gehörte das zu den ersten Erfahrungen von Glauben und Kirche, die ihnen möglich waren.

1974 war Krčméry Mitbegründer des Säkularinstituts Fatima, das Untergrundliteratur publizierte und die Untergrundkirche unterstützte.

Einleitung
Von František Neupauer

Ort: Stadt Trenčín, Tschechoslowakische Sozialistische Republik (heute: Slowakische Republik), Oberstes Militärgericht, 24. Juni 1954 – Prozess gegen Silvester Krčméry

„Bekennen Sie sich des Landesverrats für schuldig, dann wird Ihre Strafe verringert!", flüstert der Anwalt seinem Klienten ins Ohr, einem Gefangenen namens Silvester Krčméry. Silvo, erst 29 Jahre alt, sieht ihm gerade in die Augen. „Aber ich will keine niedrigere Strafe! Ich will die Wahrheit!" Ein paar Stunden später sagt er dasselbe, nur lauter und stolzer, auch dem kommunistischen Richter. „Sie halten die Macht in den Händen, aber wir haben die Wahrheit!"

Bis heute lassen uns diese Worte erschauern. In Zeiten des kommunistischen Totalitarismus die Wahrheit zu fordern, war das Gleiche, als fordere man die Höchststrafe oder das lebenslange Elend eines Gefängnisses. Wer immer damals eine solche Forderung aussprach, war sich dieser Konsequenzen bewusst. So jemand hatte nicht den „einfachen Weg" gewählt, nämlich zu schweigen und zu versuchen zu vergessen. Silvo forderte die Wahrheit. Wir, die Generation, die nach November 1989 zur Welt kam, fordern das Gleiche.

Silvos Geschichte beginnt mit dem zwölf Jahre alten Pfadfinderjungen, der diese Worte in sein Tagebuch schreibt: „Kein Tag ohne eine Zeile – kein Tag verschwendet". Ein Jugendlicher in der slowakischen Nationalbewegung gegen Faschismus, dann ein Arzt, der wissenschaftliche Artikel schreibt, und schließlich ein Gefängnisinsasse. Nach seiner Haftentlassung gründet er mit seinem Freund Vladimír Jukl und dem katholischen Geheimbischof Ján Korec eine Gemeinschaft, die den Ausgangspunkt für die Kerzendemonstration in Bratislava von 1988 bildet. Die österreichische Journalistin Barbara Coudenhove-Kalergi schrieb über diese Demonstration: „Sie brachte die unveränderliche Statik der Berliner Mauer und des Eisernen Vorhangs ins Wanken, nur durch das Gebet. Wir in Österreich vergessen niemals, dass ihr in der Slowakei das begonnen habt!"

Silvos Geschichte ist auch die Geschichte eines alten Mannes auf dem Weg in die Ewigkeit. Die letzten fünf Jahre seines Lebens verbrachte er bettlägerig. Aber auch dann noch empfing er Woche für Woche hunderte Besucher, nicht nur Jugendliche, sondern auch wichtige Gäste aus den Niederlanden, Österreich, Italien und Deutschland. Warum? Weil eine mutige Persönlichkeit immer anziehend wirkt.

Silvo starb am 10. September 2013 im Alter von 89 Jahren. Er ist in Bratislava, Slowakei, begraben.

Das Folgende wurde zusammengestellt von František Neupauer, basierend auf den autobiographischen Notizen und Memoiren von Silvester Krčméry.

Die frühen Jahre

Ich wurde am 5. August 1924 in Trnava geboren, aber wir mussten früh nach Banská Bystrica umziehen. Mein Vater arbeitete dort als Chef des örtlichen Elektrizitätswerkes und meine Mutter als Verwaltungsangestellte. Meine Großeltern kamen aus vier Nationen: Eine Großmutter war Ungarin, die andere Armenierin. Ein Großvater war Slowake, der andere Pole. Mein Großvater Karol Krčméry, bis 1918 ein „Pan-Slawe" (eine Bewegung, die die Vereinigung aller slawischen Nationen anstrebte), später Senator, sagte mir einmal: „Du wirst entweder als katholischer Bischof enden oder am Galgen!" Er kannte das aus eigener Erfahrung. Und er hatte in der Tat recht. Mein ganzes Leben suchte ich nach der Balance zwischen diesen beiden „Berufungen".

Zuhause waren wir sechs Geschwister. In einem so großen Haushalt gab es nicht immer nur Spaß und Freude, sondern auch gelegentlich böse Blicke. Mein Leben war geprägt durch die sieben Prinzipien meines Vaters:

1. „Die Sonne soll über eurem Zorn nicht untergehen" (Eph 4,26). An jedem Abend sollte es eine umfängliche Versöhnung geben.
2. In der Familie gibt es keinen Raum für irgendeine Art von Unwahrheit. Wer dagegen verstoßen hat, muss sich für eine Weile zurückziehen und bereuen.
3. Gib acht, anderen keinen Grund zu geben, dich wegen etwas (Kleidung, Essen etc.) zu beneiden! Einen Teil unserer Weihnachtsgeschenke gaben wir immer für die Armen.
4. Ergib dich nicht dem Urteil der anderen! Wenn nötig, muss man ein wenig Spott ertragen können.
5. Wenn du Unrecht hast, bestehe nicht auf deiner Meinung!
6. Vergeude deine Talente nicht!
7. Sei glücklich und zufrieden!

Der junge Silvo mit zwei seiner Schwestern

Ich war ein begeisterter Schmetterlingssammler. Ich hatte Schränke voll mit ihnen. Ich sammelte Briefmarken. Ich züchtete Kaninchen. Ich hatte meinen kleinen Bauernhof, wo ich Gemüse pflanzte und an die Nachbarn verkaufte. Ich lernte beim örtlichen Buchbinder, wie man Bücher macht. Ich liebte Sport: Rad fahren, schwimmen, rudern, Fußball, Tischtennis, Ski laufen, aber vor allem liebte ich die Natur (Wandertouren, Camps etc.).

Im Geiste des Satzes *nulla dies sine linea* (wörtlich: kein Tag ohne eine Zeile, übertragen: kein Tag verschwendet) schrieb ich sogar als Schüler all meine Erfahrungen der Kinderzeit in mein Tagebuch. Leider sind alle Tagebücher heute verloren gegangen.

Als Gymnasiast besuchte ich zum ersten Mal geistliche Exerzitien, die Pater Izidor Štefík in der Nähe von Ráztočno leitete. Hier erlebte ich eine echte geistliche Umkehr und entschied, von nun an mein ganzes Leben Gott zu widmen. Als ich 1942 kurz vor meinem Abitur stand, hatte ich schon entschieden: Ich will Jesuit werden. Aber mein Vater war nicht einverstanden. Was nun? Eines Nachts packte ich all meine Sachen und fuhr ohne Wissen meines Vaters nach Ružomberok zum Noviziat der Jesuiten. Ich hatte nur meiner Mutter kurz gesagt: „Ich gehe."
Aber mein Vater gab nicht auf. Er kam bald, um mich zurückzuholen. Er sagte zu den Patres im Noviziat: „Lassen Sie ihn erst etwas Vernünftiges studieren. Dann, nach ein paar Jahren, kann er zu Ihnen zurückkommen." Und so kehrte ich mit meinem Vater nach Hause zurück.

Nach dem Schulabschluss in Banská Bystrica begann ich in Bratislava, wo wir inzwischen wohnten, Medizin zu studieren. Obwohl mich das wirklich faszinierte, vergaß ich nicht meinen Traum, Jesuit zu werden. Ich interessierte mich für die Brüder im Osten, vor allem für das Schicksal Russlands und den Unionismus, also die Bemühung um Vereinigung von Katholiken und Orthodoxen. Pater Ján Dieška SJ, der katholischer Priester des östlichen Ritus war und am Collegium Russicum in Rom studiert hatte, war mir eine große Unterstützung und Ermutigung. Er machte mich mit dem Priester Rudolf Šesták bekannt, der auch in Bratislava Medizin studierte und im Svoradov-Studentenheim wohnte, und später auch mit Vlado Jukl, der ähnliche Ziele wie ich hatte. Im Svoradov-Studentenheim trafen wir uns in Vater Šestáks Zimmer zu frühen Messfeiern im östlichen Ritus.

Viele von uns waren von der Geschichte des jungen, engagierten katholischen Laien Pier Giorgio Frassati fasziniert. Wir verschlangen seine Lebensgeschichte geradezu. Sein Engagement und seine Liebe zu den Menschen und zur Kirche berührten uns sehr. Wir wollten wie er sein: pflichtbewusst studieren, freundlich und freudig in der Gesellschaft leben und über die aktuellen Ereignisse nachdenken. Seine Geschichte war auch Balsam für die schmerzhaften Wunden, die viele von uns fühlten. Tonos (Anton Neuwirth) Familie war gerade ins von den Nazis besetzte Polen deportiert worden. Er wusste noch nicht, dass er sie niemals wiedersehen würde. Vlado (Vladimír Jukl) fürchtete jeden Tag, seine Familie könnte ins von den Nazis kontrollierte Protektorat Böhmen und Mähren deportiert werden, weil sie tschechische Wurzeln hatte. Diese stille Angst in uns allen wurde nur übertroffen von unserer Hoffnung, unserer Jugend und der Botschaft des Evangeliums.

Professor Kolaković

Im Herbst 1943 lernte ich durch Václav Vaško den kroatischen Priester und Professor Tomislav Kolaković kennen. Zum ersten Mal in meinem Leben traf ich einen Heiligen mit enormem Mut, den nichts aufhalten konnte. Nichts war ihm wichtiger, als sein Leben Christus zu weihen. Jeder seiner Gedanken faszinierte mich. Er sprach kein Slowakisch, aber eine andere slawische Sprache. Er unterrichtete nicht, aber alle nannten ihn „Professor". Er trug keine Gewänder, aber feierte die Messen streng und genau nach Vorschrift, egal ob in der Jesuitenkirche oder am Seitenaltar der Franziskanerkirche in Bratislava. Wir waren fasziniert von seinem intensiven Dienst am Nächsten im Geiste des „Sehen – Urteilen – Handeln". Er sagte uns, wir würden bald auch in unserem Land Christenverfolgung erleben, so wie es in Russland gewesen war. Er berichtete uns von den Verhörmethoden des KGB. Wir lernten unglaublich viel von ihm. Er bereitete uns auf eventuelle Bombenangriffe in Bratislava und auf die harten Verhörmethoden vor, die wir vielleicht erleiden würden. Er hielt Vorlesungen, schrieb ein Buch über die Soziallehre der katholischen Kirche und war trotzdem immer gegenwärtig, wenn man vielleicht seine Hilfe brauchte.

1944 kam der Krieg auch in die Slowakei. Wir folgten Kolaković in die Teile des Landes, in denen der Krieg in vollem Gange war. Er hatte uns beigebracht, dass ein echter Christ in jeder schwierigen Situation die ersten Minuten Gott widmet. Das bedeutet, in echtem Mitgefühl seine ganze Seele und alles andere in seine Hände zu legen. Zwanzig oder dreißig Sekunden können ausreichen. Danach gehört man nicht mehr sich selbst, sondern allen, die Hilfe brauchen: den Verwundeten, Sterbenden, Gefährdeten.

Wir konnten sehen, wie sehr er nach diesen Prinzipien lebte. Bratislava wurde bei einem Bombenangriff beschädigt. Bomben verwüsteten die

Apollo-Raffinerie, Panik und Chaos waren überall. Sein Gesicht wurde für einen Moment still, er schien irgendetwas weit Entferntes zu sehen, und dann eilte er auch schon den anderen zu Hilfe. Die verschlossenen Tore der Raffinerie wurden von slowakischen und deutschen Soldaten in feuerfesten Asbestanzügen bewacht, sie trauten sich nicht näher an die brennende Raffinerie heran. Er nahm einem von ihnen den Helm ab, setzte ihn auf und rief: „Öffnet die Tore!" Er wickelte sich einen nassen Lappen um den Kopf und lief in die Qualmwolke. Er brachte die Verwundeten heraus und spendete ihnen die Sterbesakramente ... und plötzlich begannen auch andere, ihn bei der Rettung zu unterstützen.

Kurz vor dem „Siegreichen Februar" (am 25. Februar 1948 übernahm die Kommunistische Partei die Kontrolle über die Regierung der Tschechoslowakei) wurden wir wegen der Zusammenarbeit mit Tomislav Kolaković verhaftet. Er kam dann zur Polizeistation, bat um unsere Freilassung und bot an, selbst an unserer Stelle in Haft zu gehen. Während meiner Studienzeit verbrachte ich dreieinhalb Wochen zusammen mit Vladimír Jukl in Gewahrsam der berüchtigten „Zwei-Löwen"-Polizeistation in Bratislava.

Kolaković' Beispiel hat mich sehr bewegt. Gebet und Hingabe waren die wesentlichen Elemente seines Lebens. Ich erinnere mich an eine Nacht im Bunker. Ich wachte gegen 23 Uhr auf. Der Professor betete. Dann erwachte ich um 3 Uhr früh. Der Professor ging auf und ab und meditierte. Um 4 Uhr betete er den Rosenkranz. Ich verstand nicht – schlief er je?

Führerscheinfoto Silvester Krčmérys

Prag, Paris, Marokko

1945 wurde Hitler schließlich geschlagen. Der Krieg war vorbei. Wir durften wieder studieren. Mit Vlado Jukl entschied ich, unser Studium in Prag fortzusetzen. Aus Prag wagte ich mich nach Paris, wo alte Freunde ein Stipendium für mich gefunden hatten. Die Zugfahrt von Prag dauerte drei Tage. Und das Studium? Jeder einzelne Professor war eine große Autorität. Manche Vorlesungen waren wie Abenteuerfilme. Ich lernte sowohl beruflich als auch sprachlich eine Menge. Auch mit meinen slowakischen Freunden sprach ich französisch. Während der Vorlesungen fehlte es nicht an Witzen. Wenn der Professor einen Witz machte, brach das ganze Auditorium in Lachen aus und ich begann, in meinem Wörterbuch zu suchen. Wenn ich die richtigen Worte gefunden hatte, lachte auch ich. Ich genoss den Besuch im alten russischen Kloster in der Rue de Crimée, im Opernhaus, die Konzerte zum „Studentenpreis" (was hieß, sich gratis einzuschleichen) oder für ein kleines „Trinkgeld" an den Aufseher. Ich lernte viele Studenten kennen. Einer von ihnen, Michael de Miras, lud mich nach Marokko ein. Das war natürlich kaum abzulehnen.

Mein Studium ging rasch zu Ende. Im Mai 1948 machte ich in Prag meinen Doktor. Das Berufsleben begann. Ich arbeitete zunächst in der Gegend der tschechischen Grenze, später ging ich an die dermatologische Klinik in Košice. Neben meiner regulären Arbeit begann ich, wissenschaftliche Studien zu veröffentlichen.

Militärdienst und Haft

Mein Militärdienst begann am 1. Januar 1950. Ich besuchte die Militärische Medizinische Schule in Ružomberok und verbrachte dann den Rest meiner Dienstzeit in Kuřívody.

„Komm schnell, einer der Offiziere liegt im Sterben! Er erbricht und hat starke Schmerzen!" Sie weckten mich gegen 1 Uhr früh. Es war Freitag, der 27. Juli 1951. Ich zog mich an und ging hinaus. Draußen war alles still. „Ist das euer Auto?", fragte ich einen von ihnen. „Nein, nein. Wobei, eigentlich ja, ja!", antwortete er. Ich wusste, dass sie logen. Plötzlich griffen mich drei auf einmal an, wickelten mich in eine Decke ein, stopften mir den Mund und warfen mich in das Auto. Da waren Männer mit Maschinengewehren, die mir Handschellen anlegten und mir mit schwarzen Brillengläsern die Sicht nahmen. Dann fuhren wir los ins Ungewisse. Während der Fahrt hörte ich den besten Witz meines

Lebens von dem Mann, der wohl die Gruppe anführte. Er sprach tschechisch: „Sie müssen sich absolut keine Sorgen machen. Sie sind jetzt in den Händen der Staatssicherheit."

Diese Staatssicherheitskräfte wurden mehr gefürchtet als alle anderen Terroristen, Banditen oder Kriminellen. Ich war froh, dass ich das ganze Johannesevangelium in russischer Sprache auswendig gelernt hatte. Das war meine Kraftquelle während meines dreijährigen Arrests und später im Gefängnis. Aus Kuřívody brachte man mich ins Gefängnis der Geheimpolizei am Malostranské-Platz in Prag. Dort musste ich den ganzen Tag und die Nacht Toiletten putzen. Am nächsten Tag brachte man mich ins Gefängnis nach Brno (Brünn)-Orli. Im Geiste wiederholte ich ständig alle 21 Kapitel des Johannesevangeliums. Den Großteil meiner harten und schmerzhaften Verhöre erlebte ich im November 1951. Draußen tobten Schneestürme und die Gefängniszellen waren extrem kalt. Durch das Fenster fiel Schnee in meine Zelle, es war wirklich eine sibirische Kälte. Ich habe bei jedem einzelnen Protokoll die Unterzeichnung verweigert.

Am 21. November 1951 war derjenige, der mich am häufigsten verhörte, nicht nur betrunken, sondern stand auch unter Drogen. Ohne Grund begann er, mich zu würgen, boxte mich und schlug meinen Kopf gegen die Wand, bis ich zu Boden ging. Ich war so mit Blut bedeckt, dass man meinen Zellengenossen vorsorglich in eine andere Zelle brachte. Das war meine erste Erfahrung echter Folter, aber ich habe nichts gespürt. Ich war so aufgeregt und durcheinander, dass ich vergaß, den Schmerz zu spüren. Das war eine wertvolle Erfahrung für mich.

In allen Stunden wiederholte ich für mich: „Mein Gott, du hast uns nicht enttäuscht! Du hast immer versprochen, uns nicht zu verlassen. Welches Opfer kann ich dir anbieten? Ich habe nichts gespürt! Da gibt es nichts, was ich dir als Opfer darbringen kann." Später fand ich heraus, dass zwei meiner Rippen gebrochen waren.

Tägliche Routine

Jeden Tag begann ich mit dem Satz: „Mit euch und für euch, meine Brüder!" Meinen ganzen Tag widmete ich meinen Brüdern, von der morgendlichen Zellreinigung und der Morgengymnastik an. Am intensivsten spürte ich diese Hingabe, wenn ich direkt nach dem Frühstück die Texte der heiligen Messe in Latein, Slowakisch oder Russisch rezitierte. Manchmal versuchte ich, mein Gebet ganz offenzuhalten. Zum Beispiel stellte ich mich zum Gebet mit weit geöffneten Armen neben das Zellenfenster. In solchen Augenblicken konnte ich manchmal das Gefühl erhaschen, dass ich mich diesen Menschen nicht unterwerfe, sondern für mein bisschen Freiheit hier im Gefängnis kämpfe, und einen gewissen Stolz spüren, dass ich mehr als nur meine persönlichen Schwierigkeiten darbringen kann. Es war schwer, hier etwas anderes zu finden, das ich aufopfern konnte, als meine persönliche Notlage. Vielleicht konnten auch Hunger, Kälte, Angst, Schikane und Terror als Opfer fungieren. Am besten konnte ich mich meinem geistlichen Tagesprogramm widmen, wenn ich allein in der Einzelzelle war. Vor allem in Ruzyně war ich 1952 von Januar bis Juni und 1953 von März bis Juli in der Isolation. Insgesamt verbrachte ich vierzehn Monate in totaler Isolation. In gelegentlicher und Teilisolation waren es insgesamt sieben Jahre. Jeden Tag widmete ich neben der Tagesintention auch noch einem besonderen Anliegen. Montags betete ich beispielsweise für die Ärzte, Medizinstudenten, Krankenschwestern, Kranken, Gefangenen, Folteropfer und Folterer und auch für die, die mich gefangen hielten, denn für mich waren sie auf gewisse Weise ebenfalls krank.

Aber ich war im Gefängnis nicht nur um mein geistliches Leben bemüht. Es ging auch um eine Stärkung des Körpers. Acht Jahre vor meiner Haftentlassung notierte ich: „Gerade erweitere ich meine Morgen- und Nachmittagsgymnastik: Purzelbäume, Kopfstände, auf den Händen gehen etc. Ich rechne damit, das in etwa zwei Monaten zu beherrschen."

Und mein Verhältnis zu meinen Befragern und deren Techniken? Über zwei Jahre weigerte ich mich, all die falschen Anschuldigungen zu unterzeichnen. Danach entschied ich, eine noch klarere Haltung einzunehmen. Als ich am Tag meines Lieblingsheiligen Johannes des Täufers, am 24. Juni 1953, wieder meine Unterschrift unter ein Protokoll verweigert hatte, drohte mir der Befrager, mir die Schreibmaschine auf den Kopf zu schlagen. Danach diktierte ich an diesem Tag meine letzte Aussage: „Ich verweigere jedes weitere Zeugnis, weil ich erkenne, dass die Staatssicherheit nicht die Wahrheit finden, sondern die Kirche zerstören will." Das war meine letzte Botschaft und ich verweigerte jede weitere Aussage. Ich akzeptierte die Tatsache, dass ich dafür würde sterben müssen.

Der Prozess

Nach vier Jahren Befragungen, Isolation, Folter und unbehandelter Rippenbrüche stand ich am 24. Juni 1954 vor dem Obersten Militärgericht in Trenčín. Ich war 29 Jahre alt. Ich stand vor den Richtern, die mich zu vierzehn Jahren Haft verurteilen sollten. Zu meinem Glück war Josef

Stalin kurz zuvor gestorben, und die Strafen waren insgesamt milder geworden. Sonst hätte ich 25 Jahre oder lebenslänglich bekommen können. Die Strafen wurden milder, aber die Bedingungen und das Benehmen des Regimes änderten sich nicht.

Nach der Anklage hatte ich schließlich die Gelegenheit, meine Verteidigung zu präsentieren. Ich begann: „Ich muss darauf hinweisen, dass alles, was ich gesagt habe oder sagen werde, nicht als Verteidigung gegen die Anklagen gegen meine Person gedacht ist oder um die Umstände zu mildern. Alles, was ich sage, dient allein der Verteidigung der Wahrheit." Dann nannte ich meine Gründe:

Der Grund, warum ich nach zwei Jahren Befragung die Aussage verweigert habe, war, dass mir klar war, dass die Vertreter der Staatsgewalt kein Interesse an der Wahrheit haben, sondern im Gegenteil die Wahrheit in ihrem Interesse verdrehen. Ich will die Anklagen gegen mich nicht abweisen oder verdrehen oder die Verantwortung für meine Taten abweisen, weil ich überzeugt bin, dass trotz all dieser Anklagen mein Gewissen vor der Nation und vor unserem Gott rein ist. Ich wollte niemals einem Individuum oder der Gesellschaft oder irgendeiner gesellschaftlichen Klasse Schaden zufügen und habe das auch niemals getan.

Seit dem ersten Tag beten wir alle (die für Christus angeklagt sind) jeden Tag für euch (die Vertreter des Regimes). Nicht, wie einer der Befrager mal sarkastisch meinte, „damit euch alle der Teufel holt". Im Gegenteil, wir beten, damit Gott euch in seiner Gnade all eure Sünden vergibt, die ihr gegen Ihn und Seine Kirche getan habt, weil ihr nicht wirklich wisst, was ihr tut. Ja, wir beten auch für Sie, Herr Ankläger, obwohl wir Ihnen niemals vorher begegnet sind. Ja, wir beten für Sie alle, die uns erniedrigt und physisch und psychisch gefoltert haben in den langen Zeiten der Verbannung und Isolation, für Sie alle, die uns davon abgehalten haben, zu arbeiten, zu lesen, spazieren zu gehen, Briefe zu schreiben oder die zu treffen, die uns besuchen kamen. Manchmal wolltet ihr uns sogar das Schlafen oder Hinsetzen verweigern. Ihr habt versucht, uns psychisch und physisch so sehr zu zerstören, dass wir gegen die Kirche Zeugnis ablegen würden, gegen unsere Freunde oder gegen Jesus Christus. Aber ihr werdet euch noch immer am Tag des Gerichts vor unserem Gott verantworten müssen.

Ihr habt die Macht, aber wir haben die Wahrheit. Wir beneiden euch nicht um diese Macht, wir wollen eure Macht nicht. Alles, was wir brauchen, ist die Wahrheit, denn die ist größer und stärker als die Macht. Die, die Macht haben, denken, man könne die Wahrheit zerstören. Töten. Kreuzigen. Aber letztlich wird die Wahrheit immer wieder auferstehen.

Dem Prozess folgten Jahre in Haft. Im Gefängniskrankenhaus von Mírov und Banská Bystrica arbeitete ich als Pfleger. Aber ich wollte die

Privilegien nicht, die mein Status als Arzt mit sich brachte. Kolaković betonte immer besonders: „Wenn es keine Arbeiter gibt, gibt es gar nichts." Euer Apostolat ist ohne Arbeiter nichts wert." Ich wollte also die Geisteshaltung eines Arbeiters übernehmen. Ich beantragte die Verlegung in ein Arbeitslager. Also kam ich ins Lager Bytíz in Příbram. Dort, im Gebiet von Jáchymov (Sankt Joachimsthal), erhielt ich das Angebot, unter Auflagen freigelassen zu werden, doch ich lehnte es ab.

Freiheit

Am 14. Oktober 1964 kam ich aus dem Gefängnis frei. Ich fuhr direkt nach Prag zum Gericht und beantragte die Aufhebung meiner Freilassung auf Bewährung. Ich war zu vierzehn Jahren verurteilt worden und wollte sie alle ableisten. Das war die Grundlage der Legende, man hätte mich zwingen müssen, das Gefängnis zu verlassen. Die Erinnerungen an meine Zeit im Gefängnis verfolgten mich oft. Es war der Schmerz der menschlichen Bosheit, die ich gesehen hatte, die Angst, Sorge, Hoffnungslosigkeit. Manchmal hatte ich wegen dieser Erinnerungen körperliche Schmerzen im Rücken, Nacken, Kopf, in den Augen etc. Manchmal kamen die Gefühle der Kälte zurück, des Zitterns, der Schlaflosigkeit, des Erstickens und Herzrasens. Wenn ich mich zwanzig Minuten an meine Jahre in Haft erinnert hatte, war ich erschöpfter als nach harter körperlicher oder geistiger Arbeit. Und warum habe ich mich trotzdem wieder und wieder erinnert? Um Zeugnis für die Wahrheit und ebenso für die Sünde und das Gericht abzulegen (Joh 16,8) und keine Kompromisse zu machen. Besonders dann, wenn ich meinen berechtigten Ärger gegen die Helfershelfer des Regimes zeigen wollte, die mitgewirkt hatten, Unschuldige zu verfolgen, nahm ich meine Erinnerungen zur Hilfe. Die Versuchung, zu vergessen, war groß, aber stattdessen sprach ich oft darüber, rief meine Anschuldigungen hinaus.

Nach meiner Freilassung kehrte ich nach Bratislava zurück. Als ich zum ersten Mal zur Messe in die Jesuitenkirche ging, weinte ich fast: „Dafür waren wir im Gefängnis?" In der Kirche war kaum ein junger Mensch, nur alte Leute. Nach Vlados (Jukls) Freilassung verbrachten wir einige Zeit mit geistlicher Erneuerung und überlegten dann, was als Nächstes zu tun wäre. Nachdem Bischof Korec wieder freigekommen war, baten wir ihn, die Schirmherrschaft über unsere Aktivitäten zu übernehmen.

Mein Tag begann um 6 Uhr morgens mit Messe und Meditationen. Ich arbeitete als Radiologe in Bratislava. Die Zeit nach der Arbeit war dem Laienapostolat gewidmet. Vlado Jukl und ich kümmerten uns etwa ein oder zwei Jahre um einen Studenten, der uns aber bald wieder verließ. So erlebten wir unsere ersten Misserfolge. Später arbeiteten wir nicht nur mit Universitätsstudenten, sondern auch schon mit Gymnasiasten. Wir gründeten eine kleine Gemeinschaft mit Namen „Agape" (heute die Fatima-Gemeinschaft). Unser Ziel war es immer, uns am Ende überflüssig zu machen, etwas anzufangen und es dann seiner Dynamik zu überlassen, damit es ohne uns weitergeht und wir etwas Neues beginnen können. Im Zentrum unserer Arbeit standen Gott und die menschliche Seele. Um uns wuchsen kleine Gemeinschaften. Sie verbreiteten sich dann in der ganzen Slowakei. Aber wir richteten uns nicht nur an die Slowakei.

Eine Begegnung mit Papst Johannes Paul II.

In Gemeinschaft mit unserem Papst gingen wir unseren Weg zur lang ersehnten Freiheit weiter. In den kleinen Gemeinschaften, den Pilgerwegen, Petitionen, in der Kerzendemonstration am 25. März 1988 in Bratislava. Das ging immer mit persönlichem Leiden einher: regelmäßige Vorladungen durch die Geheimpolizei, Verhöre, andauernde Verfolgung und Beobachtung. „Krčméry ist eine gefährliche Person. Vermeiden Sie den Kontakt mit ihm. Sie zerstören Ihr eigenes Leben!", so bedrohten die Agenten der Geheimpolizei all meine Freunde. In den Zeitungen wurden Artikel gegen mich veröffentlicht.

Mit der Freiheit der Wende kamen neue Sorgen. Mein Apostolat endete nicht mit dem Fall des kommunistischen Regimes. Ich kümmerte mich von da an um Alkoholiker und Drogenabhängige. Wieder einmal wurde ich gebraucht, meine Brüder zu ermutigen und das Evangelium zu verbreiten.

◆

Aus dem Bericht einer jungen Deutschen von August 1982, die an einer der Ferienfreizeiten mit Silvester Krčméry teilgenommen hat:

Viele Eindrücke hat die Reise in die Slowakei hinterlassen, die uns bis heute noch lebendig sind. Wir haben in dieser Woche gemeinsam mit den Slowaken etwas von der Kirche erfahren, wie sie unserem Wunsch nach sein sollte: eine lebendige, frohe Kirche, in der sich Menschen in Christus begegnen, und eine Kirche des Kampfes und des Gebetes. Wir kamen in dieser Woche aber auch mit der verfolgten und unterdrückten Kirche in Berührung und lernten junge Christen kennen, die unter Einsatz ihrer ganzen Kraft und ohne Rücksicht auf spätere Konsequenzen für Studium und Beruf das Evangelium lebten und für ihren oft nicht leichten Alltag Kraft schöpften.

Wir verbrachten die Woche mit zwölf Slowaken, die zum Teil leider nur einige Tage am Treffen teilnehmen konnten. Wir wohnten zusammen in einer Hütte in den Bergen der Slowakei. Die meisten Teilnehmer kannten sich untereinander nicht und wussten auch nichts über unsere Teilnahme und Herkunft. Da sie sehr unterschiedliche Glaubenserfahrungen gemacht hatten – so waren einige mehr charismatisch veranlagt, während andere eher auf einer philosophisch-theologischen Ebene über ihren Glauben sprachen und wieder andere dem Glauben und der Kirche noch recht fernstanden –, dauerte das Finden einer gemeinsamen Basis einige Tage. […] Doch nachdem diese Anfangsschwierigkeiten überwunden waren, wurde die Begegnung im Lager sehr intensiv, was sich in den abendlichen Gesprächen zeigte, die oft bis in die Tiefe des Glaubens und die daraus folgenden Konsequenzen führten. Sie regten uns zum Nachdenken an und haben die Morgen- und Abendgebete sehr beeinflusst.

Am Mittwoch- und Freitagabend haben wir beide das Abendgebet vorbereitet, so wie wir es in Taizé und in unserer Kirche in Münster beten. Für die meisten war diese Form des Gebetes – die Gesänge, die

42

Zeit der Stille, das Knien auf dem Boden – ganz neu und ungewohnt. Dennoch verstanden sie ohne viele Erklärungen den Sinn und es wurde ein gemeinsames Gebet mit vielen Fürbitten. Die Slowaken wählten zu den meisten Gebeten Psalmen, die von der Verfolgung durch Feinde sprechen oder um Hilfe in Bedrängnis bitten. Bisher war uns die eigentliche Bedeutung dieser Bittpsalmen nie so recht klar gewesen, aber dort in der Slowakei unter diesen jungen Christen und durch die ständige Angst vor Entdeckung verstanden wir sehr gut, was ihr tieferer Sinn ist. Einige aus der Gruppe hatten ein sehr starkes Verlangen nach der täglichen Eucharistiefeier, die wir auch jeden Nachmittag besuchten. Es war für uns recht beschämend zu spüren, wie wichtig ihnen der Leib des Herrn ist und wie sehr sie diese Stärkung im Alltag vermissen. [...] Ein Mädchen sagte uns: „Ich möchte leiden dürfen und würde auch ins Gefängnis gehen, wenn ich damit meine Liebe zu Christus beweisen kann." Über diese entschlossene Aussage waren wir sehr bestürzt und wussten nichts dazu zu sagen. Erst langsam wurde uns klar, dass derjenige, der ernsthaft die Nachfolge Christi antritt, auch diese extreme Aussage machen kann.

Für die Übermittlung dieses Textes danken wir Sr. Maria Schütz sa, die in den 1970er- und 1980er-Jahren westeuropäische Jugendliche auf ihre Reise in die Tschechoslowakei vorbereitete, wo sie auf Einladung der Brüder von Taizé an den Freizeiten Krčmérys teilnahmen.

◆

Marek Šmid (*1960), Rektor der Universität von Trnava, schrieb über eine Zeit großer Glaubenszweifel und seine Begegnung mit Silvester Krčméry:

[...] Viel schwieriger war für mich, dem Misstrauen gegen andere Menschen zu entkommen. Silvo war der Erste, der all meine Anfragen beantworten konnte, die ich an die menschliche Schwäche und Verschlossenheit, das „eine Hand wäscht die andere", an die „Kirche des Geldes" und den Glauben für den persönlichen Vorteil etc. stellte.

Ich wusste, dass Silvo zehn Jahre aus rein religiösen Gründen in Haft gewesen war. Er blieb auch da ganz Mensch, ganz Christus unterworfen und sein Glaube ist dort nur gewachsen. Und wenig überraschend setzte er nach seiner Entlassung genau die Tätigkeiten fort, für die man ihn eingesperrt hatte. War es möglich, dass er all das nur für Geld oder seinen Ruhm tat? Nun, weder seine Zeit im Gefängnis noch die abgetragenen Cordhosen, die er immer trug, sprachen für irgendein Verlangen nach Geld oder Ruhm. Es war offensichtlich, dass er, ein begabter Arzt und kluger Mann, all dies wegen seines tiefen Glaubens und seiner Hingabe tat. Und ich fuhr fort, ihm Fragen zu stellen, weil ich wusste, dass Menschen wie er immer die Wahrheit sagen.

Er sagte immer die Wahrheit. Einmal war ich mit ihm in der „Februarka"-Polizeizentrale in Bratislava. Er bot sich als Ersatz für inhaftierte christliche Aktivisten an. Er erzählte den Beamten, er selbst gehöre zum Herzen der christlichen Bewegung und er sei der, den sie einsperren sollten, nicht die dort Gefangenen. Er wurde, wie jemand scherzhaft sagte, hinausgeworfen aus Angst, er könne die Gefängniswächter zum Christentum bekehren.

Er sagte immer die Wahrheit. Einmal zelteten wir im Wald und kochten Spaghetti in einem Topf über dem Feuer. Er verbot mir, das Kochwasser der Spaghetti wegzugießen, und sagte, dass das im Gefängnis eine Delikatesse gewesen sei. Und er trank das Wasser vor meinen Augen. Er bekannte mir, wie sehr er sich als schwacher und sündiger Christ fühlt, und bat um mein Gebet, damit der Herr ihm seine Sünden vergeben möge. Dieses unglaubliche Bekenntnis berührte mich so sehr, dass ich in den folgenden Tagen einen viel stärkeren Willen hatte, gegen meine eigenen Sünden anzukämpfen.

Heute, wenn ich diese Zeilen schreibe, ist Silvo ein bettlägeriger alter Mann, der seinen letzten Kampf kämpft. Als unbezahlbaren Schatz hüte ich zwei Tonaufnahmen von Silvo: Das Vaterunser, gesungen in fehlerlosem Russisch, und das Volkslied „Einmal sah jemand die Zigeuner sterben".

Du hast mich überzeugt, Silvo. Alles ist in Ordnung. Wir gehen zu auf unseren liebenden Gott. Ganz so, wie du gesagt und gelebt hast.

*Gabriela Tibenská (*1962) wurde von Silvo über Jahre geistlich begleitet:*

Ich besuchte Silvo regelmäßig einmal im Monat. Er war mein spiritueller Leiter. Ein Freund hatte ihn mir empfohlen. Das war zu einer Zeit, als mein Glauben erwachsener wurde und ich versuchte, mit all meiner jugendlichen Ernsthaftigkeit meinen Weg zu Gott und zu anderen Menschen zu finden. Während unserer Gespräche gab es keine Zeit für Geschwätz. Gespräche mit ihm konzentrierten sich eher darauf, die Vergangenheit zu verstehen und die nächsten Schritte zu planen. Er erinnerte am Anfang immer daran, dass er kein Priester war und deshalb keine Beichte hören, sondern nur Hinweise geben könne, was man gut machte und wo es der Nachbesserung bedurfte. Silvo brachte uns bei, systematisch an uns zu arbeiten. Wir hatten eine kleine Graphik entwickelt, wo wir (entweder durch Worte oder mit + und -) unsere Erfolge und Rückschritte in unserem Alltag markierten. Schlüsselelemente waren das Gebet, der Kampf gegen unsere größten Schwächen, das Lesen der geistlichen Texte und die Nachfolge. Das waren die Säulen in Silvos Leben und seine Empfehlung an alle, die er begleitete. Wir besprachen all meine Aufzeichnungen, diskutierten Geschehnisse und Probleme, die ich erlebt hatte, und überlegten, wie man sie am besten lösen könne. Es gab viele, die sich wie ich mit Silvo trafen, und er brachte uns miteinander in Kontakt und schickte uns zu Leuten in unserer Gemeinde, die entweder darauf warteten, zu einem Treffen mit Silvo eingeladen zu werden oder uns bei einem Treffen oder einer Reise zu begleiten.

Es war nicht immer leicht, Silvos Anweisungen zu befolgen und einfach eine wildfremde Person anzusprechen, die nach Silvos Wissen eine christliche Gemeinde suchte. Man musste seine natürlichen Hemmungen überwinden und eine Menge riskieren; ob diese Person uns akzeptieren würde oder nicht, ob sie verlässlich war oder uns wegen illegaler religiöser Aktivitäten an die Polizei verraten würde. Aber gleichzeitig war es die Zeit, in der die besten Freundschaften geschlossen und eine einzigartige Gemeinschaft aufgebaut wurde. Besonders während der Winter- und Sommerferien bildeten wir ein ganzes Netzwerk von Gemeinschaften mit eigenen Strukturen, in denen viele selbstlose und gesegnete Menschen wirkten, Priester und Laien.

Viele von uns haben Silvos Schule durchlaufen. Wir trafen ihn in seiner Wohnung in der Košická-Straße in Bratislava. Während unserer Gespräche lief immer das Radio, um die Abhörsysteme zu stören, denn Silvo wurde von der Polizei, die ihn für einen gefährlichen Regimegegner hielt, streng überwacht.

Erst heute, nach vielen Jahren, erkenne ich ganz, wie wichtig diese spirituelle Leitung für mich war und wie wichtig es ist, den richtigen Leiter und Freund zu finden. Bis heute begleiten mich Silvos Demut, seine bestimmte Ernsthaftigkeit und Genauigkeit und seine absolute Hingabe an Gott in jeder Situation und mit allen Konsequenzen. Das hat mir unzählige Male den richtigen Weg gezeigt. Immer wieder spreche ich die Gebete, mit denen wir unsere Treffen beendeten: Gebete an die Muttergottes und ein besonderes Gebet, das in Silvos und vielen anderen Fällen auf wunderbare Weise erhört worden ist:

Ewiges Wort,
einziger Sohn Gottes,
lehre uns die wahre Großzügigkeit.
Lehre uns, Dir zu dienen,
wie es Dir gebührt.
Damit wir lernen, ohne Maß zu geben,
ohne Sorge vor Verletzung zu kämpfen,
zu arbeiten, ohne ruhen zu wollen,
zu opfern und nichts dafür zu erwarten,
und dann wissen, dass wir Deinen heiligen Willen getan haben.
Amen.

Wir danken Marta Bariak Košíková und Juraj Duratný für die Zusammenstellung der Zeugnisse über Silvester Krčméry.

Aus dem Englischen übersetzt von Ruth Kubina.

Diesem Beitrag liegen folgende Werke zugrunde:

S. Krčméry, To nás zachránilo [engl.: This Saved Us], Bratislava 1995. (Vgl. S. Krčméry, Break Point. A True Account of Brainwashing and the Greater Power of the Gospel, New York 1998, darin enthalten: S. Krčméry, This Saved Us. How to Survive Brainwashing.)

S. Krčméry, Vo väzniciach a táboroch [In den Gefängnissen und Lagern], Bratislava 1995.

V. Jukl/S. Krčméry, V šľapajách Kolakovića (Auf den Spuren von Kolaković), Bratislava 1996.

Eduard Profittlich SJ

*„Es geziemt sich ja wohl,
dass der Hirte bei seiner Herde bleibt
und mit ihr Freud' und Leid gemeinsam trägt."*

Eduard Profittlich 1933

Am 17. Juni 1940 rückten sowjetische Truppen in Estland ein. Zu diesem Zeitpunkt war Eduard Profittlich Erzbischof in Estland. Eduard Gottlieb Profittlich wurde am 11. September 1890 in Birresdorf, Kreis Ahrweiler, geboren. Nach seinem Abitur 1912 trat er zunächst in das Priesterseminar in Trier ein und wurde schließlich Novize des Jesuitenordens. 1922 erfolgte die Diakonenweihe und einige Monate später die Weihe zum Priester. 1923 wurde er zum Doktor der Philosophie, ein Jahr später zum Doktor der Theologie in Krakau promoviert. In den nächsten Jahren war er als Priester in Czechowitz-Dzieditz, Oppeln und später in der polnischen Gemeinde in Hamburg tätig. Im Februar 1930 legte er die ewige Profess ab, im Dezember desselben Jahres wurde er Pfarrer in der Pfarrei Hl. Peter und Paul in Tallinn. Diese Aufgabe wurde ihm übertragen, weil er die nötigen Sprachkenntnisse mitbrachte und bereits Erfahrungen in der Seelsorge an den Polen gesammelt hatte. Im Mai 1931 wurde Estland als Apostolische Administratur der päpstlichen *Commissio pro Russia* unterstellt und Eduard Profittlich wurde zum Apostolischen Administrator ernannt. Fünf Jahre später wurde er am 27. Dezember 1936 zum Bischof geweiht.

In Estland widmete er sich der religiösen Erziehung der Jugend, der Evangelisierung der Erwachsenen und dem Versuch der Annäherung an Protestanten und Orthodoxe. Ein Bericht der Ostdeutschen Provinz der Jesuiten schildert die religiöse Lage in Estland und die damit verbundenen Schwierigkeiten zu jener Zeit:

Die Seelsorge war durch die geringe Zahl der Katholiken, ihre Armut, ihre Vielsprachigkeit und ihre Zerstreuung über das ganze Land ungemein erschwert. Aber es ging voran, nicht bloß im innerkirchlichen Leben. Auch die Öffentlichkeit begann, sich für die katholische Kirche zu interessieren. Die Predigten wurden auch von Andersgläubigen gern besucht und das katholische Monatsblatt, das Jesuiten und Kapuziner gemeinsam herausgaben, wurde von den Gebildeten viel gelesen.

Mit der Annexion Estlands 1940 begann ein neuer Abschnitt der Geschichte der katholischen Kirche im Land: Von nun an galten die sowjetischen Religionsgesetze. In seinen Berichten an Rom schrieb der Erzbischof am 25. Oktober 1940:

Da ich Gelegenheit habe, mit Ihnen schriftlich in Beziehung zu treten, möchte ich Ihnen etwas über die hiesigen Verhältnisse berichten:
Das Gebäude der Nuntiatur ist am 15. September wenn auch nicht enteignet, so doch mit Beschlag belegt worden. Miete bezahlt man nicht.
Auch im Kirchenhause ist meine frühere Wohnung, die Wohnung des H[errn] Pfarrers und der frühere Tanzsaal [...] mit Beschlag belegt und von estnischem Militär belegt. Auch hier hat man bis jetzt noch keine Miete bezahlt. Wir wohnen alle auf dem dritten Stock, wo ein jeder ein Zimmer hat. Da aber nach letzten Normen ein jeder Einwohner nur neun Quadratmeter Wohnraum haben darf, ist es noch nicht sicher, ob wir nicht noch mehr zusammenrücken müssen.
Das Kirchenvermögen ist bis jetzt noch nicht nationalisiert. Doch droht diese Nationalisierung in der allernächsten Zeit für die größeren Häuser, so dass wir

dann wohl unsere Häuser in Tallinn und das Pfarrhaus in Narwa verlieren werden. Wie lange die anderen kleineren Häuser der Kirche noch bleiben werden, ist ungewiss. Man spricht davon, dass Anfang des nächsten Jahres auch eine Auseinandersetzung mit den Kirchen beginnen werde, was wohl zunächst praktisch heißen wird, dass ihr die Rechte einer moralischen Person genommen werden, die Eigentum besitzen kann. Das würde also einer vollständigen Enteignung gleichkommen. [...]

Wenn das Kirchenvermögen eingezogen sein wird, wird die Frage des Unterhalts recht schwer werden, vor allem für die Schwestern und diejenigen Priester, deren Gemeinden ihren Priester nicht unterhalten können. Alle werden ja gerne arbeiten wollen, um sich den Lebensunterhalt selbst zu verdienen. Aber die Schwierigkeit liegt darin, dass nur solche Arbeit bekommen werden, die dem kommunistischen Verband angehören. Und dorthin nimmt man keine Ausländer an und auch keine Priester, die nicht sich verpflichten, ihre priesterliche Tätigkeit aufzugeben. Das aber ist ja wiederum nicht möglich. Immerhin hoffen wir, dass wir uns etwa ein Jahr werden erhalten können. Was dann geschieht, müssen wir Gott überlassen. Normalerweise hätten wir uns zwar mit dem vorhandenen Gelde noch etwas länger erhalten können. Aber man will eine Entwertung des Geldes herbeiführen, um den Kapitalismus zu treffen. Schon jetzt hat man durch eine bewusste Erhöhung der Preise und Löhne schon fast um die Hälfte den Wert des Geldes entwertet, und man erwartet noch eine größere Entwertung in der nächsten Zeit. [...]

Was die Tätigkeit in der Seelsorge angeht, so sind in den Kirchen bis jetzt noch keine Einschränkungen. Besondere Schwierigkeiten macht die Erteilung des Religionsunterrichtes. Wir haben die Kinder z[um] Teil zum Unterricht ins Pfarrhaus bestellt, teilweise geben wir auch Unterricht in den Familien, da, wo das möglich ist. Doch spüren wir gerade unter der Jugend schon den Einfluss der neuen Erziehung. Manche Kinder kommen überhaupt nicht mehr zum Unterricht und wollen auch zu Hause keinen Unterricht haben, weil die Eltern z[um] T[eil] sich fürchten, ihre Stelle zu verlieren. Andere Kinder kommen sehr unregelmäßig zum Unterricht. Hier spüren wir am meisten den Einfluss der neuen Zeit. [...]

In den Zeitungen wird schon jetzt eine antireligiöse Propaganda getrieben, und der frühere Ministerpräsident Vares, jetzt Vorsitzender der Volksvertretung, ist Vorsitzender des antireligiösen Verbandes geworden. Auch die anderen führenden Männer sind meist religiös feindlich gesinnt. Und auch solche, die vielleicht vom nationalen Standpunkte aus nicht mit der Lage der Dinge zufrieden sind, zeigen gegenüber den zu erwartenden Religionsbehinderungen wenig Interesse. Im Allgemeinen ist es aber wohl so, dass der Kreis derer, die wirklich national und religiös sich den neuen Verhältnissen auch innerlich anschließen, sehr gering [ist]. Immerhin wird die kleine Schar derer, die aus den verschiedensten Gründen wenigstens äußerlich mit den neuen Verhältnissen mittun, genügen, um mit Hilfe der Bolschewisten weithin das religiöse Leben zu bedrängen.

Die antireligiöse Bewegung stellt man sich in ihrer Methode etwa so vor: Enteignung des Kirchenvermögens, Forderung einer sehr hohen Steuer für die Benutzung der Kirchen und Kapellen, die so hoch sein dürfte, dass wir sie sicher nur an wenigen Orten werden bezahlen können, dann Verbot der religiösen Tätigkeit für die Priester, die nicht nachweisen können, dass sie von der Gemeinde durch freiwillige Gaben unterhalten werden. Vielleicht wird man auch noch gegen den einen oder anderen Priester vorgehen, wegen „politischer Unzuverlässigkeit", Spionagegefahr zugunsten des Auslandes. Und da man damit rechnen muss, dass sich Leute finden, die den Priester aus irgendeinem Grunde anzeigen werden, vielleicht sogar Katholiken selbst, so ist damit zu rechnen, dass auch der eine oder andere mit dem Gefängnis Bekanntschaft machen wird. Sonst lässt sich über die religiöse Lage wenig voraussagen. [...]
Ich möchte aber bitten, mit der Veröffentlichung von Nachrichten über die hiesige Lage vorsichtig zu sein, da das sonst uns hier als „Spionage und Verrat von Staatsangelegenheiten" teuer zu stehen kommen könnte.

Profittlich lag mit seinen Voraussagen richtig. Die Methoden der antireligiösen Bewegung wurden durch die religionsfeindlich gesinnte Regierung konsequent und mit schnellen Schritten angewendet. Darüber wurde Rom in einem weiteren Bericht des Erzbischofs vom 29. November 1940 informiert:

Die gesamte Lage der katholischen Kirche ist seit meinem letzten Bericht schon bedeutend schwieriger geworden:
Da man die größeren Häuser schon verstaatlicht hat, hat die katholische Kirche dadurch schon fast ihren ganzen Besitz verloren, d. h. drei Häuser in Tallinn, zwei in Narwa, eines in Tartu [Dorpat], eines in Petseri [Petschu], eines in Pärnau [Pernau], außerdem die beiden den Schwestern gehörigen Häuser in Tartu und Pärnau, die offiziell auf den Namen der katholischen Kirche eingeschrieben waren. Geblieben ist nur ein kleines Haus in Nõmme und vorläufig die Gotteshäuser. Damit sind uns nicht nur die Mittel zum Unterhalt entzogen, sondern wir müssen [...] sogar für die eigene Wohnung Miete bezahlen. [...]
Man rechnet nun damit, dass Anfang des neuen Jahres auch die Kirchengemeinschaften aufgelöst werden und deren Besitz beschlagnahmt werden wird. Dann werden wir auch noch für die Kirchen eine Miete bezahlen müssen. Diese Miete wird wahrscheinlich sehr hoch sein. Nun mag es ja in Lettland und Litauen, wo die Gemeinden viel größer sind als hier, noch einigermaßen möglich sein, diese Miete aufzubringen. Wie das aber hier gelingen soll, weiß ich wirklich noch nicht. Zwar könnte die Gemeinde in der Hauptstadt vielleicht als einzige eine solche Miete aufbringen. Es ist aber zu befürchten, dass auch diese Gemeinde bald kleiner werden wird. Allem Anschein nach besteht der Plan, Tallinn zu einer Garnisons-

stadt zu machen und alle Einwohner, die hier nicht notwendig sind, abzutranspor-
tieren. Dadurch würde die Gemeinde wieder kleiner werden.

Wir haben daran gedacht, [...] mit den Orthodoxen zu versuchen, eine Eini-
gung zu erzielen, dass diese uns eventuell an den Orten, wo wir keine Kirche haben
oder halten können, uns den Gebrauch ihrer Kirche mitgestatten. Dafür haben wir
ihnen das Mitgebrauchsrecht der Kirche in Kiviôli, wo die Orthodoxen selbst keine
Kirche haben, in Aussicht gestellt. [...]
    Was nun die eigentliche religiöse Lage angeht, so besteht nach dem Buchsta-
ben des Gesetzes zwar religiöse Freiheit. Dieses Gesetz wird nur eigenartig erklärt.
Denn während man die Religion in keiner Weise öffentlich verteidigen kann – das
wäre religiöse Propaganda –, ist eine antireligiöse Propaganda erlaubt und wird als
Pflicht eines jeden Parteimitgliedes angesehen. Zwar ist das Niveau dieser antireligiösen Propaganda in der Presse ein sehr niedriges und für Russland vielleicht
genügend und wirksam, für gebildete Menschen aber mehr abstoßend. Für erwach-
sene Menschen ist diese daher auch nicht gefährlich. Dagegen wirkt sie mehr bei
der Schuljugend, vor allem bei den ersten Schuljahren.

Trotz alledem wusste der estnische Bischof in seinem Bericht dem
Heiligen Stuhl zu versichern, dass der Glaube seiner Herde durch jene
schwierigen Umstände nicht im Geringsten nachgelassen hatte:

In der Kirche selbst spüren wir sonst noch keine Hindernisse. Man kann sogar
sagen, dass der Besuch des Gottesdienstes durch die Erwachsenen besser geworden ist. Da manche auch am Sonntag zur Arbeit müssen und die Geschäfte am
Sonntagmorgen geöffnet sind, haben wir, wenigstens in der Hauptstadt, schon die
Abendmesse eingeführt, die gut besucht wird. Wir gedenken das beizubehalten, ja
vielleicht noch weiter auszudehnen.

Die rasant veränderte Lage der katholischen Kirche im Lande brachte gleichwohl unangenehme Folgen für das persönliche Schicksal ihres
Erzbischofs. Seine eigene Lage schätzte Profittlich als sehr bedrohlich
ein und erhoffte eine Genehmigung von Papst Pius XII. zur Rückkehr
nach Deutschland. Dies hatte er bereits in einem Brief an seine Geschwister vom 26. August 1940 geäußert:

Wenn wir auch nicht wissen, wie unser Lebensschicksal sein wird, ob wir diese
schwere Zeit überstehen werden und damit rechnen müssen, unser Leben in die
Hand Gottes zurückzugeben, die feste Überzeugung ist in mir, dass alles zu unserem Besten sein wird [...].
[...] Sollten wir uns nicht mehr wiedersehen, dann bitte ich alle Geschwister noch einmal um Verzeihung für das, was ich ihnen in der Jugend durch mein

schlechtes Beispiel gegeben habe, und danke noch einmal allen, die durch ihre Arbeit und ihren Verzicht mir das Studium ermöglicht und mir so den Weg zum Priestertum geebnet haben.

Ferner war sich Erzbischof Profittlich der Gefahr bewusst, dass er als deutschstämmiges Oberhaupt der katholischen Kirche in Estland zum Angriffspunkt sowohl der Religions- als auch der Innenpolitik der Sowjetunion werden würde. In einem weiteren Brief vom 25. Oktober 1940 wandte er sich ratsuchend an Rom:

Euer Eminenz! erlaube ich mir folgende Frage vorzulegen und in dieser Frage eine Entscheidung des Hl. Vaters zu erbitten.

Es dürfte bekannt sein, dass ich außer der estnischen Staatsbürgerschaft die deutsche beibehalten habe. Jetzt wird von allen Reichsdeutschen verlangt, nach Deutschland zurückzukehren. Wenn ich das nicht tun würde, wäre ich gezwungen, auf die deutsche Reichsangehörigkeit und damit auch auf eventuellen deutschen Schutz zu verzichten und das sowjetische Staatsbürgerrecht anzunehmen. Da diese Entscheidung von der größten Bedeutung ist, bitte ich umgehend, wo möglich eine telegraphische Antwort an die hiesige deutsche Gesandtschaft [zu senden], was ich tun soll. [...]

Um eine baldige Antwort bittend, bin ich
Euer Eminenz
in Christo ergebener
+ Eduard Profittlich
Ap. Administrator in Estland

Die Antwort aus Rom ließ allerdings auf sich warten. Inzwischen sandte Erzbischof Profittlich weitere Berichte über die Lage der Kirche in Estland. Am 14. Januar 1941 schrieb er einen Brief, in dem er das ihm bevorstehende Schicksal deutlich vor sich sah:

Angesichts dieser Tatsachen, die sich mit der Zeit noch verschärfen können, ist eine Beschäftigung der Priester in dem bisherigen Umfang vollständig unmöglich. Ich habe daher beschlossen, die deutschen Priester, deren Arbeit [...] besonders behindert sein wird, nach Deutschland zurückzuschicken. [...]

Auch ich selbst habe beschlossen wegzufahren. Ich weiß zwar, dass ich als Oberhirte die Pflicht habe, so lange die Sorge und Arbeit für meine Untergebenen zu tragen, wie dies irgendwie möglich ist. Doch sowohl die Priester, mit denen ich gesprochen habe, als auch die Laien (Katholiken und Lutheraner), die die Lage beurteilen können, sind der Meinung, dass für mich als Deutschen ein weiteres

Bleiben und Arbeiten vollständig unmöglich sein werde. Denn im Falle meines Hierbleibens würde ich [...] nur noch Sowjetbürger sein und ihnen vollständig schutzlos ausgeliefert sein. Die Tatsache, dass ich aber früherer deutscher Bürger gewesen bin, würde meine Lage noch besonders erschweren. Man würde mich sicher nicht in Tallinn lassen, höchst wahrscheinlich überhaupt nicht in Estland (es sei denn, mich unter dem Vorwand der Spionage hier im Gefängnis halten) lassen und mir dadurch jede Arbeitsmöglichkeit nehmen. [...]

Inzwischen habe ich durch durchaus einwandfreie Beweise erfahren, dass die GPU [Staatliche politische Verwaltung] genauso denkt. Einzelheiten darüber kann ich heute noch nicht mitteilen. Aber das, was ich da erfahren habe, lässt mich vernünftigerweise nicht mehr im Geringsten daran zweifeln, dass nach dem Abzug der Deutschen ein weiteres Arbeiten für mich ganz unmöglich sein wird, dass nur ein Verschicken nach Sibirien oder eine Gefangennahme für mich infrage kommt.

[...] Würde ich noch die russische Sprache beherrschen, dann könnte ich vielleicht noch hoffen, in Sibirien etwas tun zu können. Aber da das nicht der Fall ist, besteht auch hier keine Möglichkeit zu irgendeiner seelsorglichen Arbeit.

An einer weiteren Stelle kommen seine Überlegungen über die Bedeutung des für ihn unvermeidlichen Leidens zum Vorschein, falls er sich für das Bleiben in Estland entscheidet, und es wird deutlich, wie unentschlossen Profittlich noch vor seiner Zukunft steht:

Ich weiß wohl, dass auch das Leiden und Martyrium für die Sache Gottes einen tiefen Sinn hat und man dadurch vielleicht noch mehr für die Seelen tun kann als durch apostolische Arbeiten. Ich habe meinerseits auch keine Bedenken, diesen Weg zu gehen. Doch scheint es mir, dass man diesen Weg nur in zwei Fällen gehen dürfte. In dem einen Falle, wenn der Befehl der Oberen oder ein unausweichlicher Zwang der Tatsachen klar erkennen ließe, dass das Martyrium der Wille Gottes wäre. Ich darf wohl sagen, dass ich in diesem Falle diesen Weg im Vertrauen auf Gott gerne gehen würde.

Der anderer Fall wäre der, wenn eine innere Anregung Gottes so deutlich reden würde, dass ich in ihr klar die Stimme Gottes erkennen würde. Ich muss aber sagen, dass ich eine so klare innere Stimme nach dieser Richtung nicht in mir fühle. Wenn ich aber nur nach den Gründen der Vernunft urteilen soll, muss ich sagen, dass mein weiteres Bleiben hier sinnlos sein wird.

Die Antwort aus Rom erreichte Profittlich erst am 1. Februar 1941. Der Papst überließ es ihm, die Entscheidung selbst zu treffen, die er vor dem Herrn für besser halte, und bat ihn, dennoch in erster Linie auf das Heil der ihm anvertrauten Seelen Rücksicht zu nehmen.

Die Meldung aus Rom gab ihm Zuversicht und brachte ihn letztlich zum Entschluss, doch bei der Gemeinde in Estland zu bleiben. Am 10. Februar schrieb er an Kardinalstaatssekretär Luigi Maglione:

Da ich aus dem Telegramm den Wunsch des Heiligen Vaters erkannte, dass ich hier bleiben solle, habe ich mich nun endgültig entschlossen, nicht nach Deutschland zurückzukehren. Ich tue das mit großer Bereitwilligkeit, ja ich kann wohl sagen, mit großer Freude. Wenn ich auch in keiner Weise voraussagen und voraussehen kann, wie nun mein Lebensweg verlaufen wird, welche Opfer noch auf mich warten, so gehe ich doch diesen Weg mit großem Vertrauen auf Gott, fest überzeugt, dass, wenn Gott mit mir gehen wird, ich nie allein sein werde. Und ich habe auch die sichere Hoffnung, dass das Opfer, das ich so für die Interessen des Reiches Gottes hier im Lande bringe, auch so oder so nicht ganz ohne Frucht sein wird. Ich bitte Euer Eminenz, diesen meinen Entschluss dem Heiligen Vater mitzuteilen und ihn zu bitten, mir seinen besonderen Segen zu spenden, damit ich mich in dieser schweren Zeit als treuer Sohn seiner Kirche erweisen kann.

Zwei Tage zuvor hatte Eduard Profittlich einen Brief an seine Geschwister und Verwandten verfasst, in dem er sie von seinem Beschluss, nicht nach Deutschland zurückzukehren, unterrichtete und gleichzeitig Abschied von ihnen nahm:

Lieber Bruder, meine lieben Geschwister und Anverwandten!

[…] möchte ich Euch allen noch einmal gemeinsam das schreiben, was jetzt gerade mein Herz erfüllt. Es wird das ein Abschiedsbrief sein, ein Abschiedsbrief vielleicht nur für Monate, vielleicht auch für Jahre, vielleicht auch für immer.

Ihr habt sicher gehört und in der Zeitung gelesen, dass noch einmal eine Umsiedlung von Deutschen aus den Baltenstaaten, Litauen, Lettland und Estland, stattfinden soll. Diese hat jetzt begonnen und wird wohl bald beendet sein. Man hat mir dringend geraten, als Deutscher auch an dieser Umsiedlung teilzunehmen. Es gab verschiedene Gründe, die mir den Gedanken der Umsiedlung nahelegten. […] Da aber fügten sich verschiedene Umstände in meinem Leben so ganz eigenartig, dass ich erkannte, dass es Gottes Wille sei, dass ich hier bleibe. Den Ausschlag gab dann ein Telegramm aus Rom, aus dem ich erkannte, dass dieser Entschluss auch dem Wunsche des Hl. Vaters entspreche.

Wenn ich aber diesen Entschluss fasse, dann ergeben sich daraus verschiedene Konsequenzen: Die erste dieser Konsequenzen ist die, dass ich nach Abfahrt der Deutschen und der Liquidierung der deutschen Gesandtschaft, die wohl Anfang März beendet sein wird, jede Korrespondenz mit Deutschland aufgeben muss. Wollte ich weiter mit deutschen Staatsbürgern brieflich verkehren, würde das als sehr verdächtig angesehen werden. Man würde in mir vielleicht einen deutschen

Spion sehen und mich dementsprechend behandeln. Darum muss der heutige Brief mein letzter Brief sein. Ich kann nicht mehr schreiben, bis sich die Verhältnisse geändert haben werden. Und ich möchte auch Euch bitten, mir vorläufig nicht zu schreiben. Es könnte das für mich nur unangenehme Folgen haben.

Die zweite Konsequenz ist die, dass ich mit meinem Hierbleiben verzichten muss auf allen Schutz, den ich als Deutscher bis jetzt vonseiten der deutschen Gesandtschaft und des Deutschen Reiches genossen habe, und dass ich dann Sowjetbürger werde und mich restlos dem Sowjetstaat unterstelle. Da Ihr wisst, dass der Sowjetstaat im Prinzip religionsfeindlich eingestellt [ist], im Besonderen aber die katholische Kirche mit schiefen Augen ansieht, dann werdet Ihr verstehen, dass dieser Entschluss von weittragenden Folgen sein kann. […]

Trotzdem also menschlich gesprochen die Zukunft nicht gerade sehr angenehm sein wird, habe ich doch den Entschluss gefasst, hier zu bleiben. Es geziemt sich ja wohl, dass der Hirte bei seiner Herde bleibt und mit ihr Freud' und Leid gemeinsam trägt. Und ich muss sagen, dass der Entschluss zwar einige Wochen Vorbereitung kostete, [ich] ihn dann aber nicht etwa mit Furcht und Angst gefasst habe, sondern sogar mit großer Freude. Und als es dann endlich klar war, dass ich bleiben solle, war meine Freude so groß, dass ich vor Freude und Dank ein Te Deum gebetet habe. […] Ich hätte es jedem sagen mögen, wie gut doch Gott gegen uns ist, wenn wir uns ihm ganz hingeben, wie glücklich man doch werden kann, wenn man bereit ist, alles, Freiheit und Leben, für Christus dahinzugeben. Sicher haben in dieser Zeit viele Menschen für mich gebetet, dass Gott mir den rechten Weg zeigen möge und mir viel Gnade geben möge. – Nie bin ich daher auch Gott so dankbar für die Gabe des Priestertums gewesen wie in den letzten Tagen. Und das nicht nur deshalb, weil Gott so gut zu mir war, sondern auch, weil ich so viel Liebe und Dankbarkeit bei den Menschen fand, als sie hörten, dass ich nun sicher hier bleiben werde. […] Eines aber weiß ich jetzt sicher: Es ist der Wille Gottes, dass ich hier bleibe, und ich bin froh darüber und gehe mit großem Vertrauen der Zukunft entgegen. Was auch immer kommen mag, ich weiß, Gott wird mit mir sein. Und dann wird schon alles gut sein. Und mein Leben und, wenn es sein soll, mein Sterben wird ein Leben und Sterben für Christus sein. Und das ist überaus schön.

Profittlichs Sorgen bestätigten sich schon bald. Am 27. Juni 1941, fünf Tage nach dem Einmarsch deutscher Truppen in die Sowjetunion, kam es zu einer Durchsuchung seines Zimmers durch acht Beamte des Volkskommissariats für innere Angelegenheiten (NKWD). Man warf ihm Spionage für Deutschland und den Verkehr mit der deutschen Gesandtschaft vor und forderte ihn schließlich zum Mitgehen auf. Über die Verschleppung des Erzbischofs zu berichten, war für den nunmehr als Apostolischen Administrator in Estland tätigen Pater Henri Wehring erst am 30. August 1941 möglich. Da Pater Wehring keine weitere Information über den Verbleib von Eduard Profittlich erhalten konnte, nahm er an, dass der Erzbischof mit anderen Festgenommenen nach Russland verschleppt worden sei.

Nach dem Arrest von Erzbischof Profittlich herrschte fünfzig Jahre Ungewissheit über sein Schicksal. Erst 1990 durfte die katholische Gemeinde in Tallinn etwas über die letzten Monate des Lebens ihres Bischofs erfahren. Am 21. November 1941 wurde Profittlich zum Tode verurteilt und am 22. Februar 1942 starb er in der Haft in Kirow im sowjetischen Russland. In den Neunzigerjahren legte das Archiv des KGB mehrere Dokumente offen, auf deren Grundlage es möglich war, diese letzten sechs Monate von Eduard Profittlich zu rekonstruieren.

Das erste Mal wurde er am 2. August vom leitenden Untersuchungsbeamten der Staatssicherheit verhört. Bemerkenswert ist die Tatsache, dass das Verhörprotokoll auf einem Formblatt des UNKGB (Verwaltung des Volkskommissariats für Staatssicherheit) für das Gebiet Kirow geschrieben wurde. Mit dem Ausfüllen des ihm vorgelegten Formulars begann für Profittlich die nächste Stufe der Unterdrückung:

UNKGB für das Gebiet Kirow
VERNEHMUNGSPROTOKOLL
2. August 1941

Ich, der leitende Untersuchungsbeamte der UNKGB-Sondertruppe der Estnischen SSR [„Gebiet Kirow" ist durchgestrichen und ersetzt durch ESSR], Boschtschenko, vernahm den Beschuldigten, der das Folgende aussagte:

1. Name	*Profittlich*
2. Vor- und Vatersname	*Eduard Markusowitsch*
3. Geburtsjahr	*1890*
4. Geburtsort	*Deutschland, Birresdorf, Rheinland, Stadt Koblenz*
5. Wohnsitz	*Mungastraße, Haus 4, Wohnung 6*
6. Soziale Herkunft	*von bäuerlicher Herkunft*
7. Soziale Stellung	*--*
8. Beruf und Fachgebiet	*Geistlicher*
9. Arbeitsplatz und Posten	*katholischer Oberbischof Estlands*
10. Allgemein- und Fachbildung	*geistliche Hochschulbildung*
11. Wehrdienstverhältnis	*keines*
12. Nationalität	*deutsch*
13. Staatsangehörigkeit	*Bürger der UdSSR*

14. Parteizugehörigkeit	*parteilos*
15. Passnummer, wann und	
von wem ausgestellt	*beschlagnahmt*
16. Familienstand (Name,	
Vorname, Beruf und Adresse	
von nahen Verwandten)	*ledig*

17. Vergangenheit: Arbeitsplatz und Beruf:

a) vor dem Krieg 1914	*besuchte Grundschule,*
	anschließend Gymnasium und
	Priesterseminar in Trier
b) von 1914 bis zur	
Februarrevolution 1917	*Militärdienst als Arztgehilfe im Kran-*
	kenhaus in Frankreich
c) Aufenthalt und Beruf zur Zeit	
der Oktoberrevolution 1917	*Magister- und Doktorstudium der*
	Philosophie und Theologie
d) ab der Oktoberrevolution	
bis zum gegenwärtigen Zeitpunkt	--
18. Vorstrafen (vor und	
nach der Oktoberrevolution)	--

Die Richtigkeit der Angaben wird bestätigt
Eduard Profittlich
(Unterschrift des Vernommenen)

Im Laufe der nächsten Monate fanden mehrere Verhöre statt. Profittlich wurde auf Estnisch befragt, die Vernehmungsprotokolle wurden jedoch auf Russisch niedergeschrieben. Seine Aussagen wurden ihm vorgelesen und mit seiner Unterschrift bestätigt. Fortdauernd befragte man den Erzbischof nach seinem Verhältnis zur Sowjetmacht und ihrer Religionspolitik in Estland und in der Sowjetunion. Folgende Antworten wurden am 27. September protokolliert:

Frage: Als in Estland die Sowjetmacht errichtet wurde, wie haben Sie sich dazu verhalten?
Antwort: Die Errichtung der Sowjetmacht in Estland habe ich als etwas Unvermeidliches angesehen, was zu geschehen bestimmt und von Gott zugelassen war.
Frage: Der Ermittlung ist aber bekannt, dass Sie über die Einführung der Sowjetmacht in Estland Ihr Missfallen äußerten. Können Sie das bestätigen?
Antwort: Ich habe meine Antwort schon gegeben. Die Einführung der Sowjet-

macht in Estland habe ich als etwas Unvermeidliches und von Gott Zugelassenes wahrgenommen. Ich muss aber eingestehen, dass ich die Haltung der Sowjetmacht der Religion gegenüber nicht teile. Ich wusste schon vorher, dass eine große antireligiöse Arbeit in der Sowjetunion stattfindet und das Gleiche mit der Einführung der Sowjetmacht in Estland vonseiten der kommunistischen Partei durchgeführt

Auszug aus einem Verhörprotokoll vom 28. August 1941

würde. Meiner Meinung nach ist Glaubensfreiheit ein Grundrecht jedes Menschen. Da es bis zum heutigen Tag gilt, dass die Religion ein Feind des Volkes ist, werden die Religionsausübung und die Geistlichen in der Sowjetunion verfolgt. Diese Ordnung missfällt mir.

Frage: Ihre Aussagen zeigen aber wesentliche Widersprüche auf. Einerseits geben Sie an: Auf die Errichtung der Sowjetmacht in Estland haben Sie als etwas Unvermeidliches reagiert. Anderseits wird von Ihnen behauptet, dass Sie mit der Haltung der Sowjetmacht der Religion gegenüber nicht einverstanden sind. Folglich sind Sie der Sowjetmacht in Estland feindlich begegnet. Nicht wahr?

Antwort: Ich habe nichts gegen die Idee, die von der Sowjetmacht und der kommunistischen Partei umgesetzt wird, ich bin aber dagegen, wie sie durchgeführt wird.

Seine negative Einschätzung der Religionspolitik in der Sowjetunion wurde durch die zuständige Behörde als antisowjetische Propaganda eingestuft. Das bezeugt das Verhörprotokoll vom 1. Oktober 1941:

Frage: Jetzt sollen Sie aussagen, welche antisowjetische Propaganda gegen die Sowjetmacht Sie in Ihrer Kirche betrieben haben.

Antwort: In meinen Predigten, die ich in unserer Kirche in den letzten zehn Jahren gehalten habe, erwähnte ich drei- oder viermal, dass der Glaube in der Sowjetunion nicht frei ist. Dort wird der Glaube unterdrückt […] und ich rief Kirchenbesucher auf, für die Katholiken aus der Sowjetunion zu beten, damit sie ihre Glaubensfreiheit erlangen könnten.

Frage: Das heißt, Sie haben unter Ihren Gemeindemitgliedern den Hass gegen die Sowjetmacht gefördert, indem Sie auf die Religionsverfolgung in der Sowjetunion hingewiesen haben. Ist das so?

Antwort: Ich habe damit das Mitgefühl mit jenen Katholiken gefördert, die in der UdSSR leben.

Frage: Sie weichen einer direkten Antwort aus und geben keine richtige. Sie müssen eine genaue Antwort auf die vorherige Frage geben. Sind Sie bereit, der Untersuchungsbehörde die Wahrheit zu sagen?

Antwort: Zur vorherigen Frage habe ich nichts zu ergänzen.

An dieser Stelle wurde das Gespräch unterbrochen. Die Fortsetzung der Befragung erfolgte am 14. Oktober:

Frage: Haben Sie also durch derartige Predigten den Hass gegen die Sowjetmacht unter Ihren Gemeindemitgliedern gefördert? Gestehen Sie das?

Antwort: Noch vor der Einführung der Sowjetmacht in Estland habe ich in meinen Predigten in der Kirche geäußert, dass es noch keine absolute Religionsfreiheit in der Sowjetunion gibt, dass es dort an Geistlichen mangelt. Ich rief die

Gemeindemitglieder zum Gebet auf, damit die Stunde kommt, zu der absolute Religionsfreiheit in der Sowjetunion herrscht und die dortigen Katholiken an keinem Ort einen Mangel an Geistlichen spüren. Dadurch beabsichtigte ich nicht, die Katholiken im Geiste der Feindlichkeit gegenüber der Sowjetmacht anzuleiten.

Frage: Sie lügen und weichen einer direkten Antwort aus. Indem Sie auf die religiöse Lage in der Sowjetunion verwiesen, haben Sie damit unter Katholiken den Hass gegen die Sowjetmacht gefördert. Sind Sie bereit, in der Untersuchung die Wahrheit auszusagen?

Antwort: Jeder Katholik, der meine Worte gehört hat, weiß, dass ich dadurch keine Feindschaft unter ihnen fördern kann.

Frage: Eine direkte Antwort wollen Sie also nicht geben?

Antwort: Dem Gesagten habe ich nichts hinzuzufügen.

Seine Argumente fanden kein Gehör. Denn schon am 25. Oktober wurde Eduard Profittlich in Kirow im Stadtgefängnis Nr. 1 die Anklageschrift vorgelesen. Er stand unter Anklage,

feindlich gesinnt gegen die Sowjetmacht und die kommunistische Partei die religiösen Gefühle der Massen auszunutzen, um antisowjetische Agitation zu verbreiten.

Überdies beschuldigte man ihn, nach dem Ausbruch von Feindseligkeiten zwischen der UdSSR und dem faschistischen Deutschland die Übermacht der deutschen Armee gerühmt und sich über den Niedergang der Sowjetunion im Krieg gegen Deutschland geäußert zu haben. Gleichzeitig wurde er belastet, die Absicht eines ehemaligen Kirchendieners namens Kurtna, illegal aus Estland nach Italien zu flüchten, vor den Behörden der Sowjetmacht verheimlicht zu haben. Schließlich erfolgte der Beschluss, die Akte Profittlichs dem Gericht zur Durchführung einer Verhandlung zu übergeben.

Am 21. November fand die Gerichtsverhandlung statt. Das Protokoll der Gerichtssitzung gibt seine letzte öffentliche Rede wieder:

Als die Sowjetmacht in Estland eingeführt wurde, habe ich mich nicht freundlich dazu verhalten, denn als Geistlicher wusste ich, dass es da [in der Sowjetunion] keine Rede- und Religionsfreiheit gibt. In der Unterhaltung mit einigen Personen habe ich auch darüber gesprochen, doch kann man das nicht als antisowjetische Agitation betrachten. […] Während der Predigt habe ich aufgerufen, nicht auf die Gottesleugner zu hören, sondern an die Kirche zu denken. Ich sagte, dass es in der Sowjetunion keine Religionsfreiheit gibt. Ich finde nicht, dass das Propaganda ist, das ist die Wahrheit. […] Mit dem Zeugen Sawi, mit dem die Gegenüberstellung organisiert war, habe ich über die Religion gesprochen und dabei gesagt, dass diese in der Sowjetunion nicht frei ist. Über den Krieg und die deutsche Armee haben wir auch gesprochen und ich meinte, dass Hitlers Armee stark sei. Aber ich habe den Hitler nicht gelobt; er verhält sich ja auch feindlich der Geistlichkeit gegenüber. Warum der Zeuge sagt, dass ich Hitler gelobt habe, das weiß ich nicht, möglich, dass er mich nicht verstanden hat. Ich weiß überhaupt nicht, warum er gegen mich aussagt. [...] Ich kann mich nicht erinnern, wann Kurtna zu mir kam. Er bat mich, ihm dabei zu helfen, über die Grenze zu kommen, vielleicht nach Deutschland. Ich antwortete, dass ich ihm nicht helfen kann; dann erzählte er mir von der Möglichkeit, über Finnland nach Italien zu fahren. Meiner Meinung nach hat er das nicht ernst gemeint. Mit dem deutschen Botschafter Frohwein und Botschaftsrat von Schleinitz war ich bekannt und besuchte sie dreimal in der Zeit 1940/1941 wegen der Umsiedlung der Polen [gemeint sind wohl die Ordensleute und Priester] nach Deutschland. Ich habe sie auch deshalb besucht, weil sich Nichtkatholiken mit der Bitte an mich wandten, mit Hilfe der Botschaft nach Deutschland zu kommen. Zum Belastungsmaterial habe ich nichts hinzuzufügen und bitte um die Freisprechung, denn ich fühle mich nicht schuldig.

Trotz der Abwesenheit eines staatlichen Anklägers und eines Verteidigers folgte anschließend eine nichtöffentliche Sitzung der Kriminalgerichtskommission. Sie hielt dann die Schuld des Angeklagten für bewiesen und verurteilte Eduard Profittlich

entsprechend § 58-12 [verbotene Mithilfe bei der Ausreise von katholischem Kirchenpersonal] zu fünf Jahren Freiheitsverlust in einem Straf- und Arbeitslager des NKWD sowie entsprechend § 58-10 II [konterrevolutionärer Tätigkeit und Agitation in der Kirche] zum Tod durch Erschießen ohne Konfiszierung des Vermögens und Eigentums.

Obwohl das Urteil rechtskräftig war, konnte der Angeklagte nach Kenntnisnahme des Urteils innerhalb der nächsten 72 Stunden dagegen an das Oberste Gericht der Russischen Sozialistischen Föderativen Sowjetrepublik (RSFSR) appellieren. Der Erzbischof reichte sein Gesuch in estnischer Sprache am 23. November ein. Die Berufung wurde jedoch am 16. Januar 1942 von der Kriminalgerichtskommission des Obersten Gerichts der RSFSR abgelehnt. Weitere Unterlagen, die möglicherweise den Empfang dieser Entscheidung durch Profittlich selbst oder ein weiteres Vorgehen in Kirow belegen können, sind nicht vorhanden. Am 24. April 1942 wurde die Entscheidung des Obersten Gerichts durch den Obersten Sowjet der UdSSR bestätigt. Weil er zu diesem Zeitpunkt bereits gestorben war, konnte er von diesem Beschluss jedoch nichts mehr erfahren.

62

Der Beitrag wurde von Alena Kharko zusammengestellt, die auch die Dokumente aus dem Russischen übersetzt hat.

Diesem Beitrag liegen folgende Werke zugrunde:

B. Čaplickij, Archiepiskop Ėduard Gotlib Profitlich SJ [Erzbischof Eduard Gottlieb Profittlich SJ], in: B. Čaplickij (Hrsg.), Zerno ėtoj zemli ... Mučeniki Katoličeskoj Cerkvi v Rossii 20 veka [Das Korn dieser Erde ... Die Märtyrer der Katholischen Kirche in Russland im 20. Jahrhundert], St. Petersburg 2002, 87–90.

L. Klinke, Erzbischof Eduard Profittlich und die katholische Kirche in Estland 1930–1942. Mit einem Geleitwort von Erzbischof Dr. Erwin Josef Ender, Ulm 2000.

Materialsammlung aus dem Archiv des Tribunals für den Seligsprechungsprozess der russischen Neumärtyrer (Tribunalarchiv), Sankt Petersburg.

Brief des Erzbischofs Eduard Profittlich an seine Verwandten, in: Kiriku Elu (7/1990) 18f.

A. Rothe, Geschichte der Ostdeutschen Provinz der Gesellschaft Jesu seit ihren Anfängen bis zum Ende des Zweiten Weltkrieges, Berlin 1967, 55.

E. Werner, Erzbischof Dr. Eduard Profittlich – ein Opfer des Kommunismus, in: Der Fels 34 (7/2003) 224; abrufbar unter: http://www.der-fels.de/2003/07-2003.pdf [Abruf am 26.03.2014].

Im Folgenden die Zitate in der Reihenfolge ihres Vorkommens:

„Die Seelsorge war ...", aus: A. Rothe, Geschichte, 55.

„Da ich Gelegenheit habe ...", aus: Profittlichs Bericht an Rom (25. Oktober 1940), in: Tribunalarchiv.

„Die gesamte Lage ...", aus: Profittlichs Bericht an Rom (29. November 1940), in: Tribunalarchiv.

„In der Kirche ...", aus: Profittlichs Bericht an Rom (29. November 1940), in: Tribunalarchiv.

„Wenn wir ...", aus: Profittlichs Brief an seine Verwandten (26. August 1940), zit. nach L. Klinke, Erzbischof, 94f.

„Euer Eminenz! ...", aus: Profittlichs Brief an Kardinalstaatssekretär Luigi Maglione (29. November 1940), in: Tribunalarchiv.

„Angesichts dieser Tatsachen ...", aus: Profittlichs Bericht an Rom (14. Januar 1941), in: Tribunalarchiv.

„Ich weiß wohl ...", aus: Profittlichs Bericht an Rom (14. Januar 1941), in: Tribunalarchiv.

„Da ich aus dem Telegramm …", aus: Profittlichs Brief an Kardinalstaatssekretär Luigi Maglione (10. Februar 1941), in: Tribunalarchiv.

„Lieber Bruder …", aus: Profittlichs Brief an seine Verwandten, zit. nach L. Klinke, Erzbischof, 94f.

„UNKGB für das Gebiet Kirow", aus: Verhörprotokoll (2. August 1941), in: Tribunalarchiv.

„Frage: Als in Estland …", aus: Verhörprotokoll (27. September 1941), in: Tribunalarchiv.

„Frage: Jetzt sollen Sie …", aus: Verhörprotokoll (1. Oktober 1941), in: Tribunalarchiv.

„Frage: Haben Sie also …", aus: Verhörprotokoll (14. Oktober 1941), in: Tribunalarchiv.

„feindlich gesinnt …", aus: Anklageschrift (25. Oktober 1941), in: Tribunalarchiv.

„Als die Sowjetmacht …", aus: Protokoll der Gerichtsverhandlung (21. November 1941), zit. nach L. Klinke, Erzbischof, 120f.

„entsprechend § 58-12 …", aus: Protokoll der Gerichtsverhandlung (21. November 1941), zit. nach L. Klinke, Erzbischof, 121.

Vladislavs Litaunieks

„Man kann mich kreuzigen,
man kann mich quälen –
ich werde nie meine Überzeugung,
meinen Glauben,
meine Religion aufgeben!"

Vladislavs Litaunieks wurde am 28. August 1909 als Sohn einer Bauernfamilie im Kreis Gaigalava in Lettgallen, dem südöstlichen Teil Lettlands, geboren. Zuerst besuchte er eine Staatsschule im benachbarten Ort Rēzekne (Rositten), später ein katholisches Gymnasium in Aglona (Aglohn). Jeden Sonntag ging er zur Messe nach Nagli, das zwei Kilometer Fußmarsch vom Bauernhof seiner Familie entfernt lag. Von 1927 bis 1933 absolvierte er sein Studium am Priesterseminar in Riga. Im Mai 1933 wurde er in der St.-Jakobs-Kathedrale zu Riga zum Priester geweiht und feierte kurz darauf die Primiz in seiner Heimatgemeinde in Nagli. Die Gemeinden in diesem Teil Lettlands waren und sind überwiegend römisch-katholisch geprägt.

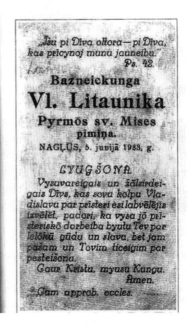

Gedenkblatt zur Primiz

Vladislavs Litaunieks 1934

Sein erstes Priesterjahr verbrachte Vladislavs Litaunieks zunächst im heimatlichen Rēzekne. Im Laufe der nächsten sieben Jahre betreute er eine Reihe kleiner Dorfgemeinden an der Grenze Lettlands zu Weißrussland. In den Erinnerungen seiner Gemeindemitglieder war Litaunieks aktiv und voller Tatendrang, aber doch auch ein ruhiger Mensch mit den Augen eines Kindes. Mečislavs Buko, damals noch ein Junge, erinnert sich an seinen Pfarrer:

Er unterwies mich und andere Schüler im Glauben. Er war ein angenehmer, intelligenter und taktvoller Mensch. In seiner Pfarrei kam er mit allen gut zurecht, sowohl mit den Letten als auch mit den Weißrussen, Russen und Polen. Hier gab es für ihn keinen Unterschied. Zum Abschluss der sechsten Klasse schenkte Vater Litaunieks uns Bücher. Bis heute bewahre ich ein Gebetbuch mit seiner Widmung auf.

Litaunieks zusammen mit Gemeindemitgliedern

In verschiedenen Ortschaften nahm sich Litaunieks der Aufgabe des Kirchenbaus an. Unter seiner Leitung konnte der Bau einer Kirche in Sprukti vollendet und der Bau einer Kirche mit zwei Glockentürmen in Balbinowo begonnen werden. Dabei bekam er sehr starke Unterstützung seitens seiner Gemeindemitglieder, aber auch seine Familie, Eltern und Brüder, sowie Schulkinder aus benachbarten Orten engagierten sich und halfen mit.

Jāzeps Lenko, damals ein Schüler Litaunieks', ruft sich die Zeit des Kirchenbaus so ins Gedächtnis:

Die ganze Gemeinde machte mit. Ich erinnere mich, dass es viele Pferdewagen gab, die Zement und andere Baustoffe vom Bahnhof brachten. Der Kies wurde aus einer nahe gelegenen Grube geholt. Ich war dort. Wir holten Wasser, und mit den Händen haben wir Ziegelsteine hergestellt. Und wir Jugendlichen brachten dann die Steine zu den Bauarbeitern.

An Vladislavs Litaunieks' besondere Sorge um Kinder erinnert sich später Sofija Stikute:

Er war sehr liebevoll zu Kindern. Die Kinder mochten ihn sehr. Daher war es nicht erstaunlich, dass die Kirche voll von Kindern war. Vor und nach der Schule gingen wir zur Kirche. Für mich war es Vater Litaunieks, der mir das Lesen und das Beten beigebracht hat.

Dabei galt er einigen seiner Schüler wohl als Vorbild. Jāzeps Lenko dazu:

In seinen Stunden haben wir keinen Blödsinn gemacht, wie es oftmals bei anderen Lehrern vorkam. Wir hatten vor ihm keine Angst. Es war die Hochachtung vor ihm. Wir alle wollten wie er sein.

Durch die Initiative von Vladislavs Litaunieks wurde ein Bündnis der katholischen Jugend gegründet, in dem sich Jugendliche aus mehreren benachbarten Ortschaften zusammenschlossen. Sie versuchten unter anderem, die für den Kirchenbau notwendigen Geldspenden zu sammeln. Die bereits gut vorangetriebenen Bauarbeiten mussten jedoch unterbrochen werden, als 1940 mit der Sowjetunion eine neue Macht in Lettland die Führung übernahm.

Kurz nach dem Einmarsch der Sowjetarmee in Lettland fand am 4. Juli 1940 im Ort Krāslava (Kreslau) das Fest des Heiligen Donatus statt. Litaunieks hielt hier damals eine Predigt, deren Wortlaut Anna Juhņeviča später noch in Erinnerung hat:

Man kann mich kreuzigen, man kann mich quälen –
ich werde nie meine Überzeugung, meinen Glauben, meine Religion aufgeben!

Es erscheint offensichtlich, dass diese Haltung den neuen Machthabern nicht gefallen hat. Denn solche Priester gehörten zu der Schicht von Intellektuellen, die mit dem kommunistischen Regime nicht kooperieren wollten.

Am 2. Februar 1941 wurde das ehemalige Priesterhaus in dem zu Litaunieks' Gemeinden gehörenden Balbinowo in Brand gesetzt. Kurz zuvor war das Haus verstaatlicht worden, um darin ein Knabeninternat zu errichten. Von jenen Tagen berichtet Mečislavs Buko:

Als die Sowjetmacht eingeführt wurde, wurden überall Kirchenräume enteignet. Aus dem Priesterhaus in Balbinowo wollte man ein Internat machen. Uns wurde gesagt: Ihr werdet da wohnen, wo der Priester wohnte. Wir wollten nicht gerne dorthin ziehen: Da hatte ein Priester gewohnt und er hat uns nichts Schlimmes getan – wie konnten wir dahin gehen? Es gab jedoch zwei Übermütige aus unserer Klasse, die als Erste im Haus übernachteten. In jener Nacht hat man sie aber sehr stark erschreckt. Das war gegen Ende der Woche, am Montag gab es das Haus schon nicht mehr. Vielleicht waren die Heizer fahrlässig oder einer aus der Gemeinde ließ es absichtlich nicht zu, dass das Priesterhaus für andere Zwecke benutzt wird.
So war die Zeit: Wenn man jemandem etwas wollte, dann fand man auch eine Anschuldigung gegen ihn. Und in den Augen der gottlosen Macht war es üblich,

einen Priester für den Schuldigen zu halten. Das war es also mit dem Priesterhaus. Leider.

Am 23. März wurde Litaunieks festgenommen. Marija Viškere beschreibt den Tag seiner Verhaftung:

Zwei Männer aus unserer Gemeinde begleiteten ihn nach der Messe. Sie konnten sich an den Anzug, den der Priester trug, gut erinnern. Er war gestreift. Dank dieses Anzugs konnte man später seinen Leichnam identifizieren. Sie begleiteten ihn zum Bahnhof. Dort wurde ein schwarzer Wagen, ein Milizwagen, gesehen. Man wollte ihn vermutlich schon am Bahnhof in Špoģi festnehmen. Da es viele Menschen gab, die den Priester kannten, traute man sich das wohl nicht. Litaunieks kaufte eine Fahrkarte und stieg, beschattet von zwei Männern der Miliz, in den Zug. Als der Zug am Bahnhof in Aglona eintraf, fassten sie ihn unter dem Arm und verließen den Zug.

Litaunieks wurde in das Stadtgefängnis von Daugavpils (Dünaburg) gebracht. Er wurde beschuldigt, zur Brandstiftung am Knabeninternat aufgehetzt zu haben. Litaunieks wurde mehrmals zur Gegenüberstellung mit Gemeindemitgliedern gerufen. Jevgēņija Truskovska, damals noch ein junges Mädchen, entsinnt sich der Worte ihrer Mutter:

Man forderte meine Mutter auf, zur Gegenüberstellung mit Pfarrer Litaunieks nach Daugavpils zu kommen. Später erzählte sie, dass der Priester sehr schwach ausgesehen hatte. Er war gefoltert worden. Sie meinte, ihm seien die Fingernägel gezogen worden. Man verlangte von meiner Mutter zu bezeugen, der Priester habe in der Kirche gesagt, dass der rote Hahn aufs Dach vom Priesterhaus gesetzt werden muss. Man hat ihr gedroht, sie umzubringen, sollte sie dies nicht bezeugen. Mutter sei auf ihre Knie gefallen und habe aufgeschrien: „Tun Sie, was Sie wollen. Der Priester ist unschuldig." Ein paar Tage später ließ man sie gehen.

Zwei Monate nach seiner Festnahme wurde am 29. Mai eine Anklageschrift im Ermittlungsverfahren Nr. 2024 formuliert:

Das Stadtamt der NKGB [Volkskommissariat für Staatssicherheit] der Lettischen SSR in Daugavpils erhielt belastendes Material darüber, dass der Priester Wladislaw Wladislawowitsch Litaunijek [der Name wurde russifiziert] antisowjetische Propaganda unter der Bevölkerung verbreitet hat. [...] Im Laufe der Ermittlung wurde festgestellt, dass Wladislaw Wladislawowitsch Litaunijek [...] von 1937 bis 1940 die konterrevolutionäre Organisation „Katholischer Jugendbund" leitete. Er erzog die Mitglieder dieses Bundes im Geiste des Nationalismus und des Kampfes gegen die Revolutionsbewegung.

[…] Von 1927 bis 1933 studierte er am Priesterseminar, wo ihm feindlich gesinnte Erziehung gegen die Sowjetmacht und die kommunistische Partei vermittelt worden ist.

Folgende angeblich von Litaunieks gemachte Aussage wurde aus seinen persönlichen Akten hinzugefügt:

Uns Kindern haben unsere Lehrer glaubhaft gemacht, dass die Kommunisten Russland erobert hätten, wo Gläubige misshandelt und Unschuldige eingesperrt und in Gefängnissen gepeinigt werden; dass die verbrecherischen Kommunisten, die zuvor in Gefängnissen saßen, nun an den Schaltstellen der Macht sitzen. Uns wurde beigebracht: Die Kommunisten fügen Russland nur Schaden zu, den Gläubigen wird ihr Glaube weggenommen. Diese für mich feindlich gesinnte Erziehung gegen die kommunistische Partei und die Sowjetunion beeinflusste mich, und nach dem Abschluss des Priesterseminars begann ich, aktiv die kommunistische Partei und die Sowjetunion zu bekämpfen.

So wie er der Anklageschrift zufolge die konterrevolutionäre Organisation „Katholischer Jugendbund" geleitet habe, so beschuldigte man Litaunieks als katholischen Priester, in der Kirche bei seinen Predigten die kommunistische Partei und die Sowjetunion verleumdet zu haben:

Den Stoff für seine Propaganda nahm er aus Büchern, Zeitschriften und Zeitungen aus Polen und Deutschland, in denen lügnerische Verleumdungen gegen die Sowjetunion und die kommunistische Partei beschrieben wurden.
[…] Nachdem die Sowjetmacht in Lettland errichtet worden war, veranstaltete er Versammlungen von Gläubigen, bei denen er die angebliche Niederlage der Sowjetmacht zur Propaganda nutzte.
[…] 1940, während des Kirchenbaus, verbreitete Litaunijek unter den Gläubigen Verleumdungen gegen die WKP(b) [Kommunistische Allunions-Partei (Bolschewiki)] und die Sowjetunion, indem er sagte: „In der Sowjetunion werden die Gläubigen durch die Kommunisten verfolgt, im früheren Polen schließt man alle Kirchen, die Priester werden verschleppt und erschossen, Kinder werden ihren Eltern entrissen und nach Sibirien fortgebracht."
Solche Propaganda verbreitete er mehrmals in den Jahren 1938 und 1939.

Die angebliche Anstiftung zum Brand wurde Litaunieks als Folge seiner Propaganda zur Last gelegt:

Im November 1940 veranstaltete er eine Versammlung bei sich zu Hause, […] wobei er die Gläubigen zum Kampf gegen die Sowjetmacht aufforderte und sagte:

„Die Kommunisten haben der Kirche das Haus genommen, der Priester hat keinen Platz zum Wohnen und es kümmert euch wenig. Ihr seid Katholiken und ohne Priester könnt ihr nicht leben, daher solltet ihr fordern, dass der Priester bei euch bleibt. Man sollte die Sowjetmacht aktiver bekämpfen und das Pfarrhaus behalten. Misslingt es, das Haus zu behalten, dann sollte man ihm den roten Hahn auf das Dach setzen. Und das müsst ihr machen. Die Sowjetmacht wird nicht lange durchhalten und die Gläubigen werden siegen."

[…] Als Ergebnis seines Aufrufes wurde das Haus, in dem der Priester vorher gewohnt hatte, in der Nacht vom 1. auf den 2. Februar in Brand gesetzt.

Am 21. Juni 1941 wurde im Namen der UdSSR durch das Kriegstribunal des Baltischen Wehrkreises ein Urteil mit der Nummer 0013 gegen Litaunieks gesprochen:

Der Angeklagte Litaunijek, seit 1933 Priester der katholischen Kirche, betrieb unter der Bevölkerung seiner Gemeinde aktive konterrevolutionäre Agitation. Er verleumdete die Sowjetunion und rief die Gläubigen zum Kampf gegen die kommunistische Bewegung in Lettland auf. Im Kreis Indra, Bezirk Daugavpils, errichtete er 1937 die konterrevolutionäre Organisation „Katholischer Jugendbund" und als Leiter der genannten Organisation pflegte er ihre Mitglieder zur Treue zu der bourgeoisen Regierung und gegen die revolutionäre Bewegung zu erziehen. […]

Nach der Einführung der Sowjetmacht in Lettland stellte Litaunijek seine konterrevolutionäre Tätigkeit nicht ein. Im Gegenteil, indem er als Priester religiöse Gefühle der Bevölkerung bei seinen Predigten in der Kirche und bei Privatgesprächen mit Gläubigen ausnutzte, führte Litaunijek eine aktive konterrevolutionäre und antisowjetische Agitation gegen die durch die Sowjetmacht eingeleiteten Maßnahmen. Zudem verleumdete er das Leben der Völker in der UdSSR und die Macht der Roten Armee. Im November 1940 und Januar 1941 rief er bei den von ihm organisierten Versammlungen dazu auf, das verstaatlichte Haus in Balbinowo, Kreis Indra, in Brand zu setzen. Als Ergebnis dieser Anstiftung wurde das Haus, in dem sich ein Schülerinternat befand, von unbekannten Personen in Brand gesetzt.

Aufgrund des Dargelegten erkannte das Kriegstribunal Vladislavs Litaunieks für schuldig und verurteilte ihn

in Anrechnung der von ihm verübten Verbrechen gemäß §§ 17-58-9 und 58-2 Strafkodex der RSFSR [Russische Sozialistische Föderative Sowjetrepublik] zur Höchststrafe: Tod durch ERSCHIESSEN mit Konfiszierung des gesamten persönlichen Vermögens.

72

Innerhalb der nächsten drei Tage konnte gegen das gefällte Urteil beim Militärkollegium des Obersten Gerichts der RSFSR Einspruch eingelegt werden. Es ist jedoch ungewiss, ob Litaunieks noch die Möglichkeit hatte, sich an diese höhere Instanz zu wenden. Denn das genaue Datum und die Umstände seines Todes bleiben ungeklärt. Man nimmt an, dass er am 25. oder 26. Juni starb und kurz darauf bereits in einem Vorort von Daugavpils begraben wurde.

Beeindruckend und als deutliches Zeichen für die Wirkung, die Litaunieks als Priester hatte, erscheinen auch die Ereignisse nach seinem Tod. Als Daugavpils von den deutschen Truppen am 26. Juni 1941 besetzt wurde, bemühte man sich, seine sterblichen Überreste zurückzuerhalten, was durch ein Gesuch seines Bruders auch gelang. Identifiziert durch den gestreiften Anzug, den er bei seiner Verhaftung getragen hatte, wurde sein von der Folter entstellter Leichnam nach Višķi überstellt und dort im Kirchengarten bestattet.

Auf seine Grabtafel aus Marmor gravierte man in lettischer Sprache: „Durch die Bolschewiken zu Tode gefoltert". Als die Macht in Lettland im Juni 1944 erneut an die Sowjets ging, sorgten Gemeindemitglieder immer wieder dafür, die Tafel über vierzig Jahre versteckt zu halten; „in Stahl, in Holz, wo nur diese Tafel überall versteckt werden konnte", wie Jevgēņija Truskovska berichtet. So blieb sie bis in die Gegenwart erhalten und befindet sich heute in der Kirche von Indra. Vladislavs Litaunieks' Grabstätte in Višķi wurde zu einem wichtigen und viel besuchten Wallfahrtsort für lettische Katholiken.

Grabtafel

Der Beitrag wurde von Alena Kharko zusammengestellt, die auch die Dokumente aus dem Russischen und Französischen übersetzt hat.

Diesem Beitrag liegen folgende Werke zugrunde:

G. Gontmacher/V. Dubovskij, Imena, kotorye ne zabudut [Namen, die nie vergessen werden], in: Èzerzeme (29. Juni 1991) 2.

Anklageschrift und Gerichtsurteil gegen Litaunieks in russischer Sprache, die sich im Privatarchiv von Jānis Logins, Riga, befinden.

Dokumentarfilm „Mācītājs" [„Der Priester"] auf Lettisch von Jānis Logins aus dem Jahr 2007, auf: http://www.loginafilmas.lv/?page_id=79 [Abruf am 28.04.2014]. Dazu ist eine Verschriftlichung in französischer Sprache vorhanden. Die verwendeten Zitate sind aus dem Französischen übersetzt.

Im Folgenden die Zitate in der Reihenfolge ihres Vorkommens:

„Er unterwies mich …", aus: G. Gontmacher/V. Dubovskij, Imena, 2.

„Die ganze Gemeinde …", aus: „Mācītājs", ab 38'00".

„Er war …", aus: „Mācītājs", ab 31'59".

„In seinen Stunden …", aus „Mācītājs", ab 32'35".

„Man kann …", aus: „Mācītājs", ab 40'10".

„Als die Sowjetmacht …", aus: G. Gontmacher/V. Dubovskij, Imena, 2.

„Zwei Männer …", aus: „Mācītājs", ab 48'32".

„Man forderte …", aus: G. Gontmacher/V. Dubovskij, Imena, 2.

„Das Stadtamt …", aus: Anklageschrift vom 29. Mai 1941.

„Uns Kindern …", aus: Anklageschrift.

„Den Stoff …", aus: Anklageschrift.

„Im November 1940 …", aus: Anklageschrift.

„Der Angeklagte …", aus: Gerichtsurteil vom 21. Juni 1941.

„in Anrechnung …", aus: Gerichtsurteil.

„in Stahl … ", aus: G. Gontmacher/V. Dubovskij, Imena, 2.

Ágnes Tímár OCist

„Was will Gott von mir?"

Ágnes Tímár wurde am 20. Januar 1928 in Újpest (heute ein Stadtteil von Budapest) geboren. In den Fünfzigerjahren gründete sie eine geheime Ordensgemeinschaft in Budapest, die die Keimzelle der heutigen Zisterzienserinnenabtei von Kismaros bildete. Sie lebt und arbeitet inzwischen in Vác.
Dort führte Ruth Kubina am 24. Januar 2014 mit ihr das folgende Interview:

Liebe Schwester Ágnes, wir interessieren uns in unserem Projekt für Menschen wie Sie, die aufgrund ihrer Glaubensüberzeugung in Konflikt mit der kommunistischen Regierung in ihrem Land gekommen sind. Bitte geben Sie uns einen Einblick in Ihr Leben, indem Sie etwas von Ihrer Kindheit und Jugend erzählen!

Ich glaube, das ist eine ganz normale Geschichte aus der Kriegs- und Nachkriegszeit in Europa. Meine Eltern haben sich scheiden lassen, als ich zwei oder drei Jahre alt war, und ich lebte daraufhin bei meinem Vater und meiner Großmutter. Wir waren eine sehr gute, einfache und fröhliche Familie.

Aber als der Krieg kam, wurden mein Vater und meine Großmutter verschleppt, weil sie Juden waren. Plötzlich war ich ganz allein und eine alte Tante hat mich zu sich genommen, bei der ich einige Jahre lebte. Ich habe dann einen jungen Piaristenpater kennengelernt, der damals etwa 35 Jahre alt war. Ich war erst sechzehn. Er

Schwester Ágnes als junge Frau

hieß Ödön Lénárd und war zu der Zeit Kultursekretär der Katholischen Aktion von Ungarn. Er nahm mich mit zu seiner Mutter, die mir damals sehr viel geholfen hat.

Als man in Ungarn die kirchlichen Schulen verstaatlichen wollte, leistete Pater Ödön Widerstand und wurde schließlich verhaftet und zu sechs Jahren Gefängnis verurteilt. Das war noch vor dem Prozess gegen Kardinal Mindszenty.[1] Damals war ich noch Studentin an der Technischen Universität und studierte Architektur. Ich hatte Pater Ödön so viel geholfen, wie ich konnte, und nun war er plötzlich eingesperrt. Um den Verhören im Rahmen der Anklage gegen Pater Ödön zu entgehen, ging ich aufs Land in ein Zisterzienserinnenkloster. Dort bin ich schließlich eingetreten und habe einige Jahre in dem Orden gelebt. Die ewigen Gelübde habe ich zu einer Zeit abgelegt, als in Ungarn die Orden schon verboten waren. Als das Kloster wegen des staatlichen Zwangs aufgelöst wurde, mussten wir Ordensfrauen an anderen Orten unterkommen. Ich habe daraufhin zunächst allein in Budapest gelebt.

Was haben Sie aus Ihrer Zeit in der Zisterzienserinnengemeinschaft mitgenommen?

Das war eine ganz andere Lebenssituation als bei uns später. Die Schwestern hatten eigentlich keinen Nachwuchs und Schwierigkeiten, junge Schwestern zu integrieren. Als dann der Orden aufgelöst wurde, wurden wir getrennt und hatten keinen Kontakt mehr zueinander. Auch das war nicht leicht.

Wie ging es dann weiter?

In Budapest besuchten mich einige junge Mädchen, die meinen Rat suchten: Sie spürten ebenso wie ich eine Berufung zum Ordensleben und fragten, was nun zu tun sei. Ja, sagte ich mir, wenn du diese Berufung verspürst, musst du ihr doch folgen können, das ist ganz klar! Nur wie sollte das möglich sein? Ich fand, man müsse sich etwas ausdenken, und begann, in der Literatur zu suchen, wie während der Christenverfolgung der ersten Jahrhunderte die Christen angefangen hatten, ein Ordensleben zu gründen. Sie gründeten nicht formell Gemeinschaften, sondern begannen ganz einfach, gemeinsam zu leben.

---

1 József Mindszenty (1892–1975) war ein ungarischer Erzbischof und Kardinal. Er suchte die Auseinandersetzung mit Nationalsozialisten und Kommunisten und wurde 1948 als Symbol des kirchlichen und nationalen Widerstands verhaftet.

Und so entstand um mich eine kleine Gemeinschaft in Budapest. Wir hatten ein sehr schönes, einfaches gemeinsames Leben, feierten zusammen die Liturgie und jede ging ihrem Brotberuf nach. Außerdem erteilten die jungen Frauen auch Religionsunterricht für Kinder, was damals schon verboten war.

Wie hat die Kommunikation mit diesen jungen Frauen funktioniert, die dann zu Ihnen kamen? Sie konnten ja nicht öffentlich machen, dass Sie eine Ordensgemeinschaft gründen!

Das war eine Art Mund-zu-Mund-Propaganda. Man hatte Freunde, fasste Vertrauen zu jemandem und so lief das weiter. Es gab damals in der Gesellschaft quasi christliche Untergesellschaften von Gläubigen, die sich kannten und einander vertrauten. Das war wie in einer Familie. Das funktionierte über Vertrauen, aber dadurch wurde es mit der Zeit auch schwieriger. Am Anfang des Christentums, in den ersten Jahrhunderten, war das doch auch so. In der Gesellschaft lebten Christen, die einander kannten und im Glauben unterrichteten und die ihr Leben teilten, weil man auf den anderen vertrauen konnte. Das hängt natürlich immer von den Persönlichkeiten ab.

In diesem Haus in der Semmelweisstraße 2 in Budapest trafen sich die ersten Schwestern.

Solche starken Persönlichkeiten, die unabhängig sind und Verantwortung übernehmen können, sind nicht leicht zu finden.

Mir scheint, das ist auch heute nicht anders ...

Ja, das ist auch heute nicht so leicht, es gibt so wenige gute und kluge Priester. Jeder kann ohne Weiteres eine Messe zelebrieren, aber es braucht eben auch einen menschlichen Verstand und Werte, die in moralischen Entscheidungssituationen helfen, einfach und gut zu leben und dieses Leben auch anderen zu vermitteln. Dafür braucht es Persönlichkeit. Es reicht nicht, wenn jemand zur Schule gegangen ist oder Theologie an der Hochschule studiert und Prüfungen abgelegt hat. Es muss noch viel tiefer gehen. Diese Erziehung beginnt im Kleinen und muss über Jahrzehnte weitergehen, damit die Persönlichkeit kräftig und ausgewogen wird.

Wie hat Ihr Gemeinschaftsleben funktioniert? Gab es eine ähnliche Struktur wie in anderen Ordensgemeinschaften mit Stundengebeten und festgelegtem Tagesablauf?

Naja, das war bei uns nicht so einfach, weil ja jede von uns ihre eigene Arbeit draußen in der Welt hatte. Wir mussten um halb vier oder vier Uhr früh aufstehen, um genügend Zeit zu haben, zusammen das Stundengebet zu beten und die Messe zu feiern, bevor wir zur Arbeit gingen. Nach der Arbeit haben wir dann noch den Religionsunterricht für die Kinder erteilt und an zwei, drei Abenden in der Woche gab es für die Gemeinschaft Unterricht in Theologie. Außerdem mussten die Schwestern Sprachen lernen, denn in Ungarn war damals nur Russisch als Fremdsprache üblich. Das konnte man in der Mittelschule lernen. Also haben die Schwestern bei uns Französisch oder Deutsch gelernt. So konnten sie auch die Bücher lesen, die wir von Autoren aus dem Westen bekamen.

Für all das brauchte es einen sehr strengen Zeitplan, an den sich alle halten mussten, sonst wäre keine Zeit zum Lesen, Lernen oder Unterrichten geblieben. Aber das war alles in Ordnung, und wir lebten in Frieden und mit großer Freude. Beim gemeinsamen Abendessen haben wir Schwestern immer viel gelacht, das war ein fröhliches Zusammensein.

Sie sprachen eben davon, wie wichtig es war, kluge und unabhängige Persönlichkeiten zu finden, um als Christen gemeinsam zu leben. Pater Ödön war ja so eine Persönlichkeit, die Sie alle in der Gemeinschaft begleitet hat. Was hat diese Begleitung und seine Persönlichkeit ausgemacht?

Er war ein Priester und ein Mensch. Ein guter Mensch. Diese ganze Geschichte ist im Grunde so einfach, dass ich darüber keine großen Sachen erzählen kann. Es ging nur darum, Tag für Tag, Jahr für Jahr weiterzuleben und unserer Sache treu zu bleiben, hilfsbereit zu sein und den anderen weiterzuhelfen, zu unterrichten, wo Unterricht gebraucht wurde, karitativ zu helfen, wo das nötig war, und Freundschaften zu schließen, wo man sie brauchte. Das war sehr, sehr wichtig.

Unsere kleine Gemeinschaft war ziemlich gut. Es waren einfache junge Mädchen. Sie hatten Abitur gemacht und manche hatten auch studiert, aber eigentlich ging es nicht darum, ein kluger Kopf zu sein, sondern ehrlich und geradeheraus, und das war gut. Bei uns konnte die Polizei keine Spione einschleusen, bei uns hat sich niemand abwerben lassen, denn unser gemeinsames Leben war so glücklich und einfach und ehrlich. Darüber ist wirklich nicht viel zu sagen, weil es etwas sehr Einfaches war, aber diese Einfachheit brauchte viel Kraft.

Sie sind dann verhaftet worden ...

Ja, im Februar 1961 wurden drei andere Schwestern und ich verhaftet und verurteilt. Ich kam ins Gefängnis und in dieser Zeit übernahm Monika[2] die Verantwortung für die Gemeinschaft. Es war nicht leicht für sie. Sie war erst 25 Jahre alt und es war eine so große Last, die sie zu tragen hatte. Das war zu viel für ein junges Mädchen. Im Dezember 1962 ist sie dann an Hepatitis gestorben, nur wenige Monate bevor wir alle im März 1963 im Rahmen einer allgemeinen Amnestie entlassen wurden.

Wir setzten unser gemeinsames Leben fort, aber es war schwieriger geworden, da wir wussten, dass die Polizei inzwischen so gut wie alles über uns wusste. Unsere kleine Gemeinschaft war die einzige, die in dieser Zeit in Ungarn gegründet wurde. Es gab zwar noch andere alte Schwestern aus den aufgelösten Klöstern, die manchmal zu zweit oder zu dritt zusammenlebten, irgendwo auf dem Land in relativer Sicherheit. Aber unsere Gemeinschaft war die einzige Gründung, in der junge Frauen begannen, gemeinsam ein Ordensleben zu führen und zusammen zu beten.

1966 wurde ich dann erneut verhaftet, diesmal nur ich allein. Ende 1968 oder Anfang 1969 kam ich nach Hause und wir lebten so weiter, wie wir konnten, immer im Wissen darum, dass die Polizei uns beobachtet. Aber ich sagte mir immer wieder, dass das, was wir hier taten, nichts Kriminelles sei; wir lebten, beteten und arbeiteten. Was war denn schon dabei?

2 Monikas Tagebuch wurde 1982 in deutscher Sprache veröffentlicht: Monika, Ein Zeugnis aus Ungarn, Einsiedeln 1982.

Haben Sie denn verstanden, warum man Sie verfolgt hat? Sie haben ja nach eigenem Ermessen nicht politisch gehandelt. Wie haben Sie das für sich gedeutet?

Nein, das war von unserer Seite nie eine politische Sache. Aber diese innere Freiheit, an einen Gott zu denken, der ist und der gibt und der liebt, das ändert die Weltsicht. Und genau das war gefährlich für den Staat, dass wir außerhalb des Staates Kraft fanden und anders leben wollten, als der Staat es vorschrieb.

Waren Sie damals ganz sicher, dass Sie das Richtige taten? Oder gab es auch Situationen des Zweifelns darüber, wie es weitergehen konnte?

Ich glaube, die kleinen Entscheidungen, die man im Leben trifft, sind sehr wichtig, wichtiger als die großen Entscheidungen. Denn die kleinen Entscheidungen geben eine Richtung vor für den eigenen Weg, und die großen Entscheidungen kommen automatisch hinterher. Und diese kleinen Entscheidungen – das mache ich, das mache ich nicht, das brauche ich, das brauche ich nicht, das ist mehr Geld, als ich brauche; sich entscheiden, einfach gut zu sein, einfach nach dem Glauben zu leben und dieses Gut-Sein weiterzugeben – die gehen immer und die sind auch immer wichtig für unseren Nächsten. Auf diese Weise geben wir unseren Glauben und unsere Hoffnung weiter. Es ist gar nicht so leicht, das in Worte zu fassen. Man muss achtgeben, denn um in den Himmel zu kommen, reicht es, zu glauben und fromm zu sein, aber um die Zukunft aufzubauen, braucht es auch genügend Verstand.

Man braucht also Köpfchen ...

Ja. Aber es ist auch wichtig, demütig zu sein und nicht zu glauben, man könnte aus eigener Kraft die Welt verändern. Gott zeigt uns immer, was er verlangt, was er möchte; aber um das wahrzunehmen, muss man gut hinhören und es einfach und bescheiden umsetzen. Dazu muss man nicht nur fromm sein, sondern auch klug. Man muss wie ein weiser alter Mensch sein und im gleichen Moment ein Kind. Dann ist es auch nicht schlimm, wenn man einen Fehler macht. Man sieht, was man falsch gemacht hat, und macht es beim nächsten Mal besser.

Wie war es während Ihrer Haftzeiten? Waren Sie in Einzelhaft oder konnten Sie sich mit anderen Häftlingen austauschen? Gab es eine Möglichkeit, gemeinsam den Glauben zu leben?

Die politischen Häftlinge waren gemeinsam untergebracht. Da waren viele Mädchen, die bei der Revolution 1956 im Straßenkampf mitgekämpft hatten und die dann zu fünfzehn Jahren Gefängnis verurteilt wurden. In einer Zelle waren vier oder sechs Häftlinge, manchmal auch bis zu vierzehn Personen. Aber auf menschlicher Ebene war das ganz normal. Ich erinnere mich gut an ein Weihnachtsfest: Zweimal im Jahr konnten wir ein Paket von fünf Kilo erhalten. Das war natürlich nicht viel. Und vor Weihnachten haben wir einmal in so einer größeren Zelle mit den anderen vier oder sechs christlichen Gefangenen unsere Pakete zusammengestellt und aufbewahrt und an Weihnachten zusammen gefeiert. Nach der Schließzeit deckten wir einen kleinen Tisch, so gut wir konnten, mit Handtüchern als Tischdecke. Und wir teilten unsere Pakete mit den anderen und haben ein schönes Abendessen gemacht. Aus Schwarzbrot hatte ich ein kleines Jesuskind geformt, das in einer Krippe lag. Dann haben wir ganz leise zusammen gesungen und alle waren sehr traurig, und doch war es ein sehr schöner Abend. Ja, manchmal konnten wir es einander doch schön machen. Man konnte nicht viel darüber sprechen und es wäre auch umsonst gewesen, weil nicht nur die Möglichkeiten, sondern auch die ganze Lebenswirklichkeit begrenzt war.

War es schwierig, nicht regelmäßig Ihre Schwestern treffen zu können?

Das Leben draußen ging trotzdem weiter. Die Schwestern arbeiteten weiter wie bisher. Ich hatte viele Freunde; die Kleinen Brüder Jesu von Charles de Foucauld sind sogar zu uns zu Besuch gekommen. Ich hatte viele Freunde im Westen, die uns besuchten, viele einfache und sehr kluge Menschen, die gekommen sind und uns viel geholfen haben. Ich stand im Briefwechsel mit Jacques Maritain,[3] der mich damals trotz seines hohen Alters besuchen wollte, aber es bestand die Sorge, dass er unterwegs sterben könnte. Ich stand auch in Kontakt mit Henri de Lubac[4] und anderen Theologinnen und Theologen, die immer geholfen haben,

---

3   Jacques Maritain (1882–1973) war ein französischer Philosoph. Er wirkte unter anderem an der Allgemeinen Erklärung der Menschenrechte mit und inspirierte das Zweite Vatikanische Konzil im Hinblick auf die Erklärung zur Religionsfreiheit (Dignitatis humanae).

4   Henri de Lubac (1896–1991) war ein französischer Jesuit und Theologe, der im 20. Jahrhundert in vielen Bereichen der Theologie erheblichen Einfluss hatte.

auch mit ihren Büchern und Briefen. Unsere kleine Gemeinschaft war sehr weltoffen und ist vielen Menschen begegnet, die sich für Gott geopfert haben und die ehrlich und gut waren. Diese Begegnungen stärkten uns gegenseitig.

Die jungen Frauen, die sich Ihnen anschlossen, haben ja viel auf sich genommen, auch ihren Familien gegenüber. Wie kann man da immer sicher sein, was das Richtige ist?

Man weiß nie genau, was das Richtige ist. Du willst tun, was gut ist, du schaust hin, du betest, aber du kannst dir nie sicher sein. Wir sind keine Götter. Wir sind begrenzt und unsere menschlichen Möglichkeiten sind es auch. Und wir sind nicht klug genug und fromm genug und gut genug, aber mit all diesen Begrenztheiten haben wir weitergemacht, so gut, wie es eben ging. Aber das war nicht so leicht. Es sieht aus, als wäre es ganz einfach, aber das ist es nicht.

Braucht es nicht eine besondere Erziehung, eine bestimmte Art des Heranwachsens, um sich selbst so viel zuzutrauen und dem zu trauen, was man für richtig hält?

Ja, aber im Grunde bekommt man in den nötigen Momenten auch genügend Hilfe und Verständnis, Kraft, die einen weiterbringt, und auch die Liebe, die es braucht. Das alles wirkt die Gnade. Aber die kannst du nicht selbst schaffen, die kannst du nicht herstellen. Du musst treu und aufmerksam sein, was nicht immer leicht ist.

Wie war Ihr Kontakt mit der Amtskirche in dieser Zeit? Konnten Sie dort Rückhalt finden oder war das eher schwierig?

Das war nicht so einfach. Viele Bischöfe in der Bischofskonferenz waren von der Staatssicherheit rekrutiert, so dass wir kein Vertrauen mehr in die Bischöfe haben konnten. Gleichzeitig wollten wir uns nicht von der Kirche abspalten, sondern die *Communio* wahren, denn wir waren doch *eine* Kirche, mit *einem* Papst und *mit* unseren Bischöfen, und auch die Bischofskonferenz ist ja Teil unserer Kirche. Das war manchmal gar nicht so leicht, sich darüber klar zu werden, dass wir das, was wir taten, nicht einfach einem Bischof erzählen konnten, denn sonst wäre der vielleicht zur Polizei gelaufen und hätte uns verraten. Aber trotzdem waren es doch unsere Bischöfe. Diese Balance zu halten, war schwer. Es war aber interessant, dass da, wo wir arbeiteten

– ich war ja Bauleiterin auf einer großen Baustelle –, dass also meine Kollegen und die meiner Schwestern manchmal auch zu Freunden wurden und uns geliebt und auch ein wenig verehrt haben, menschlich verehrt. Das hat gut getan.

Ich habe den Eindruck, das alles verlangte eine große Eigenständigkeit von Ihnen. Woher kam die? Haben Sie das von einem bestimmten Menschen gelernt? Und was hat Sie in dieser Eigenständigkeit gehalten?

Das kam aus dem Glauben, von nirgendwo anders her. Aber deswegen war die Gemeinschaft ja auch gefährlich. Jeder Mensch muss diese Formung erst erfahren und lernen. Diese Selbstständigkeit mussten auch die neu eingetretenen Schwestern erst entwickeln. Sie mussten so geprägt werden, dass sie, auch wenn sie ganz allein sein würden, ihren Glauben und ihre Persönlichkeit bewahren würden. Diese Erziehung zur Selbstständigkeit war die schwerste Arbeit; dafür zu sorgen, dass jeder am Ende auf eigenen Füßen stand.

Auch für mich selbst war das keine leichte Entwicklung. Du musst dem eigenen Begleiter oder Erzieher völlig vertrauen können, dass er das Gute für dich will. Dazu ist es notwendig, erst erwachsen zu werden. Das galt für die ganze innere Erziehung in der Gemeinschaft. Auch die Eltern der Mädchen mussten Vertrauen haben und ihr Kind gehen lassen. Meist wussten sie nicht, dass ihre Tochter einer Gemeinschaft angehörte, und wollten es auch nicht wissen, denn dieses Wissen wäre gefährlich für sie gewesen. Ich glaube, das alles schenkt die Gnade. Die Gnade gibt, sie hilft uns weiter in die richtige Richtung. Aber du musst dich immer fragen: Was will Gott von mir? Und dann musst du bereit sein, diese einfache Antwort anzunehmen und in die Tat umzusetzen.

Wie ging es weiter, als Sie wieder frei waren?

Irgendwann konnten wir in Kismaros zwei kleine Grundstücke kaufen und haben darauf ein kleines Holzhaus aufgebaut, getarnt als Ferienhaus. Das war die Keimzelle des heutigen Klosters. 1977 kam Pater Ödön schließlich frei, nachdem er zum dritten Mal, diesmal für zwölf Jahre, im Gefängnis gesessen hatte. Man wollte ihm nahelegen, ins Ausland zu gehen, aber er wollte in Ungarn bleiben.

Es dauerte noch gut zehn Jahre bis zur Wende, und wir lebten und arbeiteten weiter, wie es uns möglich war. Eigentlich war das ganz einfach und gar nichts Besonderes. Wir lebten wie die ersten Christen, und manchmal kamen Familien zu uns, die kleine Kinder hatten und uns ba-

84

ten, ihnen Religionsunterricht zu erteilen. Das habe ich auch sehr gern gemacht. Liturgie feierten wir, wo wir eben konnten, mit dem Pfarrer, oft draußen im Donauknie und auch in dem Holzhaus, das wir gebaut hatten. Das alles war für uns so selbstverständlich und einfach, als wäre es ganz unmöglich, anders zu leben.

Sie sagten eben, es war klar, dass nun die Polizei alles über Sie wusste. War das bedrohlich? Oder eher befreiend, weil es nun ohnehin nicht mehr schlimmer kommen konnte?

Die Wochen und Monate und Jahre vergingen und ich wusste, dass es nicht in meiner Hand liegt: Wenn die politischen Verhältnisse es mit sich bringen, dass ich noch einmal verhaftet werde, dann kann ich gar nichts dagegen tun. Ich lebte, wie ich es richtig fand, und das war keine große Sache für mich, aber es war klar, dass man mich jederzeit wieder verhaften konnte. Das war manchmal leichter und manchmal schwerer, aber ich konnte nichts dagegen tun. Ich wurde insgesamt zweimal verhaftet und ging im Grunde davon aus, dass ich bis zu meinem Tod eingesperrt sein würde. Aber dann kam die Wende. Das hatte niemand gedacht und plötzlich ging es ganz anders weiter.

Wie ging es denn weiter?

Das kam alles sehr plötzlich und überraschend. Die Russen waren abgezogen und hier war auf einmal alles anders. Wir lebten weiter wie zuvor, aber in der Gewissheit, nicht mehr verfolgt zu werden. Wir beteten weiter zusammen, und natürlich mussten wir auch weiterhin das Geld für unser Überleben verdienen. Ich kann gar nicht viel darüber erzählen, denn im Grunde war das alles eine sehr einfache Sache. Aber es war ein völlig neues Gefühl, plötzlich frei leben und beten zu können. Wir haben dann nach und nach in Kismaros ein richtiges Kloster aufgebaut, mit etwas Geld aus dem Westen, aus Westeuropa und Amerika, aber im Grunde habe ich das ganze Kloster mit zwei, drei Maurern und Hilfsarbeitern errichtet. Das lief so, wie wenn man auf dem Land ein Haus für eine Familie baut und alle mithelfen.

Sie haben ja Architektur studiert und waren vom Fach. Was war Ihnen wichtig beim Bau des Klosters?

Wir bauten zum Beispiel eine große Bibliothek, die sehr schön wurde. Ich schrieb häufig an religiöse Schriftsteller, die ein Buch veröffentlicht hatten, und bat sie, mir ein Exemplar zu schicken. Das klappte fast immer und oft schickten sie später auch weitere Bücher an mich. So sind etwa 30 000 Bücher zusammengekommen, für die wir, wie gesagt, ein sehr schönes Gebäude errichteten. Irgendwann schaute ich mich um und stellte fest, dass wir zwar ein Kloster hatten, in dem wir Schwestern lebten, und eine schöne Bibliothek und eine kleine Kapelle, in der auch Platz für dreißig oder vierzig Personen war, aber es war doch ein Unding, dass wir keine richtige Kirche hatten. Also plante ich zusammen mit einem Freund eine Kirche. Die haben wir gemeinsam gebaut, und sie ist sehr schön geworden. Das ganze Klosterensemble in Kismaros ist etwas Besonderes. Es gibt so etwas wie eine Philosophie, nach der die Gebäude zueinander platziert worden sind. Da ist ein Haus, in dem die Schwestern wohnen, und dann ein Korridor zur Bibliothek und ein Gemeinschaftshaus, wo Küche und Vortragsräume sind, und die Kirche. Ich fand, das alles dürfe man nicht, wie sonst in vielen Klöstern, hinter hohen Mauern verstecken. Deshalb ist der ganze Gebäudekomplex offen, mit Blick zum Dorf und in die Welt.

Sie haben erzählt, dass Sie – schon vor der Wende – viele Kontakte in den Westen hatten. Wie war das möglich? Konnten Sie sich einfach offen schreiben oder gab es andere Wege?

Manche konnten uns sogar besuchen, aber vieles ging über brieflichen Kontakt. Ich bat gute Theologen immer um eines ihrer Bücher, und die fragten dann, warum und wofür ich das bräuchte; damit begann der Briefwechsel. Das war immer sehr bereichernd.

Als wir nach der Wende bauen konnten, bat ich um Hilfe aus dem Westen, wovon ich auch viel bekommen habe – keine großen Summen, aber manchmal erhielt ich Baumaterial oder es kamen zwei Studenten, um beim Bau zu helfen und so weiter. Das alles geschah aus Freundschaft und im selben Glauben und Vertrauen.

Konnten Sie auch Gegenbesuche im Westen machen?

Ja, als es möglich wurde, habe ich die Schwestern in verschiedene Klöster in den Westen geschickt, zum Beispiel nach Frankreich. Wir bekamen immer eine Ausreiseerlaubnis für einen Monat und dann gingen die Schwestern in ein anderes Kloster. Wenn sie wiederkamen, waren sie immer froh über ihre Erfahrungen, obwohl sie auch glücklich waren, wieder zu Hause zu sein. Aber sie hatten doch etwas von der Welt gesehen. In den Klöstern lebten sie mit älteren Schwestern zusammen, die oft über sie staunten, aber für sie selbst war das Leben im Kloster ja nichts Besonderes. Auch für die Sprachkenntnisse waren diese Aufenthalte gut, denn es wurde auf Französisch oder Deutsch gebetet, das gehörte auch dazu.

Sie betreiben heute ein großes Archiv. Wie hat das angefangen?

Nach der Wende fing Pater Ödön an zu forschen. Ihn trieb die Frage um: „Was ist mit uns Christen in Ungarn während der Verfolgungszeit geschehen?" Er war Historiker und Lateinprofessor und forschte in den staatlichen Archiven in allen Bereichen, die ihm zugänglich waren. Er schrieb auch einen Brief an die Bischofskonferenz und schlug vor, eine Forschergruppe aufzustellen, die sich dieser Frage widmen sollte, denn diese Arbeit sei zu viel für ein oder zwei Personen, und die Kirche habe doch das Recht, wie jede Familie auch, nachzuforschen und zu überlegen: Was ist in dieser Zeit mit uns geschehen? Was war eigentlich los mit uns? Aber von den vielleicht fünfzehn Bischöfen, die Pater Ödön angeschrieben hatte, antwortete ein einziger, der schrieb, er habe zwar recht, aber er allein könne doch auch nichts für ihn tun, auch wenn das Vorhaben sicher gut und nötig wäre.

Aber Pater Ödön hat sich davon nicht aufhalten lassen ...

Er begann daraufhin einfach selbst mit den Nachforschungen. Er war damals schon jenseits der achtzig und fuhr trotzdem zwei-, dreimal jede Woche mit dem Zug nach Budapest, um in den staatlichen Archiven zu forschen. Auf diese Weise hat er sehr umfangreiche Quellen über die Verfolgungszeit gesammelt. Seine Art zu forschen war dabei beispielhaft. Wenn heute ein junger Forscher eine Forschungsarbeit beginnt, dann arbeitet er meist horizontal, er konzentriert sich auf einen bestimmten Menschen, was der getan und gedacht hat etc. Pater Ödön forschte dagegen zirkulär. Er suchte nach Zusammenhängen und das, was er zusammenbrachte, ist heute, zwanzig Jahre später, noch aktuell. Wir bekommen heute öfter Anfragen von jungen Forschern, die wissen wollen, wie der Pater dieses oder jenes Thema damals bearbeitet hat. Es gibt heute ganz andere Möglichkeiten als vor zwanzig Jahren, aber seine Forschung war so breit und umfassend, dass sie heute noch für viele wichtig ist.

Was haben Sie in Ihrer Forschungsarbeit über das System der Unterdrückung der Kirchen herausgefunden? Wie ist der Staat vorgegangen?

Letztlich ist das atheistische Staatssystem gegen Gott, und das ist ein wenig satanisch, wenn ich das sagen darf. Denn wenn die menschliche Macht Gott nicht fürchtet, der doch noch über dieser Macht steht, und es Menschen und Gruppen gibt, die leben können, ohne an dieser menschlichen Macht teilhaben zu wollen, dann ist das schon gefährlich, weil es das System infrage stellt. Wissen Sie, alles, was passierte, war immer eine existenzielle Gefahr. Die Menschen, die Gruppen und Priester sollten auch existenziell zugrunde gerichtet werden. Es war manchmal sehr schwer für Familien, die ihre Kinder religiös erziehen wollten und die dann Schwierigkeiten in der Schule hatten – oder die Kinder wurden gar nicht erst in die Mittelschule oder in die Universität aufgenommen. Dann verliert dieser Untergrund auch die kulturelle und persönliche Prägung. Der Mensch hat nicht nur den Glauben, sondern auch einen Verstand, der sich entwickeln möchte. Wenn das unmöglich ist, kann das eine große Krise bedeuten. Und der Glaube hat unter der Verfolgung gelitten. Hätte sie zu lange gedauert, wäre der Glaube vielleicht ganz zugrunde gegangen. Denn auf Dauer braucht man mehr; man lebt mit Herz und Verstand und das ist eine Einheit. Wenn die sich nicht entwickeln darf, dann geht etwas im Menschen zugrunde.

Hat sich das mit der Wende geändert?

Es ist doch sehr interessant, dass die Sowjetunion zerfallen ist. Das hätte niemand gedacht. Und jetzt reden wir hier in einer Freiheit, in der alles möglich ist, aber auch das bringt keine Vertiefung des Glaubens. Dazu braucht es, glaube ich, noch viel Zeit und Arbeit und viel, viel Glaube und Hoffnung und ganz viel praktische Arbeit, damit der Glaube wieder Wurzeln bekommt und sich entfalten kann, nicht nur in der Frömmigkeit, sondern auch intellektuell. Wir könnten aus den Erfahrungen dieser Zeit ganz viel lernen, aber es gibt noch keine Bereitschaft dafür. Solange die Generation noch lebt, die mit der Staatssicherheit kooperiert hat, kann man nicht einfach darüber sprechen und die Lehren daraus ziehen.

Sie sagten eben, die Frage für Ihre historische Forschung sei: „Was ist mit uns Christen geschehen?" – Haben Sie darauf eine Antwort gefunden?

Das ist noch nicht so klar zu sagen. Es gibt hier etwa 600 000 Archivseiten, aber vieles hängt zusammen. Es gibt immer etwas Neues zu entdecken, und wenn die heute noch gesperrten Archive geöffnet werden, wird sich das Bild noch einmal ändern. Nicht nur hier in Ungarn, im ganzen sowjetischen Gebiet, in der Tschechoslowakei, in Polen, Rumänien, aber auch hier, das war überall dieselbe Sache. Manchmal ein wenig mit anderen nationalen Farben angemalt, aber doch mit denselben Vorstellungen aus Moskau, dass die Religion zu vernichten sei. Denn wenn die Menschen außerhalb der staatlichen Ordnung eine andere Quelle der Kraft haben, ist das für den Staat sehr gefährlich. Die innere Freiheit bringt den Staat in Gefahr: Wenn ein Mensch sich eigene Ge-

Ödön Lenard

danke machte und frei überlegte, was richtig und falsch ist und wie es weitergeht, fand das der Staat gefährlich.

2003 ist Pater Ödön dann gestorben ...

Ja, 2003 starb Pater Ödön, und ich habe mein Amt als Äbtissin in Kismaros aufgegeben, als ich in jenem Jahr 75 Jahre alt wurde. Stattdessen führe ich seitdem die Arbeit von Pater Ödön weiter. Seit einigen Jahren bin ich nun hier in Vác, wo mir der Bischof dieses Haus zur Nutzung überlassen hat. Es ist sogar im Grundbuch eingetragen, dass ich fünfzig Jahre hier leben und arbeiten darf und auch bestimmen kann, wer nach mir hierherkommt.

Ich habe damals eine Stiftung für diese Arbeit eingerichtet. Der gehören auch die inzwischen fast 600 000 Seiten Archivmaterial, die wir hier lagern. Sie alle sind Zeugnis für die Verfolgungszeit der Christen. Nicht nur die Priester wurden verfolgt, sondern auch Familien, Familienväter, junge Leute. Das ist eine riesige Märtyrerakte, die wir hier haben.

Die aber, wie Sie sagten, bisher noch wenig Beachtung findet …

Ja, es ist schade, dass sich bisher noch fast niemand dafür interessiert; die Bischofskonferenz will auch nichts davon wissen. Ich glaube, das liegt daran, dass es noch viele Leute gibt, die damals mit dem Geheimdienst kooperiert haben. Aber ich denke, dass vielleicht in hundert Jahren diese Akten ebenso wichtig und ebenso teuer sein werden wie die aus den ersten Jahrhunderten der Christenheit. Aus diesen ersten 300 Jahren der Verfolgung damals ist die ganze Christenheit erwachsen. Die Kirche in Europa ist auf sie aufgebaut. Und wenn man sich anschaut, was wir über die Verfolgungszeit wissen und sehen können, kann das auch eine Grundlage für die Erneuerung der ungarischen Kirche heute sein. Aber im Augenblick ist das für viele noch kein Thema und ich spreche nicht viel darüber, weil es sich nicht lohnen würde.

Früher bin ich selbst ins Archiv gefahren, aber inzwischen fehlt mir dazu die Kraft. Ich arbeite zusammen mit einem sehr guten jungen Forscher und er hatte die Idee, dass wir mit unserer Stiftung auch Doktorandinnen und Doktoranden helfen könnten. Die forschen zwar immer sehr horizontal, nur über eine Person, aber gut. Meistens sind sie arm, und wenn man Material aus den Archiven haben will, kostet das Geld. Deshalb zahlt die Stiftung für die Papiere, das Original kommt in unser Archiv und die jungen Leute erhalten eine Kopie für ihre Forschung. So ist auch unser Archiv mit der Zeit gewachsen. Es sind, wie gesagt, 600 000 oder 700 000 Seiten; so genau weiß ich das nicht, denn es wächst immer weiter. Trotzdem ist es nur ein Teil des Materials, das noch immer in Archiven lagert. Manches ist noch nicht zugänglich, aber nach und nach werden neue Teile öffentlich.

Wie hat sich Ihr Leben in den letzten Jahren gewandelt?

Inzwischen bin ich nicht nur alt, sondern auch müde geworden, und es wäre schon Zeit, langsam hinüberzugehen, aber da kann ich nichts machen, das liegt nicht in meiner Hand.

Im Augenblick arbeite ich an einer Übersetzung für eine Autorin, die ich sehr mag. Sie ist eine Schulschwester aus der Schule nebenan und schreibt so etwas wie historische Romane über das frühe Mittelalter, aber sie sind alle sehr gut recherchiert. Ich übersetze inzwischen ihr drittes Buch. Das ist eine schöne Arbeit, die mir sehr viel Freude macht.

Diese Zeit, über die sie schreibt, ist mir sehr wichtig. Und abgesehen davon – mich kommen hier immer viele Freunde besuchen und die Leute sind sehr gut zu mir. Ich weiß gar nicht, warum. Ich habe doch nichts zu geben. Aber ich bin dankbar dafür. Es ist gut, geliebt zu werden. Ich tue das, was ich tue, nicht, um dafür geliebt zu werden, aber es freut mich trotzdem. Das ist schön.

Was würden Sie den Menschen, die dieses Interview lesen, gerne mit auf den Weg geben?

Ich weiß nicht. Ich habe Hoffnung und Vertrauen auf Gott. Es gab in der Kirchengeschichte schon schlimmere Phasen und es wird noch bessere Zeiten geben. Aber dafür wird es viel Grundlagenarbeit und moralische Erziehung benötigen und auch intellektuelle Ausbildung. Das hängt alles zusammen. Der Mensch ist sehr reich, der Glaube hat tiefe Wurzeln im Intellekt und in der einfachen Hoffnung, und man kann nicht darauf warten, dass die einfache Bauersfrau schon die Lösung für den Glauben finden wird. So funktioniert das nicht. Wir sind Menschen mit Verstand und Erfahrung, und es ist schwere, harte Arbeit, bis die Gesellschaft einen neuen Weg findet. Und dann wird es vielleicht nicht mehr so viele Christen geben. Zum Christsein braucht man nicht nur viel Kraft, sondern auch ein ehrliches moralisches Gefühl: Das tue ich, das tue ich nicht, das ist richtig, das nicht. Und diese Entscheidungen prägen ein Leben und auch die Familie und Kinder für die Zukunft, aber das braucht Kraft, Nachdenken und intellektuelle Arbeit.

Wie sehen Sie die Situation der Ordensgemeinschaften heute?

Ich habe im Augenblick kein großes Vertrauen in die ungarische Ordenszukunft. Ich denke, der Mensch braucht Vertrauen in den anderen, und dort, wo es einen großen Altersunterschied gibt, können die jungen Schwestern sich nicht gut einfügen, und die alten Schwestern können sie nicht gut integrieren. Ich glaube, da ist schon etwas dran an dem Sprichwort vom „alten Wein in neuen Schläuchen". Man muss doch etwas neu anfangen, man kann nicht einfach die alten Sachen so weiterleben wie immer, das kann nicht gut gehen. Aber ich glaube, es wird noch Jahrzehnte brauchen, bis das ins Gleichgewicht kommt.

Wo kann die Arbeit an der Zukunft herkommen? Wenn ich auf die Situation in Deutschland schaue: Die Priester werden weniger, die Ordensleute werden weniger, die Christen insgesamt werden immer weniger. Wird es nicht schwieriger, füreinander da zu sein und sich auch intellektuell zu bereichern, wenn die Gruppe immer kleiner wird?

Ja, das stimmt. Aber ich glaube, es wird doch immer ein kleiner Samen bleiben, aus dem eine Einheit des Glaubens erwächst und der Intellekt, die moralische Einstellung. Das ist eine Einheit, die man nicht voneinander trennen kann. Dafür braucht es Persönlichkeiten, und diese Persönlichkeiten brauchen Zeit, sich zu formen. Nicht hundert Jahre, aber so zwanzig, dreißig Jahre wird das doch dauern. Dabei kommt es

Schwester Ágnes bei der Arbeit

nicht auf die Zahlen an. Am Anfang, im zweiten, dritten Jahrhundert gab es in Europa ja auch nur sehr wenige Christen.

Wenn Sie auf Ihr Leben zurückschauen: Können Sie so etwas wie eine Quintessenz ziehen?

Ich glaube, was für mich zählt, ist, dass ich das tun wollte, was Gott von mir verlangt hat; dass ich dem zugestimmt habe, alles zu tun, was in meiner Kraft stand. Für die Zukunft habe ich schon keine Aufgaben und Pläne mehr. Was hinter mir liegt, das war normal und ehrlich und gut. Man macht immer Fehler, aber am Ende kommt es nicht darauf an. Für die Zukunft fehlt mir inzwischen die Kraft. Das ist nicht mehr meine Aufgabe. Worum ich noch bitten kann, ist, dass die nächste Generation mit Gottes Hilfe ihren eigenen Weg findet. Das ist nichts anderes als in den ersten Jahrhunderten, nicht anders als in der Verfolgungszeit. Es ist, wie es ist, und man bleibt nicht stehen. Und auch wenn wir in einer Gesellschaft leben, in der es nur um Geld und Macht geht, bleibt ein Christ doch arm und ohnmächtig und gerade dabei glücklich. Aber dahin zu kommen, das ist nicht so leicht.

Iwan Denew

Iwan Denew

Das Leben von Iwan Denew, einem bulgarischen orthodoxen Theologen und Homiletik-Professor, passt nicht in die typischen Erzählmuster über die Opfer des Kommunismus. Weder wurde er für seinen Glauben physisch gequält noch musste er ins Gefängnis. Geboren 1937, gehört Iwan Georgiew Denew, so sein vollständiger Name, zu der Generation, deren Kindheit von der kommunistischen Machtübernahme am 9. September 1944 geprägt wurde, deren berufliche Karriere mit dem „Aufbau des Sozialismus" zusammenfiel und in deren letzten Lebensjahren das totalitäre Regime in Bulgarien in sich zusammenbrach. Er wuchs auf dem Land in einer gläubigen orthodoxen Familie auf, die nicht in der Lage war, seine weiterführende Schulausbildung in der nahe gelegenen Stadt zu bezahlen. Aber sie fand eine Lösung und meldete ihn im Seminar des Klosters Tscherepisch an, wo die Bulgarische Orthodoxe Kirche für seinen Lebensunterhalt aufkam. Mit einem Abschluss des Priesterseminars hatte Denew in den 1950er-Jahren aber wenig Chancen, seine Ausbildung an der Universität fortzusetzen. Außerdem wurde 1951 die Theologische Fakultät aus der Universität in Sofia ausgegliedert und in eine Geistliche Akademie umgewandelt, die unter Aufsicht der Bulgarischen Orthodoxen Kirche stand. Also setzte er sein Studium an dieser Akademie fort und begann dann eine Karriere im kirchlichen Dienst. 1973 verteidigte er seine Doktorarbeit in Homiletik und wurde fünf Jahre später als Assistent an der Geistlichen Akademie angestellt. 1983 wurde Denew zum Dozenten habilitiert, aber dann unterbrach das kommunistische Regime seine Karriere. Erst 1990, nach dessen Zusammenbruch, konnte er sich als Professor bewerben. Als 1991 die Geistliche Akademie wieder zur Theologischen Fakultät der Universität von Sofia umgewandelt wurde, wählte man Denew zu ihrem Dekan (1992–1998).

In der Zwischenzeit hatte die politische Wende bei vielen Bulgaren, die vor 1989 unter Verfolgung gelitten hatten, den Wunsch geweckt, um Zugang zu ihren Geheimdienstakten in den Archiven der kommunistischen Staatsgeheimdienste zu bitten. Das tat auch Iwan Denew. Im Jahr 2000 konnte er schließlich seine Akte lesen. Es war eine bittere Lektüre für ihn, die zeigte, wie seine Karriere und sein persönliches Leben von den kommunistischen Geheimdiensten kontrolliert worden war. Bis vor Kurzem aber hatte er keine Ahnung, wer genau da über ihn Bericht erstattet hatte, denn in den Dokumenten fanden sich nur Decknamen (im Folgenden kursiv). Gleichzeitig musste Denew, selbst als er ihre Identitäten schließlich kannte, Stillschweigen bewahren, weil es das Gesetz gebot: Allein der „Ausschuss für die Offenlegung der Akten und Bekanntgabe der Verstrickung bulgarischer Staatsbürger mit der Staatssicherheit und den Nachrichtendiensten der Bulgarischen Nationalen Armee" (künftig: Aktenausschuss) hatte das Recht, Namen von Tätern öffentlich zu machen.

Das änderte sich am 16. Juni 2011, als dieser Ausschuss seinen Beschluss Nr. 230 veröffentlichte, in dem zwei Professoren der Theologischen Fakultät der Universität Sofia als Agenten identifiziert wurden: *Anton* (Dimitar Stankow Kirow) und *Angelow* (Iwan Dimitrow Schelew). Sie waren zwischen 1998 und 2003 nacheinander auch Dekane gewesen. Aufgeschreckt durch diese Veröffentlichung hielt die Theologische Fakultät am 10. November 2011 eine Konferenz über „Die Aktivitäten der kommunistischen Staatssicherheitsdienste in der Bulgarischen Orthodoxen Kirche" ab und beging damit auch den 22. Jahrestag der politischen Wende von 1989. Vor diesem Forum präsentierte Iwan Denew Ausschnitte seiner Geheimdienstakte und veröffentlichte sie dann in größerem Umfang auf seiner persönlichen Website. In der Kombination von Archivdokumenten und persönlichen Erinnerungen und Kommentaren zeigt diese Darstellung die schwierige Begegnung eines Opfers des kommunistischen Unterdrückungsapparates mit seiner eigenen Vergangenheit. Bis heute handelt es sich um die einzige öffentlich bekannte Akte eines überlebenden Dozenten der früheren Geistlichen Akademie.

Stationen der Verfolgung der Bulgarischen Orthodoxen Kirche (1944–1989)

Wenn man sich mit der religiösen Verfolgung im kommunistischen Bulgarien beschäftigt, ist Denews Akte von besonderer Bedeutung. Sie wirft ein Licht auf das letzte Stadium der antikirchlichen Maßnahmen, als die Methoden der unmittelbaren Unterdrückung durch anspruchsvolleren, unsichtbaren, aber immer noch effektiven Druck ersetzt wurden. Wenn man die Entwicklung der antireligiösen Politik in Bulgarien betrachtet, bekommt man auch einen Eindruck davon, unter welchen Bedingungen der junge Denew aufwuchs und sich für ein theologisches Studium entschied.

Die erste Welle der Unterdrückung gegen den orthodoxen Klerus in Bulgarien begann direkt nach dem kommunistischen Umsturz am 9. September 1944 und endete im Frühjahr 1945. In diesem Zeitraum wurden 98 Priester und Mönche ermordet. Vielen von ihnen wurde auch noch *post mortem* vom sogenannten Volksgericht (Dezember 1944 – April 1945) der Prozess gemacht. Organisiert hatten das die Kommunisten unter dem Vorwand, die Gesellschaft von faschistischen Elementen zu reinigen. Infolgedessen wurden 152 orthodoxe Kleriker zu unterschiedlichen Gefängnisstrafen verurteilt. In vielen Fällen waren die Todesstrafen, die das Gericht aussprach, einfach eine rückwirkende Legitimation für den Massenmord an Klerikern im September und Oktober 1944. Auch zwei Metropoliten, Mitglieder des Heiligen Synods der Bulgarischen Orthodoxen Kirche, wurden Opfer dieser ersten Welle von Repressionen (1944–1945). Paisi von Wraza und Kiril von Plowdiw wurden im Oktober 1944 verhaftet und während ihrer Haft gefoltert, bevor sie im März 1945 wieder freikamen.

Auch die Familien der Priester, die das Volksgericht verurteilte, hatten unter unterschiedlichen Arten der Verfolgung zu leiden: Konfiszierung des persönlichen Eigentums, Entzug der Bürgerrechte, Internierung in abgelegenen Dörfern, Relegation ihrer Kinder von den Universitäten oder Verhinderung ihrer Immatrikulation. In manchen Fällen wurden die Kleriker nach ihrer Entlassung aus dem Gefängnis in die sogenannten „Arbeits- und Erziehungsanstalten" geschickt. Bis heute sind 37 solcher Fälle von Klerikern bekannt. In dieser Hinsicht publizierte Denew dokumentarische Beweise und detaillierte Berichte über das Leiden orthodoxer Kleriker in kommunistischen Gefängnissen und Lagern in seinem Buch „Komunističeski diktat varhu Balgarskata pravoslavna carkva (1944–1960)" (Die Bulgarische Orthodoxe Kirche unter der kommunistischen Diktatur [1944–1960]). Frühere Recherchen führen 24 Klageschriften gegen orthodoxe Priester mit Strafanzeigen aus den Jahren 1944–1953 auf. Am häufigsten wurden Kleriker angeklagt, das eingenommene Geld vom Kerzenverkauf hinterzogen zu haben.

Bis 1948 hatte die Bulgarische Kommunistische Partei die volle Kontrolle über alle Hebel der Macht übernommen und begann Maßnahmen zur vollständigen Vernichtung der Religion im Land. Mit diesem Ziel erstellten die Bezirksvolksräte persönliche Berichte über jeden Priester, jeden Mönch, jede Nonne und über verantwortliche Laien in der Bulgarischen Orthodoxen Kirche wie auch über alle Studenten der Seminare in Plowdiw und Sofia, der Priesterschule in Tscherepisch und der Theologischen Fakultät der Universität von Sofia. Auf Basis der gesammelten Informationen wurden die Kleriker, das Kirchenpersonal und die Studenten in drei Gruppen gemäß ihrer Loyalität zum kommunistischen Regime eingeteilt: „Gefährliche", „weniger Gefährliche" und „Harmlose". In der Folge wurden zwischen 1948 und 1949 etwa 200 Priester angeklagt, gegen die Vaterlandsfront zu arbeiten, und litten unter verschiedenen Formen der Unterdrückung. Die als am gefährlichsten Erachteten schickte man in die Arbeits- und Erziehungslager, andere wurden in einsame Gegenden in die Verbannung geschickt und den unzuverlässigen Priestern, die schon in Rente waren, wurden ihre Pensionen entzogen. Am Vorabend der Wiedererrichtung des Patriarchats in der Bulgarischen Orthodoxen Kirche (10. Mai 1953) wurden die meisten dieser Strafen aufgehoben. Gleichzeitig verlor die Verfolgung des orthodoxen Klerus ihren Massencharakter. Zwar gab es den Archivdokumenten zufolge in den frühen 1960er-Jahren wohl noch eine weitere, kleinere Verfolgungswelle, diese ist aber noch weitgehend unerforscht.

Die Öffnung der Geheimarchive des ehemaligen kommunistischen Regimes wirft ein neues Licht auf die antireligiöse Politik im kommunistischen Bulgarien. So zeigt sich ein Zusammenhang zwischen der Abnahme öffentlicher Maßnahmen gegen den Klerus und der Entwicklung der kommunistischen Geheimdienste (DS = Staatssicherheit). Wie jüngste Studien zeigen, hatten die DS-Dienste 1951 26 Agenten unter den Klerikern der Diözese Russe, in der es damals etwa 150 Priester und Mönche gab. Zwischen Juni 2011 und März 2014 deckte der Aktenausschuss elf orthodoxe Metropoliten und acht Laientheologen als DS-Agenten auf. Allerdings ist wegen einiger Einschränkungen in dem betreffenden Gesetz die Mehrheit der DS-Agenten in der Bulgarischen Orthodoxen Kirche immer noch nicht identifiziert, weil das Gesetz die Identifizierung bereits verstorbener Agenten verbietet. Zugleich ist es schwierig, die Rolle mancher bekannter Agenten zu rekonstruieren, weil ihre persönlichen Akten in den frühen 1990er-Jahren vernichtet wurden.

In jüngster Zeit haben die Aktivitäten von zwei DS-Agenten in der Geistlichen Akademie dank der Veröffentlichungen von Momtschil Metodiew (2011) und Christo Christow (2012) besondere Aufmerksamkeit gewonnen. Ihre Untersuchungen lassen auf eine Divergenz unter den DS-Agenten schließen. Während die Berichte des Agenten *Anton* das Bild eines Mannes zeichnen, der bereit war, das Leben seiner Kollegen für seine eigene Karriere und für seinen Nutzen zu ruinieren, zeigt die Akte von *Angelow*, wie sehr die kommunistischen Geheimdienste auf Menschen mit bestimmten Fähigkeiten und professioneller Ausbildung angewiesen waren, vor allem auf Auslandsmissionen. Der derzeitige Wissensstand über die kommunistischen Geheimdienste und die Aktivitäten ihrer Agenten in der Bulgarischen Orthodoxen Kirche erlaubt aber noch keine allgemeinen Schlussfolgerungen.

Gleichzeitig ist die Erforschung der Opfer der DS-Dienste noch viel weniger weit fortgeschritten. Nur zwei Geheimdienstakten von Mitgliedern der Bulgarischen Orthodoxen Kirche sind bis heute bekannt. Die erste betrifft Professor Stefan Zankow, Mitbegründer der ersten Theologischen Fakultät in Bulgarien (1923), einen international bekannten Kenner des orthodoxen Kirchenrechts und des weltlichen Rechts und eine führende Figur der ökumenischen Bewegung in der Zwischenkriegszeit. Eine veröffentlichte Zusammenfassung von Zankows Akte offenbart, dass es schon 1951 Agenten des kommunistischen Geheimdienstes in den akademischen Theologenkreisen gab.

Die andere Akte ist die von Iwan Denew. Obwohl sie der von Zankow ähnelt, zeigt sie neue Entwicklungen in der Arbeit der kommunistischen Geheimdienste gegen die Religion. In den 1980er-Jahren hatte sich das kommunistische Regime auf anspruchsvollere Methoden verlegt, um die Aktivitäten von Dissidenten zu blockieren. Manchmal gelang es den

DS-Diensten sogar, solche Menschen zur Zusammenarbeit zu bewegen und so die Grenze zwischen Opfer und Täter zu verwischen.

Iwan Denew geriet 1982 als Mitglied einer kleinen Gruppe in der Geistlichen Akademie ins Visier der Sicherheitsdienste. Sie stand im Rahmen der Operation „Die Spinnen" unter Beobachtung, registriert unter der Nummer 21237. Die angebliche Gruppe bestand aus M., damals Dozent in christlicher Apologetik; Iwan Denew, Assistent in Homiletik; dem Priester Anatoli Mladenow Balatschew, Oberassistent in Pastoraltheologie; und Georgi Dimitrow Schumow, einem Dozenten in Moraltheologie. Die Untersuchung wurde durch einen Bericht hervorgerufen, den *Anton* am 24. November 1979 eingereicht hatte. Der Agent beschuldigte seine Kollegen, in ihren religiösen Aktivitäten zu eifrig zu sein. Er war besonders irritiert von dem freiwilligen Seminar in Systematischer Theologie, das so „ein altmodischer religiöser Mann" wie M. leitete, den man auch für den Gruppenleiter hielt. Das nächste Ziel *Antons* war Balatschew, der als Priester seine Studenten beeinflusste, ins Kloster zu gehen oder Priester zu werden. Der Bericht des Agenten zeichnet ein Bild dieses Klerikers als Menschen mit „90 % Glauben und 10 % Vernunft". Ähnlich viel Aufmerksamkeit bekam auch Schumow, den *Anton* beschuldigte, Abschriften von moraltheologischen Vorlesungen gegen Geld zu verteilen. Schließlich nannte er auch Iwan Denew als sehr engen Freund von M. Letzterer war tatsächlich sogar Denews Trauzeuge.

Auf dieser Grundlage schloss der DS-Offizier Jordan Gjudurow, die vier Theologen seien in ideologische Abweichungen verwickelt. Um mehr über ihre Aktivitäten und Ansichten zu erfahren, benutzte er ein Dutzend Agenten aus dem Kreis der Lehrer und Studenten der Geistlichen Akademie. Bis heute hat der Aktenausschuss mehrere von ihnen identifiziert: *Anton, Angelow, Lenko* als Iwan Raschkow Krastanow, *Balkanski* als Nikolaj Stefanow Schiwarow und *Maxim* als Anatoli Angelow Chubantschew. Die Identitäten der anderen Agenten, die am Fall beteiligt waren – auch unter den Studenten – wurden noch nicht offiziell enthüllt. In seiner Akte fand Iwan Denew 102 Dokumente, wovon achtzehn Berichte von *Anton* unterzeichnet waren, elf von *Stefanow*, zwei von *Balkanski*, zwei von *Maxim* und einer von *Stoinow*. Alle waren seine Kollegen in der Akademie. Seine Akte enthält auch mehrere Berichte von studentischen Agenten.

Anton spielte in der Zerschlagung der „Spinnen"-Gruppe eine zentrale Rolle. Er reichte regelmäßig Berichte über ihre Kommentare zu „aktuellen Fragen nationaler und internationaler Politik" sowie über ökumenische Fragen ein. Er informierte die Sicherheitsdienste auch über die

Einstellungen der Lehrenden und Studenten der Akademie zu den „Spinnen". Zusätzlich erhielt *Anton* einige Sonderaufgaben: über die Diskussionsthemen aus M.'s Seminar in Systematischer Theologie zu berichten, die regelmäßigen und aktiven Teilnehmer zu identifizieren und Notizen über ihre Diskussionen und Meinungen zu machen. Seine Berichte sind voll mit bissigen und stechenden Kommentaren über die Persönlichkeit seiner Kollegen und extrem unangenehm zu lesen. Gleichzeitig waren sie nicht die einzige Informationsquelle für die Sicherheitsdienste, die Fakten aus den Berichten von *Anton* mit denen anderer Agenten abglichen. Tatsächlich wurden *Lenko, Kostadin, Oktawian, Marko* und *Angel* verpflichtet, an M.'s Seminar teilzunehmen, um über seine Versuche zu berichten, Studenten vom monastischen Leben zu überzeugen, und die eifrigsten Sympathisanten der „Spinnen" zu identifizieren. Später wurden solche Studenten entweder von den Sicherheitsdiensten rekrutiert oder unter deren Druck von der Akademie entfernt.

Eine andere Gruppe, zu der *Lenko, Angelow* und *Pescho* gehörten, beobachtete das Verhalten und die Reaktionen der „Spinnen", um die effektivsten Formen, Methoden und Wege der Einflussnahme auf sie zu finden. Gleichzeitig sollte der Agent *Stefanow,* der enge Beziehungen zu allen Mitgliedern der Gruppe um M. pflegte, Fakten sammeln, um Konflikte unter ihnen zu provozieren. *Maxim* und *Stoinow* waren verantwortlich für die Zensur von Materialien, die die „Spinnen" in der Kirchenzeitung „Zarkowen westnik" und im Journal über spirituelle Kultur „Duchowna kultura", dem Hauptmedium der Bulgarischen Orthodoxen Kirche, veröffentlichen wollten. Schließlich waren die Agenten *Balkanski* (damals Rektor der Geistlichen Akademie) und *Stoinow,* die Schlüsselpositionen in der Verwaltung der Akademie innehatten, damit beauftragt, die Anerkennung von Entscheidungen zu verhindern, die auf Vorschlägen der vier verdächtigten Theologen basierten, ihre Teilnahme an internationalen Foren zu begrenzen, die Teilnehmerzahl für M.'s Seminar einzuschränken und die Treffen auf einmal monatlich zu reduzieren. In Denews Fall sollten sie seine Habilitation verhindern. Das allerdings misslang und Denew wurde 1983 Dozent. Gleichzeitig wurde er aber im selben Jahr aus der Redaktion von „Duchowna kultura" entfernt.

1983 war insgesamt ein entscheidendes Jahr für den „Spinnen"-Fall. Die Sicherheitsdienste dehnten ihre Nachforschungen auf die persönliche und berufliche Korrespondenz der Gruppe um M. aus. Zu manchen Anlässen wurden ihre Telefonanschlüsse und Häuser belauscht. Iwan Denew war auf der Suche nach diesen Tonaufzeichnungen in den Archiven aber nicht erfolgreich. Zugleich sammelten die DS-Agenten weiterhin Informationen über die Aktivitäten. *Anton* zeichnete akribisch die Kritik seiner Kollegen an der atheistischen Politik des kommunistischen Regimes auf. Er wies auch darauf hin, dass die Gruppe um M. die Unterstützung des Metropoliten Filaret von Widin genoss. Daraufhin bemühten sich die DS-Dienste, den Hierarchen von der Gruppe zu „distanzieren" und so die Unterstützung mancher Mitglieder des Heiligen Synods für die „Spinnen" zu untergraben.

Im März 1983 beschuldigte *Kostadin* Denew, M. und Schumow, „verbotene religiöse Literatur unter den Studenten der Geistlichen Akademie" zu verteilen. Seine Worte wurden von einem anonymen Brief gestützt, in dem sich „eine Gruppe von Studenten" der Geistlichen Akademie beschwerte, Schumow habe sie gezwungen, seine Vorlesungsskripte zu kaufen. Der Brief wurde an den Ausschuss für religiöse Angelegenheiten geschickt, mit einer Kopie an den bulgarischen Patriarchen. Schumow wurden von den Sicherheitsdiensten kriminelle Aktivitäten zur Last gelegt, weshalb die Miliz eine Untersuchung gegen ihn einleitete. Im Dezember 1983 wurde sein Fall auch in der Geistlichen Akademie besprochen und Schumow aus dem Lehrkörper ausgeschlossen. Bald danach übernahm mit Unterstützung der kommunistischen Sicherheitsdienste *Anton* Schumows Stelle als Dozent in Moraltheologie. In den Folgemonaten berichtete er aktiv über die negativen Kommentare zum Fall Schumow, die Denew, M. und Balatschew in ihren Gesprächen von sich gegeben hatten.

Gleichzeitig behinderten die Sicherheitsdienste die Habilitation von M. als Professor und von Iwan Denew als Dozent. Auch hier spielte *Anton* eine wichtige Rolle. Er beschuldigte sie, ihre Rechte bei der Organisation der jährlichen Studentenbrigaden in den Landwirtschaftskooperativen zu missbrauchen. Auf Basis dieser Berichte forschten die DS-Dienste und der Ausschuss für religiöse Angelegenheiten M. aus, der als Verwaltungsleiter dieser Brigaden die Möglichkeit hatte, Erträge und Lebensmittel jenseits der erlaubten Menge umzuleiten. Auch Balatschew wurde ein Opfer der Berichte, die *Anton* und andere Agenten in der Geistlichen Akademie einreichten. Ihnen zufolge nutzte er die Studenten für den Bau der Wasserversorgung für das Kloster in Tschelopetschene bei Sofia aus. Um zu verhindern, dass das Kloster als religiöse Anbetungsstätte wieder an Bedeutung gewinnen konnte, befahlen die DS-Dienste ihren Agenten in der Akademie, eine Entscheidung voranzutreiben, die den Studenten die Arbeit in Tschelopetschene verbot. Balatschew durfte auch nicht mit dem „Gusla"-Chor, in dem er sang, ins Ausland reisen.

Nachdem Schumow von der Akademie entfernt worden war, entschieden die Sicherheitsdienste, den „Spinnen"-Fall abzuschließen. Aber sie mussten sichergehen, dass die „Spinnen" ihre religiöse Propaganda nicht fortsetzen würden. Deshalb hatten im Frühjahr 1984 alle Mitglieder der Gruppe um M. „prophylaktische Gespräche" mit DS-Offizieren zu führen. Während dieser Sitzungen mussten die vier Theologen anerkennen, politisch unreif zu sein und unangemessenes Benehmen gezeigt zu haben. Am Ende hatten die Sicherheitsleute zu entscheiden, ob sie ihnen entweder ein vorläufiges Protokoll zur Unterzeichnung oder eine Anwerbungserklärung vorlegten.

Iwan Denew führte ein solches Gespräch am 1. März 1984. Er musste Fragen bezüglich seiner Einstellung zum Fall Schumow, seiner Beziehungen zu anderen Mitgliedern der Gruppe um M. und dem Rest des Lehrkörpers in der Geistlichen Akademie, seiner Kritik an der ökumenischen Bewegung, seiner Vorlieben für die traditionelle Theologie etc. beantworten. Die DS-Offiziere interessierten sich besonders für seine Meinung, dass die Kommunisten den Weltkirchenrat für ihre eigenen Interessen missbrauchten. Schließlich wurde er ermahnt, seine geheimen Aktivitäten zu beenden, und er sollte ein vorläufiges Protokoll unterzeichnen, in dem er versprach, nicht die Konfrontation mit der Leitung der Geistlichen Akademie zu suchen und sich ihr und den staatlichen Behörden gegenüber nicht feindlich zu verhalten. Laut einem Bericht des DS-Offiziers, der das „Interview" mit Denew führte, habe er zu Beginn versucht, seine eigenen Aktivitäten und die der Gruppe zu verteidigen, aber unter dem Druck der präsentierten Beweise habe er eine distanziertere Position eingenommen und „Verständnis" für die Situation und Akzeptanz der Aufgaben der Kirche in der gegenwärtigen Welt gezeigt. Gleichzeitig notierte der DS in seinem Bericht, dass Denew trotz seiner Bedrängnis „versucht habe, die positiven Eigenschaften" seiner Kollegen hervorzuheben, und nichts Böses über sie gesagt habe.

Am 2. März musste auch Balatschew eine prophylaktische Sitzung über sich ergehen lassen und unterschrieb einen vorläufigen Bericht. Er wurde verwarnt, dass er bei fortgesetztem Fehlverhalten aus der Geistlichen Akademie ausgeschlossen würde. Balatschew scheint die Botschaft nicht verstanden zu haben. Als einziger Kleriker in M.'s Gruppe hatte er besonderen Einfluss auf die Studenten, die er in den kirchlichen Dienst und die kirchlichen Riten einführte. Seine Kritik am Weltkirchenrat und den „ökumenischen" Aktivitäten der Geistlichen Akademie, von denen *Anton* berichtete, löste starke Irritationen bei den kommunistischen Sicherheitsoffizieren aus, die für kirchliche Fragen verantwortlich waren. 1985 ließen sie mit Hilfe des Heiligen Synods und des Komitees für religiöse Fragen Balatschew aus der Akademie entfernen. Auch wenn das prophylaktische Gespräch mit Schumow erst einige Zeit später, am 11. April, stattfand, scheint es demselben Muster gefolgt zu sein. Er unterzeichnete ebenfalls einen vorläufigen Bericht, nachdem man ihn informiert hatte, dass er keine Chancen habe, an die Akademie zurückzukehren. Der Fall von M. war etwas spezieller. Denews Akte enthält die Kopie einer Erklärung mit der Unterschrift von M., in der er sich bereit erklärt, mit den Sicherheitsdiensten zusammenzuarbeiten. Entsprechend dem Bericht des DS-Offiziers, der das „Interview" führte, unterschrieb der Theologe unter der Androhung, ansonsten vor Gericht gebracht zu werden. Obwohl Denews Akte Beweise für Treffen von M. mit DS-Offizieren enthält, ist er bis heute noch nicht offiziell als Agent der Sicherheitsdienste identifiziert worden. In deren Beobachtung war er ein ziemlich instabiler Charakter. Vermutlich nutzten sie diese Erklärung, um ihn an der kurzen Leine zu halten oder für einfache Aufgaben zu verpflichten, z.B. um bestimmte administrative Entscheidungen in der Geistlichen Akademie zu unterstützen.

Auch nach dem Abschluss des „Spinnen"-Falles beobachteten die Sicherheitsdienste die vier Theologen weiter. Ihre Telefonanschlüsse wurden weiterhin abgehört und die Agenten in der Akademie setzten ihre Berichte über die Aktivitäten fort. 1984 wurde Denew zu einem theologischen Forum in der Geistlichen Akademie von Leningrad geschickt, aber er fuhr nicht allein. Er reiste mit Slawtscho Waltschanow. Im Folgejahr durfte er nach Österreich fahren, um am Ökumenischen Kreis für kirchliche Information im Ausland teilzunehmen. Diesmal begleitete ihn Iwan Schelew (*Angelow*). In diesem Zusammenhang sagt Denew, dass er nie etwas Schlechtes gefunden habe, das dieser Agent über ihn geschrieben habe. Trotz dieser „Entspannung" aber erlaubten die Sicherheitsdienste ihm kein akademisches Fortkommen. Erst nach dem Zerfall des Regimes 1989 konnte Iwan Denew zum Professor habilitiert werden (1990). Anscheinend hatte die Wahrheit am Ende gewonnen. Aber Iwan Denew hatte dafür einen bitteren Preis bezahlt.

Bevor er seine Akte in den DS-Archiven lesen konnte, hatte Iwan Denew kein klares Bild seiner Kollegen. Nach seiner Wahl zum Dekan der Theologischen Fakultät (1992–1998) hatte er großes Vertrauen zu Dimitar Kirow (*Anton*), der sein Vize-Dekan wurde. 1997 unterstützte Denew auch die Wahl von Kirow zum Vize-Vorsitzenden des nationalen Komitees für die Anerkennung akademischer Grade, das für die Zuerkennung von Doktorgraden und Habilitationsverfahren in Bulgarien zuständig war. So wurde Kirow zur Schlüsselfigur für die akademische Promotion von Theologen im Land. 1998 unterstützte Denew ein weiteres Mal die Kandidatur von Kirow zum neuen Dekan der Theologischen Fakultät.

Erst 2000, als er seine Akte gelesen hatte, erkannte Denew das Ausmaß der Aktivitäten, mit denen die kommunistischen Sicherheitsdienste die ehemalige Geistliche Akademie überzogen hatten. Schockiert von der Erklärung seines besten Freundes M., beendete er ihre lange Freundschaft. Gleichzeitig distanzierte er sich von der Mehrzahl seiner früheren Kollegen, weil er nicht sicher war, wer vor 1989 über seine Aktivitäten berichtet hatte. Um diese Vertrauenskrise zu überstehen, wählte er die Archive als Quelle der Wahrheit. In den vergangenen zehn Jahren sammelte er gewissenhaft Kopien von Dokumenten über die jüngste Vergangenheit der Bulgarischen Orthodoxen Kirche. Einige von ihnen hat er in drei Bänden veröffentlicht. Andere warten noch auf ihre Veröffentlichung. Das ist seine Art, nach den Jahrzehnten des militanten Atheismus und der Religionsverfolgung den Glauben zu bezeugen. Gleichzeitig ist die Aufdeckung der Agenten der kommunistischen Sicherheitsdienste ein Hoffnungszeichen, dass ihre Spuren in der Bulgarischen Orthodoxen Kirche endlich getilgt werden können.

Nachtrag: Iwan Denew verstarb während der Drucklegung dieses Buches, am 31. August 2014, im Alter von 77 Jahren.

Der Beitrag wurde von Daniela Kalkandjieva verfasst.
Aus dem Englischen übersetzt von Ruth Kubina und Andrea Claaßen.

Diesem Beitrag liegen folgende Werke zugrunde:

I. Denev, Balgarskata pravoslavna carkva pod komunističeska vlast (1944–1989) [Die Bulgarische Orthodoxe Kirche unter kommunistischer Herrschaft (1944–1989)], Sofia 2012.

I. Denev, Dosieto mi v Daržavna Sigurnost [Meine Akte bei der Staatssicherheit], Sofia 2011; abrufbar unter: http://ivandenev.hit.bg/page1.html [Abruf am 14.06.2014].

I. Denev, Komunističeski diktat varhu Balgarskata pravoslavna carkva (1944–1960) [Die Bulgarische Orthodoxe Kirche unter der kommunistischen Diktatur (1944–1960)], Sofia 2013.

H. Hristov, Operacija „Maraton". Čast 7: Verbuvaneto na Ivan Želev SS „Angelov" [Die Operation „Marathon", Teil 7: Die Rekrutierung von Iwan

Schelew, geheimer Mitarbeiter „Angelow"], veröffentlicht am 27. Dezember 2012 auf: http://desebg.com/2011-01-06-11-51-03/1017--7- [Abruf am 14.06.2014].

D. Kalkandžieva, Balgarskata pravoslavna carkva i daržavata 1944–1953 [Die Bulgarische Orthodoxe Kirche und der Staat 1944–1953], Sofia 1997.

M. Metodiev, Daržavna sigurnost v Duhovnata akademija [Die Staatssicherheit in der Geistlichen Akademie], in: Hristijanstvo i kultura [Christentum und Kultur] 64 (7/2011) 29–44.

M. Metodiev, Čovek pod vaprositelna [Ein Mann unter Befragung], in: Hristijanstvo i kultura [Christentum und Kultur] 82 (5/2013) 17–34.

Centralen Daržaven Arhiv (CDA) [Zentrales Staatsarchiv], Fond 549k, Inventar 1, Archiveinheit 19, 44–51.

Žejnov, Karvjaštata rana na Balgarskata pravoslavna carkva [Die blutende Wunde der Bulgarischen Orthodoxen Kirche], in: Pro i Anti [Pro und Contra] 36 (19.–25. Oktober 2002) 7.

Savo B. Jović

„Damit zeigte er mir [...],
dass ich nicht wegen des Verbaldelikts hier war,
sondern wegen des Glaubens, der Kirche,
Christus, des Evangeliums und des Kreuzes."

Ich wurde am 27. Januar 1954 in Milino Selo, Gemeinde Lopare, Bosnien und Herzegowina, als Sohn der frommen Eltern Branko und Sava (Savka), geb. Nikolić, geboren. Weil an diesem Tag unsere orthodoxe Kirche den Heiligen Sava feiert, den ersten serbischen Erzbischof, nach dem ich auch meinen Namen bekommen habe, ging mein Vater am nächsten Tag ins Standesamt, um die Geburt anzumelden. Doch zu seiner Überraschung sagte ihm der Beamte, dass es nicht gut sei, dass ich an diesem Tag geboren sei und dass er mir diesen Namen gegeben habe; er riet ihm,

Erzpriester Savo B. Jović

ihn durch einen anderen zu ersetzen. Da mein Vater nicht gehorchte, hat er in das Geburtsregister den 28. Januar statt des 27. eingetragen, obwohl im Kirchenbuch der 27. Januar für Geburt und Taufe verzeichnet war. Es klingt etwas merkwürdig, aber man kann sagen, dass mich das kommunistische Regime schon von Geburt an verfolgt hat.

Diese Verfolgung habe ich nicht bemerkt, bis ich in die Schule kam. Am ersten Schultag stürzte sich nämlich die Lehrerin wie eine Gewitterwolke auf mich, ebenso eilig und arrogant, wie sie unsere Klasse betreten hatte. In den Weg, den ich von meinem Elternhaus aus gegangen bin, stellte sich mir die gottlose Masse einer neuen Welterfahrung. Wie es am ersten Schultag üblich ist, rief sie uns der Reihe nach auf und fragte jeden so nebenbei etwas, um uns Mut zu machen und damit wir uns kennenlernen. Als ich an der Reihe war, verkrampfte sich ihr Gesicht. „Was hast du gesagt, wie du heißt?", fragte sie mich noch einmal. „Savo", antwortete ich ihr so leise, dass ich es selbst kaum hörte. „Ach, der heilige Savo, was soll das denn?", rief sie, kam auf meine Bank zu und griff nach der Kette, die ich um den Hals trug und an der ein kleines Kreuz hing. Da die Kette kurz war und nicht alle Kinder das Kreuz sehen konnten, fand sie schnell eine Lösung: Sie riss sie ab, ging von Bank zu Bank und zeigte sie her, als handle es sich um ein Unding. „Das hier ist keine Kirche, sondern eine Schule!", zischte sie und kam wieder auf mich zu. „Hier gibt es keinen Gott, keine Muttergottes, kein Kreuz und kein Gebet! Du bist hier, um gebildet zu werden, und nicht, um in der religiösen Finsternis zurückzubleiben! – Das hat dir deine Mama gegeben, damit Gott auf ihr Kind aufpasst, stimmt's?", fragte sie verächtlich. Als ich ihr ehrlich sagte, so wie das nur ein Kind kann, dass mir meine Mutter es gekauft habe, als sie mich in der Kirche zur Kommunion geführt hatte, wurde sie ganz wild: „Waaas?", rief sie aus und kam meinem Gesicht ganz nah. „Zur Kommunion haben sie dich geführt?", und wie verwundert wandte sie sich den anderen Kindern zu. „Deine Mutter ist verrückt, wenn sie zugelassen hat, dass du aus dem gleichen Kelch trinkst, aus dem auch alte Leute trinken, schwindsüchtige und tuberkulosekranke Greise! Sag ihr einen schönen Gruß und sie soll gleich morgen in die Schule kommen; ich will mir ihr sprechen!" – „Ja", sagte ich und setzte mich auf meinen Platz. Erst später habe ich verstanden, dass ich in dieser ersten Stunde mehr gelernt habe als in allen anderen an dieser Schule. Diese Lehrerin, das kann ich sagen, hat sich am meisten darum verdient gemacht, dass ich später an allem zweifelte, was mir die „roten Volksbildner" beibringen wollten.

Als die Lehrerin aus der Klasse gegangen war, nahmen noch einige Erstklässler ihre Kreuze vom Hals und versteckten sie.

Später habe ich mir klargemacht, dass sie mich seit dem Moment, als ich beschloss, ins Priesterseminar einzutreten, verhaften wollten. Für sie bin ich auf die andere Seite übergelaufen, und damit war das Urteil über mich gefallen. Dass ich damals keinen Stacheldraht und keine Gitter gesehen habe, war meine Sache, auch wenn ich zugeben muss, dass ich sie irgendwo in der Tiefe meiner Seele immer gespürt habe. Auf Schritt und Tritt wurde ich von ihnen als Person zweiter Klasse betrachtet. Als ich also im Seminar war, im vierten Jahr (die Ausbildung dauert fünf Jahre), wurde ich zur Armee einberufen, so dass meine Ausbildung unterbrochen wurde, die ich erst nach der Rückkehr aus der Armee beenden konnte. Zwar war damals nach dem Gesetz allen Schülern von Mittel- und Hochschulen erlaubt, den Militärdienst zu verschieben, nicht aber uns, die wir das Priesterseminar besuchten.

Nach Abschluss des Priesterseminars wurde ich 1976 zum Priester geweiht und bekam meine erste Gemeinde in Kalenderovci bei Derventa in Bosnien und Herzegowina. 1980 wurde ich nach Obudovac bei Bosanski Šamac versetzt, ebenfalls in Bosnien, wo ich am 15. Mai 1980 ohne jeden Grund verhaftet wurde. In diesen Tagen, nach dem Tod von Josip Broz Tito, gab es viele Verhaftungen und Verhöre. Es war ein günstiger Moment, den Leuten Angst in die Knochen zu jagen, und dazu waren sie fähig und sehr erfahren. Sie wollten den „großen Vater" schützen und auf seinen Pfaden weitermachen.

Am Vorabend, dem 14. Mai 1980, also nur sieben Tage nach der Beerdigung Titos, kam ein Unglücksbote zu mir mit der Aufforderung, ich solle mich „am nächsten Tag, also am 15. Mai, um 8 Uhr wegen der Regulierung von Wehrfragen in der Gemeindeabteilung für Volksverteidigung, Zimmer 26, melden." „Pass auf, dass du nicht zu spät kommst!", ermahnte er mich und kehrte nach Bosanski Šamac zurück. Diese Vorladung fiel mir schwer, denn ich hatte für den 20. Mai schon die Taufe meiner Tochter angesetzt, aber ich hatte der Aufforderung nachzukommen und ahnte nicht, dass ich, statt zum Militärdienst zu kommen, verhaftet werden würde.

Am nächsten Tag, es war Himmelfahrt, fuhr ich nach Bosanski Šamac vor das besagte Gebäude, wo ein Mann auf mich zukam, sich vor mir aufbaute und sich vorstellte, er sei von der Staatssicherheit. Er befahl mir, ihm zu folgen. Wir kamen zu einem Auto, wo uns noch zwei Beamte in Zivil erwarteten, die mich sehr grob ins Auto stießen. Auf meine Frage, wohin sie mich bringen, antworteten sie: „Zu einem Informationsgespräch; und wenn du klug bist, kommst du bald wieder nach Hause!" Sie brachten mich nach Doboj, wo eine Gruppe von Staatssicherheitsleuten auf mich wartete, die mich zu befragen und zu quälen anfingen. Es begann eine psychologische Bearbeitung, abwechselnd freundlich und brutal, mit ihrer Feststellung, dass sie „alles wissen", und dem Verlangen, ich sollte dieses ihr „Wissen" bestätigen, was ich nicht tun konnte. Während einer mir falsche Hilfe anbot, brüllte der andere, schrie, fluchte, packte mich am Brustkorb und am Bart und warf mich gegen die Wand. In diesem Stil dauerte die Quälerei von 9 Uhr bis nach Mitternacht. Der Raum war zwar groß, aber er wurde vom Tabakrauch drückend und unerträglich. Ich konnte sie kaum sehen und erkennen. Nach mehrstündiger Tortur sagte mir einer, ich solle mich zusammenreißen und meine Lage ernst nehmen, sonst würde ich da enden, wo auch Ilija Janjić sei. So erfuhr ich zum ersten Mal, dass meine Verhaftung mit dem genannten Janjić zu tun hatte, aber ich wusste nicht, wie.

Als ich jede Verbindung zu Janjić abstritt, außer dass ich ihn kannte, denn wir waren zusammen in der Grundschule gewesen, schoben sie mich unter Flüchen und Drohungen ins Auto und brachten mich nach Tuzla. Dort kamen wir vor dem Morgengrauen an und sie übergaben mich der dortigen Torturmannschaft, die ausgeruht und eifrig war, im Unterschied zu mir, der ich verschlafen und müde war. Sie sahen mich blutrünstig an und verhielten sich mir gegenüber, als sei ich ein Schwerverbrecher. „Lass uns das mal zu Ende bringen, Pfaffe", begann einer von ihnen. „Die Kollegen aus Doboj haben uns gemeldet, dass du dickköpfig bist, und das ist nicht gut für dich." Sie begannen mit denselben Fragen, und als ich ebenso antwortete, wurden sie wütend. Das gleiche Spiel wie in Doboj ging weiter, wieder abwechselnd freundlich und brutal, dann Würgen am Hals und Schläge. Einige Stunden dieser Art von Verhör waren wie eine Ewigkeit. In einer kleinen Pause, die sie inszeniert hatten, flüsterte mir einer zu: „Janjić ist vor zwei Wochen wegen irgendwelcher anonymer Briefe verhaftet worden, von denen er einen, so sagt er, mit dir gemeinsam geschrieben hat." Dann holte er ein Blatt Papier aus der Jackentasche und las leise vor:

Auch wir Serben melden uns zu Wort, denn es ist nicht mehr zu ertragen. Wir wenden uns an euch, die Serben in der Kommunistischen Partei, und fragen euch: Ist euch klar, was ihr macht? Wisst ihr, dass die Partei, der ihr angehört, gegen das serbische Volk und die Orthodoxie gerichtet ist? Sie hat zum Ziel, uns zu schwächen, zu erniedrigen, uns kulturell, moralisch, geistig und wirtschaftlich zu vernichten. Seht ihr denn nicht, dass ihr mit eurer ergebenen Arbeit in dieser gottlosen Partei selbstlos den Wagen des Übels zieht, den Wagen, der alles überfährt, was heilig und ehrlich ist? Macht die Augen auf, dann werdet ihr auch euer Ende sehen. Euer Staat ist ein fauler Apfel, um den herum ihr Lügen anhäuft. Alle Fonds sind leer, die Verluste sind riesig. Ihr habt Schulden in der ganzen Welt. Ihr wollt, dass das arme Volk, das ihr aus dem Land vertrieben habt, Devisen bringt, indem es in der Welt schuftet, und ihr verbraucht sie dann langsam. Parasiten! [...] Nehmt Verstand an, das wird sich rächen! Euer Ende ist schon abzusehen, das Ende, mit dem die dunkelste Seite unserer Geschichte geschlossen wird.

Danach steckte er das Papier zurück in die Tasche und sagte mir, dass das der Text des Briefes sei, den Janjić und ich geschrieben und an das Gemeindekomitee der Partei in Lopare geschickt hätten. Ich antwortete, dass mir der Text bekannt sei, aber dass ich keinen Brief solchen Inhalts mit irgendjemandem geschrieben oder ihn irgendwohin geschickt habe. „Also erinnerst du dich doch!", rief er freudig aus. Doch ich erinnerte mich an nichts, sondern hatte nur gesagt, dass mir der Text des Briefes bekannt war, denn ich hatte ihm, als er sich damit gerühmt hatte, in die kommunistische Partei eingetreten zu sein, Briefe ähnlichen Inhalts geschickt; damals war ich noch Student im Priesterseminar. Warum er sie später zum Verfassen anonymer Briefe verwendet hat, das müssten sie ihn selbst fragen. Doch das hat sie nicht zufriedengestellt. Sie verlangten, ich solle zugeben, dass ich den Brief an die angegebene Adresse geschickt habe, nicht Janjić. Einer packte mich brutal, hob mich vom Stuhl und schleuderte mich gegen die Wand. Dann schlug er mir fest mit der Faust ins Gesicht und warf mich angewidert auf den Boden, unter Fluchen und Drohungen, dass ich schon „singen" werde, und zwar auch zu dem, wonach sie mich gar nicht fragen würden, wenn meine Haut erst keinen roten Heller mehr wert sein werde. Diese Tortur dauerte an diesem Tag bis 15 Uhr; dann händigten sie mir einen Beschluss aus, in dem stand:

Hiermit wird Haft gegen Savo Jović beschlossen, Sohn des Branko Jović und der Mutter Sava (Savka), geb. Nikolić, von Beruf Priester etc.

Begründung: Es besteht der begründete Verdacht, dass der Erwähnte sich des Vergehens der feindlichen Propaganda (Verbaldelikt) nach Art. 133 des Strafgesetzbuches der SFRJ [Sozialistische Föderative Republik Jugoslawien] schuldig gemacht hat. Da besondere Umstände die Befürchtung rechtfertigen, dass er in Freiheit erneut eine Straftat begehen könnte, war die genannte Entscheidung zu treffen.

Dann brachten sie mich aus dem Polizeigebäude ins Kreisgefängnis von Tuzla, das „Stock" genannt wurde. Hier empfing mich ein Wärter, der mir gleich befahl, meine Krawatte, die Schnürsenkel und den Gürtel am Eingang abzulegen und mit ihm in Zelle 21 zu gehen. Als ich sie betreten hatte, warf er die schwere Eichentür zu, nachdem er mich zuvor ermahnt hatte, ich solle mir keinesfalls Luxus erlauben, etwa mich auf das Bett legen oder gar aus dem Fenster sehen. Als ich erfahren hatte, was Luxus war, verstand ich, wo ich mich befand: Eine kleine vergitterte Öffnung war das „Fenster", die einzige Verbindung zur Welt, aber sie war so hoch, dass mir gar nicht klar war, wie ich hindurchsehen sollte. An der Tür stand ein Gedicht, das mir das Blut in den Adern erkalten ließ:

Bis ans Grab werd' ich nicht vergessen
im Stock von Tuzla das Zellenloch,
nicht die Gitter und das Eisenjoch,
nicht die Schläge, mit dem Knüppel bemessen.

Die Zelle war etwa vier Meter lang und knapp drei Meter breit. In diesem kleinen Raum waren vier Betten (je zwei Stockbetten), ein Tisch mit vier Stühlen, ein Plastikeimer mit Wasser, ein Abfalleimer und ein Kübel für die Notdurft. Wenn man alles zusammenzählt, blieben gerade vier Quadratmeter für vier Gefangene übrig. Momentan war ich allein, müde und erniedrigt. Ich fühlte mich hilflos, und ein starker Gestank aus dem wer weiß wie lange nicht geleerten Kübel verursachte mir Übelkeit. Ich hielt einige Zeit aus und entschloss mich dann, den Wärter zu rufen. „Was, der Kübel stört dich?", wurde er wütend und begann zu schreien. „Was möchte der Herr Pfaffe denn? Und was glaubst du, wer ich bin?" Er rief so laut, als wollte er, dass auch die Häftlinge in den anderen Zellen erfahren, was für ein Früchtchen da in die Untersuchungshaft gekommen ist. „Ich soll dein Kübelträger sein, oder? Du wirst mir schon noch vernünftig!", sagte er und unterstrich, dass ich nie mehr auch nur auf den Gedanken kommen solle, die Klingel anzurühren. Er verschloss die Tür und ging über den Gang zurück, wobei er nicht aufhörte zu wiederholen, dass er doch nicht mein Kübelträger sei. Ich setzte mich auf den Stuhl und sah mich in der stinkenden Zelle um. Das Bewusstsein, dass niemand aus meiner Familie wusste, wo ich bin, nicht einmal, dass ich verhaftet bin, gab mir keine Ruhe.

Der Grundstein, mit dem der Bau des Übels und des Unglücks begann, war also gelegt. Die Maschine in der gutgehenden Fabrik zur Produktion von Feinden, die mit diesem Akt in Bewegung gesetzt war, ließ sich nicht mehr aufhalten. Es gab keine Rettung mehr. Alles war geplant. Das habe ich später beim Prozess gemerkt. Ich kniete mich hin und begann darum zu beten, dass Gott mir die Kraft geben möge, diese Versuchung zu überstehen, aber auch, dass er meinen Verfolgern einen klaren Verstand geben möge, damit sie ihren Irrtum einsehen. Dass er meine Familie schützen, sie fest in der Versuchung und stolz in der Erniedrigung machen möge, die ihnen von denen bevorstand, denen ein Interesse oder die Angst Anstand und Seele verdunkelt hatten. Das Jesusgebet „Herr Jesus Christus, Sohn Gottes, habe Erbarmen mit mir Sünder!" stärkte mich und baute mich auf. Die Schmerzen von den Schlägen ließen nach, ebenso die Müdigkeit, die mir mit der Schlaflosigkeit die Lider wie Blei niedergedrückt hatte. Die Kraft kam mit der wunderbaren Wärme der Gegenwart Gottes, die ich wie nie zuvor verspürte. Die Schönheit dieser Begegnung von Antlitz zu Antlitz lässt sich nicht beschreiben, und ich versuche das auch gar nicht. So verging mein erster Nachmittag in Haft. Die Nacht kam, aber nicht der Schlaf, den ich mir doch so sehr wünschte. Denn statt ins Bett brachte man mich über dunkle Gänge zu einer neuen Befragung. Als ich vor dieselben

Menschen kam (wenn man diese Monster überhaupt so nennen kann), die zuständig waren, die kommunistische „Gerechtigkeit" zu schützen, und die dafür gut belohnt wurden, ergriff mich erneut Angst. Nicht die Angst vor Schlägen und Folter, sondern weil niemand aus meiner Familie wusste, wo ich war, da ich ja zur Regelung von Wehrdienstfragen vorgeladen war, nicht ins Gefängnis.

Zum ersten Mal legten sie mir Handschellen an, die eng waren und den Kreislauf behinderten. Ich hörte das gleiche höhnische Lachen, die gleichen Beschimpfungen und Fragen, nur der Raum war ein anderer. Das Szenario wiederholte sich, alles war gleich, außer der Art, zu einer Aussage zu kommen. Als man mir die Handschellen abnahm, hörte man aus dem Nebenraum die stumpfen Schläge eines Knüppels, das Jammern des Opfers und hilflose Schreie: „Au, au, Hilfe! Nicht auf den Kopf, ich bitte Sie, bei Ihren Kindern!" – „Lass meine Kinder aus dem Spiel", rief der Polizist fluchend und schlug noch fester zu. „Natürlich auf den Kopf, wohin denn sonst. Er ist ja auch an allem schuld. Es wäre viel besser, du hättest keinen, du kämest viel besser davon!" Als meine Folterer mich verwirrt und erschreckt sahen, rieben sie sich die Hände und bereiteten sich zum Angriff vor. Als ich auf die Schläge wartete, kam eine andere Phase der psychologischen Bearbeitung. Denn der Schläger aus dem Nachbarraum kam in das Zimmer, in dem ich war, und verlangte von seinen Kollegen, dass sie mich ihm überlassen sollten, dann würden sie schon sehen, wie ich „singen" würde. Als sie ihm ein Zeichen gegeben hatten, den Raum zu verlassen, kam einer von ihnen auf mich zu und begann mich zu überreden, ein Papier zu unterschreiben, auf dem meine Aussage schon stand. In diesem Moment wollte ich nur, dass der Tag möglichst bald anbricht. Wenn es hell ist, ist es dem Menschen irgendwie leichter.

„Mensch, die bringen dich um", setzte mein „Retter" fort, „mach dir das doch klar! Für uns ist das gar kein Problem. Einer von uns überfährt dich mit dem Auto, am nächsten Tag ist in der Zeitung von einem Verkehrsunfall die Rede. Begreif doch, dass sie machen können, was sie wollen!" In diesem Augenblick ging die Tür auf, ein glatzköpfiger Beamter trat ein und sagte mir, dass ich den belastenden Brief nicht geschrieben habe, aber ich hätte ihn diktiert, was noch schlimmer für mich sei. „Janjić hat ausgesagt, dass er geschrieben hat, nicht du, wie wir am Anfang gedacht haben!" Dann verlangten sie wieder, ich solle die schon geschriebene Aussage unterschreiben, in der stand, dass ich „gemeinsam mit Janjić den Brief geschrieben habe, wobei ich der Initiator war und diktiert habe und er ihn nur geschrieben und später zur Post gebracht hat."

Stunden um Stunden vergingen und sie insistierten mit Worten und Schlägen auf meiner Unterschrift. Angesichts der Tatsache, dass meine Familie nichts von meiner Inhaftierung wusste, und da ich sah, wie sie vorgingen und dass sie alle Macht hatten, beschloss ich, die Aussage zu unterschreiben, in der Hoffnung, vor Gericht die Wahrheit beweisen zu können. Als ich kurz vor Sonnenaufgang unterschrieben hatte, brachten sie mich in die Zelle, aber an Schlaf war nicht zu denken, denn es war schon die Weckzeit. Ich setzte mich auf einen Stuhl und schlief sofort ein. Das Öffnen der Tür hörte ich nicht, aber der Schlag mit dem Knüppel ließ mich aufschrecken. Ich sprang auf und weiß heute nur noch, dass mein Kopf brummte und dass ich keine Ahnung hatte, wo ich war. Der Wärter stand vor mir, streichelte den Knüppel und schrie: „Diesen Ochsenziemer, Pfaffe", und zeigte auf den Knüppel, mit dem er mich auf den Kopf geschlagen hatte, „hat mir das Gesetz gegeben, und ich achte Gesetz und Ordnung; ich bin nicht wie du. Deswegen kannst du dir sicher sein, dass ich ihn immer nützlich verwenden werde. Das hier war dir nur eine Warnung, und merke dir gut: wenn ich dich noch einmal erwische, dass du zur verbotenen Zeit schläfst, dann wird deine Haut keinen roten Heller wert sein." Er legte mir den Knüppel auf die Stirn, zwischen die Augen, und drückte mich damit an die Mauer, damit ich so die Lehre besser behalte. Nach seinem Weggang ging ich den ganzen Tag in der Zelle auf und ab, drei Schritte hin und drei Schritte her, um nur nicht einzuschlafen. Gerade als der Abend gekommen war, trafen sie ein, drei Mitarbeiter des Geheimdienstes, legten mir Handschellen an und brachten mich zum nächsten Verhör.

Nur wer ihre Folter durchlaufen hat, kennt ihre Methoden. Sie haben nämlich gewartet, bis ich mich bettfertig gemacht hatte und mich gerade hinlegen wollte, dann öffneten sie plötzlich die Tür und befahlen mir, mich fertigzumachen und mit ihnen zu gehen. Ich war hilflos. Keinem Anwalt, der sich als mein Verteidiger angemeldet hatte, gestatteten sie, mich zu besuchen, geschweige denn die Untersuchung zu begleiten, so dass sie ohne Beteiligung eines Anwalts abgeschlossen und die Anklage erhoben wurde. Diese und die folgende Nacht (man hat mich nur nachts befragt) brachten sie Aussagen von Zeugen, die bestätigten, was im Brief stand, um zu beweisen, dass ich weiterhin gegen das kommunistische Regime gesprochen hätte, denn das Diktieren nur eines anonymen Briefes war nicht genug. Die meisten dieser Menschen wurden gezwungen, etwas zu unterschreiben, was die Untersuchungsorgane schon geschrieben hatten. Es tut mir aufrichtig um die ehrlichen Menschen leid, die sie geschlagen und gezwungen haben, ihre Unterschrift unter einen schon geschriebenen Text zu setzen. Der Brief, dessentwegen ich beschuldigt wurde, war schon im Januar 1976 geschrieben worden, doch ich wurde erst im Mai 1980 der Freiheit beraubt. Man musste also beweisen, dass ich auch weiterhin mündlich „Unwahrheiten über die gesellschaftlich-politischen Verhältnisse im Land" verbreitet hätte. Sie taten alles, um mich zu verurteilen, denn damals waren zwei katholische Priester und zwei Hodschas verurteilt worden. Indem man mich und kurz darauf auch den Priester Nedja Janjić ins Gefängnis schickte, wurde das Gleichgewicht erreicht, auf das man in Jugoslawien und vor allem in Bosnien und Herzegowina Wert legte. Wenn sie also einen Priester der katholischen Kirche verurteilten, holten sie immer gleich auch einen aus der Serbischen Orthodoxen Kirche und einen Hodscha der islamischen Glaubensgemeinschaft.

Als meine Familie wusste, dass ich verhaftet war, verhielt ich mich bei den Verhören ganz anders. Ich hatte keine Angst mehr vor ihnen und machte mir nicht mehr viel Sorgen. Nach vier Monaten wurde das erste Mal erlaubt, dass mich in Gegenwart der Polizei meine Familie besuchte und später auch ein Anwalt.

Die Hauptverhandlung war für den 6. Oktober 1980 vorgesehen, einen Tag, auf den ich ganz unlogisch mit Freude wartete, denn ich hoffte, dass vor Gericht, ohne Knüppel und Gewalt, die Wahrheit bewiesen werden könnte. Zwei Polizisten kamen in die Zelle, legten mir Handschellen an und führten mich in den Gerichtssaal. Niemandem aus meiner Verwandtschaft, von den Priestern und Freunden wurde erlaubt, sich mir zu nähern oder mich zu begrüßen. Alle Zeugen außer dem angeklagten Janjić und den Spitzeln des Staatssicherheitsdienstes widerriefen ihre Aussagen, die sie unter Drohungen und Prügel bei der Polizei gemacht hatten. Der Staatsanwalt D. V. schrie und griff sich deswegen an den Kopf. M. N., die Vorsitzende des Gerichts, benahm sich sehr frech und übergriffig. Sie schrie die Zeugen an und unterbrach sie mit der Behauptung, dass sie ihre Aussage nur geändert hätten, um dem Angeklagten, also mir, die unangenehme Lage zu erleichtern. Meinen Verteidiger, den Anwalt Lazar Mirović, ließ der Staatsanwalt nicht zu Wort kommen und er drohte ihm sogar, dass er selbst in Zenica enden würde, wenn er so weitermache.

Am nächsten Tag, wie auch an allen fünf Prozesstagen, kamen neue Zeugen, die mich ebenfalls verteidigten. Ich hoffte, freigesprochen zu werden, aber die Vorsitzende hatte leider die Pilatus-Aufgabe, am 10. Oktober aufzustehen und das Urteil zu verlesen, mit dem ich zu sechs Jahren Gefängnis verurteilt wurde. Es entstand Grabesstille. Sogar die Gefängniswärter, die mich an diesem Tag gebracht hatten, waren sprachlos. Man brachte mich zurück in die Zelle, in der ich wieder allein war, und ich fragte mich, wofür ich so viel zahlen musste. Wie viel haben wessen falsche und wessen wahre Aussagen gekostet?

Sogar gegen dieses Urteil, das auf Lügen gegründet war, legte der Staatsanwalt D. V. Beschwerde beim Obersten Gerichtshof von Bosnien und Herzegowina in Sarajevo ein, weil mir „das Gericht eine milde Strafe ausgesprochen hat", und verlangte gleichzeitig, dass ich eine strengere Strafe bekommen sollte, „mit der der Zweck der Bestrafung erreicht würde."

Nach dem Urteil blieb ich im „Stock" von Tuzla bis zum 12. Dezember 1980, als mich zwei Polizisten ins Gefängnis von Zenica brachten – oder in das „Lager", wie die Häftlinge es nannten. Es war Freitag, und die Wächter brachten mich in einer Übergangszelle unter, in der ich bis Montag blieb. Diese Zelle war klein, wie auch die in Tuzla, also nur einige Quadratmeter, aber wir waren darin zu acht. Manchmal hockten wir, manchmal standen wir, aber an Schlaf war drei Tage und Nächte nicht zu denken.

Am Montag wurden wir aus der Übergangszelle in die Quarantäneabteilung verlegt, wo wir Häftlingskleidung erhielten. Als ich mich gerade umzog, kam der Aufseher T. in die Zelle und fand in meiner abgelegten Kleidung eine Heilige Schrift. Er beschimpfte mich und fluchte. Dann kam er auf mich zu und zerriss grob meine Halskette, an der ein kleines Kreuz hing. Er schlug mich, fluchte auf meine Mutter, die mich geboren habe, die Kirche, in der ich getauft wurde, und das Evangelium, das ich predigte. Damit zeigte er mir, dass ich endlich verstehen sollte, dass ich nicht wegen des Verbaldelikts hier war, sondern wegen des Glaubens, der Kirche, Christus, des Evangeliums und des Kreuzes. Auch sonst waren während der Haft in Zenica keine religiösen Riten erlaubt. Ich konnte nur leise beten, sonst nichts. Wir durften auch nicht so fasten, dass es jemand gemerkt hätte. In der Quarantäneabteilung waren wir drei Wochen; dort hatten wir nur die Aufgabe, die Hausordnung auswendig zu lernen. Aber damit das Lernen nicht zu langweilig wurde, mussten wir dabei das Parkett mit Stahlwolle abreiben, Feuerwehrbereitschaft leisten, Wache halten, hunderte Male den Gang, die Toiletten, die Raucherräume putzen, das Bettenmachen üben und auf dem Gefängnisgelände den Schnee räumen. Täglich wurde einer von uns geschlagen. Die Wärter genossen es, einen vor den anderen Häftlingen zu schlagen, wodurch sie ihren Blutdurst stillten und zugleich unter uns, die wir das sahen, Angst verbreiteten. Für mich war es viel schwerer und quälender zuzusehen, wenn sie jemanden schikanierten, dem ich nicht helfen konnte, als selbst Prügel zu bekommen. Ich glaube, dass es niemanden gibt, der in der Hölle von Zenica war und nicht geschlagen

Ein Bild aus dem Gefängnisarchiv, als Jović nach Zenica gebracht wurde. Am 15.12.1980 wurde er aus der sogenannten Übergangszelle in die Gefängnisquarantäne verlegt und erhielt die Nummer 7238.

worden ist. Wer sagt, dass dieser „Kelch" an ihm vorbeigegangen sei, der lügt, oder es handelt sich um einen seltenen, um nicht zu sagen: unglaublichen Fall.

Als man uns aus der Quarantäneabteilung entließ, wurde ich einem Arbeitsplatz in der Schleiferei zugeteilt, wo ich verschiedene Gussteile schleifen musste. Das war die schwerste und für die Gesundheit gefährlichste Arbeit im Gefängnis. In diesem halboffenen Raum wurde in drei Schichten gearbeitet, egal, ob die Temperatur minus 20 Grad oder plus 40 Grad betrug. Innen standen mehr als dreißig Schleifscheiben im Abstand von je etwa einem Meter. Der Lärm und der Eisenstaub waren unerträglich, eine Brille war der einzige Schutz. Acht Stunden verbrachte ich in dieser Hölle, aber die Norm konnte ich nie erreichen. Drei Tage wurde das toleriert, dann nicht mehr. Die Regel, mit der man uns am ersten Tag bekannt gemacht hatte, war mehr als klar: Wie viele Stücke an der Norm fehlten, so viele Knüppelschläge gab es auf den Kopf oder auf den Körper. Natürlich gab es auch da Unterschiede. Manche Wärter schlugen uns nämlich nur auf den Kopf, während andere auch auf andere Körperteile schlugen. M. B., Chef einer Schicht, verfolgte mich wie ein Teufel. Ich musste sogar bei Fieber von mehr als 39 Grad arbeiten und die Norm erfüllen. Nur der Arzt hätte mich von der Arbeit befreien können, doch der kam nur mittwochs und freitags in das Gefängnis.

Unsere Zwangsarbeit wurde ebenso wie die Arbeit im Haus und das Betragen mit Punkten bewertet. Die Zwangsarbeit in den Werkstätten dauerte acht Stunden und die verpflichtende Arbeit im Haus dauerte von einigen Stunden bis manchmal die ganze Nacht, wenn der Häftling zur Feueraufsicht eingeteilt war. Zu dieser Arbeit gehörten verschiedene Ordnungsdienste, die Reinigung der Blocks, des Geländes, ebenso das Aus- und Einladen von Verbrauchsgütern und Produkten. Eine Zeit

lang musste ich fast täglich mit noch drei Häftlingen Quarzsand aus-
laden, von einem bis zu drei Waggons. Jedenfalls wurde all diese Arbeit am Monatsende bewertet. Die Punktzahl zeigte an, ob man in die
Gruppe A, B oder C gehörte. Davon hing viel ab, bis dahin, ob man
überhaupt und wie lange Besuch haben durfte und wie schwer ein Paket sein durfte, das man bekam. Wir Politischen konnten höchstens in
die Gruppe B kommen, denn man gab uns nie die Höchstzahl, auch
wenn wir besser als die anderen Häftlinge gearbeitet hatten. Eigentlich
waren wir Politischen die einzig wahren Häftlinge in Zenica. Mir wurde erst nach zwanzig Monaten Besuch gewährt, den die Kriminellen
und Mörder vom ersten Tag an haben konnten. Während des Besuches
konnte ich meine Familie und die anderen Verwandten nur durch ein
Panzerglasfenster sehen. Ich konnte meine Kinder nicht streicheln, geschweige denn umarmen. Für die Wärter und die Verwaltung war ich
nur Nr. 7238, sonst nichts. Man hielt uns für einfache Lumpen, weil wir
es gewagt hatten, den Kopf gegen das „perfekteste", „demokratischste"
und „freieste" System zu erheben. Sie sagten, wir sollten ihnen dankbar
sein, dass sie uns überhaupt am Leben ließen, und suchten immer nach
Gründen, uns zu schlagen. Wenn jemand von uns es wagte, sich auf die
Hausordnung zu berufen, nach der Prügel verboten waren (außer wenn
ein Häftling einen Wärter angriff oder die Flucht versuchte), lachten
sie uns laut ins Gesicht. Sie verboten, dass wir uns länger unterhielten,
und verboten den anderen Häftlingen, sich mit uns zu unterhalten. Sie
sagten ihnen offen, dass sie alle Privilegien verlieren würden, wenn sie
ihnen nicht gehorchten. Die Verwaltung hatte das Ziel, uns zu zerschla-
gen, uns voneinander zu trennen und uns so die ohnehin schwere Haft
noch schwerer zu machen. Wir Politischen hielten jedoch trotz dieser
Drohungen und der Schläge, die wir manchmal dafür bekamen, zusammen. Ungeachtet, aus welcher Nation wir waren und wofür und zu wie
lange einer verurteilt war, waren wir bis auf einige Ausnahmen untereinander sehr einträchtig, was die Wächter und die Verwaltung störte.

Jeder Block war eine eigene Einheit, an deren Spitze ein „Erzieher"
stand. An den Türen wachten Polizisten, und die höchste Autorität unter
uns Häftlingen war der Hausrat mit dem Präsidenten an der Spitze. Ihn
bildeten „gewissenhafte" Häftlinge, die zeigten, dass die Strafe bei ihnen
schon gewirkt hatte. In den Rat zu gelangen, war für Häftlinge eine Be-
lohnung, denn es war das Anzeichen und auch die Chance dafür, dass
man Privilegien bekommen konnte – ähnlich wie die Mitgliedschaft in
der kommunistischen Partei in der Freiheit. Das Gefängnis war ein Staat
im Kleinen. Unser Land war ja auch für einen großen Teil der Bürger ein
Zuchthaus. Uns Politische wagte niemand auch nur für den Rat vorzu-

schlagen, auch wenn das wohl keiner von uns akzeptiert hätte. Der größte Räuber, Gewalttäter und Verbrecher konnte Mitglied des Rates sein und die von der Hausordnung gewährten Privilegien genießen, etwa Ausgang in die Stadt, Wochenendurlaub zu Hause oder sogar einen Urlaub von drei

Das sogenannte Treibhaus mit den Einzelzellen

Wochen in Freiheit, aber wir Politischen nicht. Diese Privilegien konnten natürlich auch andere Gefangene genießen, die nicht Mitglieder des Rates waren, aber nur auf dessen Vorschlag.

Eine Zelle, die „Dunkelkammer" genannt wurde und im zweiten Block (bekannt als „Treibhaus") lag, war besonders für uns reserviert. Das war eine kleine Zelle ohne jede Beleuchtung. In ihrer Mitte war im Beton ein großer Ring befestigt, an den die Polizisten die Gefangenen anbanden. In dieser sowohl schweren wie auch erniedrigenden Position mussten die Menschen manchmal mehrere Monate verbringen. Man wusste nicht, wann Tag oder Nacht war. Doch Schläge gab es immer im Übermaß. Wenn es einem Polizisten nur einfiel, kam er hinein und tobte sich an dem Gefesselten aus. Und er konnte den Häftling, der kniete, ja kaum woanders als am Kopf und an seinen vitalen Organen treffen.

Das Essen im Gefängnis von Zenica war für niemanden genug, und schon gar nicht für Menschen, die so schwer arbeiteten. Wer sich darüber beschwerte, wurde sofort mit der Dunkelkammer oder einer gewöhnlichen Einzelzelle bestraft. Es gab keine Mahlzeit, bei der es auf dem Speiseplan nicht geheißen hätte, sie sei mit Fleisch. Einige Kilogramm davon waren im Essen für 2 000 Häftlinge, doch das nahmen die Köche heraus und aßen es, so dass wir es gar nicht sahen. Zum Frühstück gab es gewöhnlich Tee und ein Stück Brot. Das Mittagessen und das Abendessen waren je ein Teller gekochte Bohnen oder Kartoffeln. Salat war eine Seltenheit und zu jeder Mahlzeit bekam man nur ein Stück Brot. Mit einem Teller Gekochtem und einem Stück Brot musste man also die Norm bei der Arbeit erfüllen, die fast unerreichbar war. In der Gießerei etwa war die leichteste Gussform 37 Kilo schwer und die Norm waren 500 Gussformen, so dass man leicht ausrechnen kann, welche Last durch die Hände eines Gefangenen ging. Natürlich waren auch die anderen Werkstätten nicht viel besser, die schon erwähnte Schleife-

118

rei nicht gerechnet, wo es am schlimmsten war. Wer von zu Hause keine Pakete oder Geld bekam, konnte es bei so schlechter Ernährung kaum länger aushalten. Auf dem Gelände gab es eine Kantine, eine Verkaufsstelle, aber leider wurden auch da uns gegenüber sehr strenge Regeln angewendet. Wir konnten von zu Hause oder sonst woher monatlich so viel Geld bekommen, wie wir wollten, aber wir durften in der Kantine nur so viel ausgeben, wie erlaubt war, und das war sehr wenig. Ähnlich war es mit Paketen. Erlaubt war ein Paket pro Monat, aber nur bis zu zehn Kilo Gewicht.

Als ich in der Schleiferei arbeitete, erhielt ich ein Urteil des Obersten Gerichtshofs aus Sarajevo, mit dem meine Strafe von sechs auf fünf Jahre verringert wurde. Was für eine Blamage für die Justiz! Nichts wurde

Gießerei

von meinem Einspruch akzeptiert, in dem ich unter anderem angeführt hatte, dass der Anwalt bei den Ermittlungen nicht beteiligt war und die Unterlagen nicht einsehen durfte, dass die Anklage auf der Aussage des Erstangeklagten beruhte und dass ich ebenso wie die Zeugen, die gezwungen wurden, eine schon von der Staatssicherheit geschriebene Aussage zu unterschreiben, gequält und geschlagen wurde. Der Oberste Gerichtshof ist darüber ebenso hinweggegangen wie über die falschen

Aussagen von Zeugen, die mich belastet haben. Natürlich haben mir andere Gefangene, wie sie es auch bei anderen Politischen regelmäßig machten, dieses Urteil gestohlen. So war es mit all unseren Dokumenten, die mit dem Vergehen zusammenhingen. Die Kriminellen wollten wissen, warum wir da waren, vor allem diejenigen Häftlinge, die für uns zuständig waren. Wenn sie wussten, was im Urteil stand, haben sie das oft missbraucht. Diese Anschwärzer machten mir die meisten Sorgen. Wenn sie nur gesagt hätten, was man wirklich gesagt oder getan hat, hätte man es ihnen nicht übel genommen; aber sie haben sich oft eine Geschichte ausgedacht und erzählt, die die politischen Häftlinge teuer zu stehen kommen konnte. Daher zählten wir Politischen mit Angst die Tage, weil niemand von uns sicher sein konnte, ob er an dem festgesetzten Tag oder überhaupt freikäme. Einzelne Gefangene, die wegen Verbrechen verurteilt waren, haben uns zuweilen bei der Gefängnisverwaltung verleumdet. Viele dachten, und leider hatten sie recht, dass ein Angriff auf uns und ein falsches Zeugnis der leichteste und kürzeste Weg in die Freiheit wäre, um erneut zu rauben, zu vergewaltigen und zu töten, was die Verwaltung leider wusste und im Übermaß ausnutzte. Durch ein falsches Zeugnis wurden ihnen Jahre der Haft erlassen, und uns wurden sie in inszenierten Prozessen auferlegt. In meiner Haftzeit gab es mehrere solcher Prozesse. Ich frage mich bis heute, was ein Mensch, der im Gefängnis keine bürgerlichen Rechte hat, so Gefährliches gegen den Staat sagen kann, dass man ihn deswegen wieder verurteilt. Welche Propaganda kann er denn unter den Häftlingen verbreiten und wen kann ein Inhaftierter zum „Umsturz des gesellschaftlich-politischen Systems im Lande" aufrufen? Natürlich ist es eine eigene Frage, ob man den Häftlingen glauben darf, verurteilten Kriminellen, die – nicht alle, aber viele – imstande waren, ihren eigenen Vater zu verleumden, nur um so schnell wie möglich in Freiheit zu gelangen.

Während dieser inszenierten Prozesse gab es im Gefängnis immer eine wahre Jagd auf uns politische Häftlinge. In den Blocks wurden Versammlungen organisiert, in denen das Handeln dieser unverbesserlichen „Feinde" verurteilt wurde. Über die Lautsprecher waren die „wachen" und „gewissenhaften" Häftlinge zu hören, die für dieses Anschwärzen und die falschen Beweise belohnt wurden. Man wollte die Spannung aufrechterhalten und Angst verbreiten, und jeder Gefangene sollte sich selbst überprüfen. Und wenn der zu einer neuen Gefängnisstrafe Verurteilte in den Hof ging, wurde er noch zusätzlich bestraft. Die anderen misshandelten ihn, ja griffen ihn sogar physisch an. Es gab Menschen, die dort ganz unschuldig ums Leben gekommen sind. Einer von ihnen war Pero Trivunović, ein Mensch ohne Fehler und Angst, ein Charakter, wie man ihn selten trifft. Wegen einer kleinen Kerze, die er zu Weihnachten angezündet hatte, wurde er mit der Dunkelkammer bestraft, wo er angebunden und täglich verprügelt wurde. Dann bekam er ein Jahr und sechs Monate Isolationshaft. Als er wieder zurückkam, war er blass und gelb wie Wachs. Wie viel Unglück mag er in den neun Jahren seiner Haft (von vierzehn, zu denen er verurteilt war) erlebt haben! Als er einen Infarkt erlitt, wollte niemand ihm helfen, obwohl Mato Kopić, ein wunderbarer Mensch aus der bosnischen Sava-Ebene, ebenfalls ein politischer Häftling, beim Wärter interveniert hatte. Er starb im Block, ohne dass sich jemand bemüht hätte, ihn in die Krankenstation zu bringen.

Ich habe viele schwere Schicksale und menschliche Unglücksfälle während meiner Haft gehört und gesehen. Im Gefängnis habe ich auch Menschen getroffen, die aufrichtig bei mir gebeichtet haben. Durch sie, die mit Vertrauen zu mir kamen und nichts wollten, außer sich mir anzuvertrauen, habe ich auch verstanden, warum ich da war und was ich zu tun hatte. Es gab dabei echte und wahre Beichten, während die meisten nur wollten, dass ihnen jemand zuhört. Sie suchten nach einer Rechtfertigung für ihr Leben und für ihren Fehltritt, eine Rechtfertigung, die sie für sich hatten, aber sie dachten, dass es nicht schlecht wäre, sie noch einmal auf eine andere Waage zu legen und die Reaktion zu sehen.

Die Jahre im Gefängnis vergingen und ich fragte mich fast täglich, wie viel Schmerz, Qual, Tränen und Leiden die kommunistischen Machthaber, trunken von ihrer geisteskranken und gottlosen Ideologie, der Serbischen Orthodoxen Kirche und ihren Priestern zugefügt haben. Sie, die statt der Liebe den Hass gewählt haben, statt des Guten das Böse, statt des Lebens den Tod, statt der Wahrheit die Lüge, statt der Gerechtigkeit die Ungerechtigkeit, sie haben ein halbes Jahrhundert lang Priester und Gläubige der Serbischen Orthodoxen Kirche verhaftet und getötet. Jeder Fußbreit Boden in diesem Gefängnis war, wie in jeder anderen Kasematte im ganzen damaligen Jugoslawien, getränkt mit Märtyrerblut. So hatte ich oft das Gefühl, nicht über ein Gefängnisgelände, sondern über einen Friedhof zu gehen, bereit, auch meine Knochen einmal hier zu lassen, über die dann andere Generationen und neue Leidtragende schreiten würden. Ich dachte auch an diejenigen Priester, die vor mir tapfer den auferstandenen Christus bezeugt haben, im Bewusstsein, dass von 1944 bis 1984, als ich meine Haft abgesessen hatte, kein Tag und keine Stunde vergangen war, in der nicht wenigstens ein Priester als Opfer der kommunistischen Behörden im Gefängnis eingesperrt war.

Am 28. November 1984, also nach vier Jahren, sechs Monaten und fünfzehn Tagen, kam ich aus dem Lager von Zenica frei und im Morgengrauen des 29. November erreichte ich meine Familie in Obudovac.

Das Treffen mit ihr lässt sich kaum beschreiben. Leider verstand ich schon einige Tage nach der Entlassung aus dem Gefängnis, dass ich nicht frei war. Ich habe zwar die Gefängnismauer und den Stacheldraht nicht mehr gesehen, aber ich habe sie gespürt. Die kommunistischen Machthaber hatten das Ziel, mich aus Obudovac in eine andere Pfarrei zu versetzen, denn es passte ihnen nicht, dass ich dort blieb, damit die Leute nicht erführen, dass ich ohne Grund gesessen hatte. Sie übten Druck auf meinen zuständigen Bischof aus, das zu tun. Er fragte mich mehrmals, ob ich bereit sei, in einen anderen Ort zu gehen, was ich ablehnte, indem ich ihm sagte, dass er mich versetzen könne, aber dass ich es nicht freiwillig machen werde. Das aber wollte er nicht und danach begann ein wahres Golgota für mich. Die kommunistischen Behörden vor Ort drohten mir, erdachten Vorwürfe, verleumdeten mich, aber die Gläubigen hielten zu mir und glaubten ihnen nicht. Jene ließen mir sogar ausrichten, dass sie meine Kinder umbringen würden; dafür würde sich schon ein Freiwilliger finden.

Nach zwei Jahren und sechs Monaten in Obudovac ging ich am 15. Juli 1987 in das Bistum Banat, wo mir der damalige Bischof Amfilohije die Gemeinde von Pančevo gab, eine Stadt, in der ich mich viel freier fühlte als vorher in Bosnien und Herzegowina.

Am Ende kann ich sagen, dass das Gefängnis für mich eine Qual, aber auch eine Erfahrung war. Es hat mir geholfen, die Menschen besser kennenzulernen und zu verstehen, dass es in jedem Menschen, auch im größten Verbrecher, etwas Gutes gibt. Während meiner ganzen Haft war ich im Gebet und habe bei jedem Schritt Gottes Hilfe verspürt. Ich kann sagen, dass das Gefängnis mich im Glauben gestärkt und gefestigt hat. Daher kann ich zum Schluss sagen: Dank sei dem Herrn, dass er mir geholfen hat, alles zu ertragen, und vor allem, dass er nicht gestattet hat, dass sich in meinem Herzen Hass festsetzt gegen die, die mich verfolgt haben, die mich verurteilt haben, die falsch gegen mich ausgesagt haben und die mich haben leiden lassen. Mit einem Wort: Dank sei dem Herrn für alles.

Belgrad, am Tag des Heiligen Großmärtyrers Theodor Thyron (2. März) 2014.

Savo B. Jović ist heute Erzpriester und Sekretär des Heiligen Synods der Serbischen Orthodoxen Kirche.

Pavle Aničić gilt Dank für die persönliche Kontaktaufnahme zum Autor und die Vermittlung des Textes.

Aus dem Serbischen übersetzt von Thomas Bremer.

Anna Abrikossowa – Marija Jekaterina OPL

„Vater, vergib ihnen,
denn sie wissen nicht, was sie tun.“
(Lk 23,34)

Anna Iwanowna Abrikossowa (Ordensname Marija Jekaterina), vermutlich am 2. Januar 1883 in Moskau geboren, war überzeugte Katholikin in der russischen griechisch-katholischen Kirche sowie Gründerin und Oberin der Moskauer Laiengemeinschaft der Dominikanerschwestern des östlichen Ritus.

Anna Abrikossowa stammte aus einer wohlhabenden russischen Kaufmannsfamilie orthodoxen Glaubens. Ihre Eltern lernte sie jedoch nicht kennen, da die Mutter während ihrer Geburt, der Vater einige Tage später starb. Zusammen mit vier älteren Brüdern wuchs sie in der Familie ihres Onkels auf. Nach dem Abschluss am Mädchengymnasium in Moskau studierte sie in den Jahren 1901 bis 1903 am Girton College der Cambridge Universität in England. Zurück in Moskau heiratete sie

Anna Abrikossowa (r.) mit ihrer Cousine

ihren Cousin Wladimir Wladimirowitsch Abrikossow, mit dem sie anschließend für einige Jahre durch Europa reiste. Während ihres Aufenthalts in Westeuropa konvertierte Anna Abrikossowa zum Katholizismus. Obwohl sie der Russischen Orthodoxen Kirche angehört hatte, war sie vorher nicht religiös. Es bleibt letztlich ungeklärt, was sie zum katholischen Glauben brachte. Vielleicht war es die Spiritualität der Dominikaner, die sie in der Lektüre des „Dialogs" der heiligen Katharina von Siena entdeckte. Ein Jahr später folgte Wladimir Abrikossow seiner Frau und trat ebenfalls in die katholische Kirche ein.

Als Katholiken stießen die Abrikossows in Russland auf Schwierigkeiten, denn im zaristischen Russland besaß die katholische Kirche den Status einer ausländischen Konfession. Es war eine Religionsgemeinschaft der nationalen Minderheiten, etwa der Polen, Litauer, Franzosen oder Italiener. Für ethnische Russen war sie unzugänglich. Die Abrikossows konnten sich aber der katholischen Kirche anschließen, da sie zum Zeitpunkt der Konversion im Ausland waren. Die Aktivitäten der katholischen Kirche befanden sich unter staatlicher Kontrolle, Missionsarbeit war ihr streng verboten. Erst mit dem Erlass Zar Nikolaus' II. über die Festlegung der Grundsätze der Glaubenstoleranz von 1905 wurde ein Übertritt eines Orthodoxen zum Katholizismus nicht mehr einer Straftat gleichgestellt. Ein Konfessionswechsel wurde jedoch immer noch nicht gesellschaftlich akzeptiert. So ist es nicht verwunderlich, dass die Abrikossows in ihrem Familien- und Bekanntenkreis auf Ablehnung stießen.

Trotz dieser Bedingungen trafen Anna und Wladimir Abrikossow die Entscheidung, die Moskauer Intellektuellen über die katholische Kirche und ihren Glauben aufzuklären. Im Laufe der Zeit wurde ihr Haus zum geistlichen Zentrum der russischen Katholiken. Dank ihrer hervorragenden Bildung und der Beherrschung mehrerer Fremdsprachen wurde Anna Abrikossowa zu einer prominenten Persönlichkeit in den Intellektuellenkreisen Russlands.

Leonid Fjodorow, von 1917 bis 1923 das Oberhaupt der katholischen Kirche des byzantinischen Ritus in Russland, erinnerte sich gut an die Treffen im Haus der Abrikossows:

Über diese Familie kann man mit den Worten des Apostels Paulus sagen: „Ich grüße die Gemeinde, die sich in ihrem Haus versammelt." Selten ist es möglich, jungen Leuten in der Blüte ihres Lebens zu begegnen, die so religiös und dem Anliegen der Kirche so treu sind. Sie verbreiten den katholischen Glauben auf unterschiedlichen Wegen: durch Bekanntschaften, Taten, materielle Unterstützung und so weiter.

Anfangs besuchten die Abrikossows die Gemeinde der Heiligen Petrus und Paulus des lateinischen Ritus, oftmals waren sie in der französischen Kirche des Heiligen Ludwig in Moskau. Wie die meisten russischen Katholiken waren sie mit der französischen Sprache vertraut. Doch fehlten den Gläubigen in Russland Gebetbücher und katholische Besinnungsliteratur in ihrer Muttersprache.

1911 wurde Anna Abrikossowa ins Noviziat des Dritten Ordens des Heiligen Dominikus aufgenommen und wählte den Ordensnamen Marija Jekaterina, nach der Heiligen Katharina von Siena; ein Jahr später ging auch ihr Mann ins Noviziat des gleichen Ordens. Am 21. Novem-

Anna Abrikossowa

ber 1913 legten beide zusammen in Rom ihre Gelübde ab und wurden Mitglieder des Dritten Ordens. Während ihres Aufenthalts erhielten sie von Papst Pius X. den Segen für ihre weitere Tätigkeit in Russland.

Nachdem im März 1917 die Übergangsregierung in Russland die Aufhebung von Religions- und Nationalitätsbeschränkungen beschlossen hatte, wurde bereits am 11. Juni eine griechisch-katholische Versammlung in Petrograd einberufen, auf der das Exarchat der griechisch-katholischen Kirche in Russland gegründet wurde. Dies war ein wichtiges Datum, denn aufgrund der Errichtung des Exarchats erlangten die russischen Katholiken des byzantinischen Ritus einen kanonischen Status und konnten sich so um ihren neu gewählten Oberhirten Leonid Fjodorow zusammenschließen. Am gleichen Tag wurde Wladimir Abrikossow zum Priester des griechisch-katholischen Ritus geweiht.

Das Jahr 1917 ist auch deswegen besonders wichtig, da es das Gründungsjahr der Gemeinschaft der Laiendominikanerinnen in Moskau ist, deren Leiterin Anna Abrikossowa wurde. Von da an wurde sie von ihren Mitschwestern Mutter Marija Jekaterina genannt. Zunächst bestand die Gemeinschaft aus sechs jungen Frauen, Studentinnen und Lehrerinnen, doch 1923 zählte sie bereits 22 Ordensschwestern. Die Wohnung der Abrikossows wurde zum Zentrum der Gemeinschaft, in der auch eine Kapelle errichtet wurde. Wladimir Abrikossow wurde zum geistlichen Begleiter der Schwestern. Um die Gemeinschaft der Dominikanerschwestern bildete sich eine Gemeinde von Katholiken des östlichen Ritus. Zu den Aufgaben der Schwestern zählte unter anderem die Übersetzung von Werken katholischer Autoren. Außerdem kümmerten sie sich in den schwierigen Jahren während der Revolution und des Bürgerkrieges um kranke und alte Gemeindemitglieder oder heimatlose Kinder.

Die politischen Ereignisse im Lande wirkten sich auch auf das Leben der jungen Gemeinschaft aus. Das Dekret der Volkskommissare vom 23. Januar 1918 über die Trennung von Kirche und Staat verkündete zwar Gewissensfreiheit und Gleichberechtigung aller Glaubensbekenntnisse. Recht schnell war aber zu erkennen, dass die Politik der Sowjetmacht darauf ausgerichtet war, die Religion aus allen Bereichen des öffentlichen Lebens zu entfernen. Es wurde auch eine Reihe russischer Katholiken verhaftet. Im August 1922 wurde Wladimir Abrikossow festgenommen. Man forderte ihn auf, für eine unbefristete Zeit außer Landes zu gehen. So verließ Abrikossow zusammen mit 150 anderen prominenten russischen Intellektuellen auf dem sogenannten „Schiff der Philosophen" Russland am 29. September. Zuerst ging er nach Rom, später nach Paris. 1924 gründete er das Komitee der russischen Katholiken und informierte die Päpstliche Kommission *Pro Russia* über die in Haft befindlichen katholischen Priester und Laien.

Am 11. November 1922 schrieb Mutter Jekaterina ihm nach Rom:

Am Dienstag dieser Woche fand eine sogenannte „Oktoberfeier" statt, die aus bestimmten Gründen Anfang November abgehalten wird. Das war der absolute Triumph des Bolschewismus. Die Feier wurde verblüffend gut organisiert: Ganz Moskau kam auf die Straßen und schrie wie im Rausch von zehn Uhr morgens bis zwölf Uhr nachts. In der Luft schwebten Flugzeuge und Ballons. Im Takt marschierten prächtig angezogene Heere und Horden von fröhlichen und aufgeputzten Kindern. Ausstaffierte Automobile rasten herum. Und all das wurde – wohl eine Neuerung in diesem Jahr – vom Läuten der Moskauer Glocken übertönt. […] Zum Erschrecken der abergläubischen Menschen kam nach den vorherigen grauen Tagen am Dienstagmorgen die Sonne heraus und strahlte überall. Im Rausch schrie Trotzki in seiner Rede: „Die Sonne selbst beschützt uns, niemand kann uns besiegen, wir aber siegen über alle." Am Samstag und am Sonntag, vor Beginn der Feier, wurde als Vorbeugungsmaßnahme eine Reihe von Hausdurchsuchungen durchgeführt. […]

Christus verlangt jetzt in Russland Opferwillige, die zur vollen Selbstaufopferung nach dem Beispiel der Schwestern bereit sind. Daher scheint es mir, dass dies jetzt keine Zeit für irgendwelche theoretischen Maßnahmen ist, sondern eine Zeit für Ritterlichkeit und Heiligkeit und vor allem für Aufopferung und Demut. Gehorsam bis zum Kreuzestod und Gottesergebenheit sind zwei Tugenden, die ich die Schwestern lehre. Gottesdienst und Rosenkranz sind die zwei Wege zum Sieg und weiter nichts. Glühendes geistiges Leben, reiner Glaube und eiserner Wille, das heißt Liebe, die nach nichts verlangt, aber alles zurückgibt.

Obwohl Mutter Jekaterina das Land zusammen mit Wladimir Abrikossow hätte verlassen können, entschied sie sich, bei ihrer Gemeinschaft zu bleiben. Sie war sich ihrer Aufgabe bewusst, die Schwestern der Gemeinschaft im Glauben zu begleiten und sie in schwierigen Momenten zu unterstützen. Wenngleich Mutter Jekaterina über keine theologische Ausbildung verfügte, leitete sie geistliche Übungen wie Exerzitien und bereitete diese auch vor, indem sie selbst Texte für die geistlichen Übungen schrieb. „Die sieben Worte unseres Herrn am Kreuz" ist das einzige Werk von ihr, das erhalten geblieben ist. Der Text, der vermutlich um die Jahreswende 1922/1923 entstand, ist eine Kontemplation über das Leiden, die Kreuzigung und das Opfer Christi. Zugleich spiegelt der Text jenen atheistischen Geist wider, der von ihr in der Gesellschaft Sowjetrusslands wahrgenommen wurde:

Vor uns ein befremdliches, düsteres Bild.

Am Kreuz ist der erschöpfte, gequälte, sterbende Herr. Es scheint, als sei alles vorbei. Die Bosheit, der Hass, die Abneigung der Menschen brachten ihn zur völligen Ermüdung und hefteten ihn an das Kreuz, von dem er nie wieder heruntersteigen wird.

Aber was hat er getan, um diese Wut, diesen Hass und diese Abneigung der Menschen zu entfachen? Er wandelte auf Erden, tat Gutes. Er heilte Kranke. Er lehrte. Er sprach so, dass die Zuhörer, die ihn bewunderten, entgegneten: „Noch nie hat ein Mensch so gesprochen" (Joh 7,46). Vor ihren Augen zeigte er eine solche Heiligkeit des Lebens, dass er als der Einzige unter den Menschensöhnen fragen konnte: „Wer von euch kann mir eine Sünde nachweisen?" (Joh 8,46) Wie kam es zu diesem absoluten und schrecklichen Umschwung im Verstand und in den Herzen der Menschen? Jedes Mal, wie sonderbar es auch scheinen mag, wenn der Strahl der Göttlichkeit plötzlich durch seine heilige Menschlichkeit hindurchglitt und seine Worte durch Verbindlichkeit, Nachdruck und Ewigkeit prägte – „Himmel und Erde werden vergehen, aber meine Worte werden nicht vergehen" (Mk 13,31) – dann stiegen Zorn, Hass und Abneigung wie Wellen in den Herzen der Menschen auf. [...]

Als er erklärte, dass Himmel und Erde vergehen, seine Worte aber nie vergehen werden, weil er Gott ist, änderte sich alles: All seine Worte wurden verbindlich. Sie müssen nicht nur angenommen, sondern auch durch Aufopferung um jeden Preis erfüllt werden. Und der Mensch sagte: „Ich will nicht, ich werde ihm nicht dienen, ich werde mich ihm nicht unterwerfen." All der Hass, all die Bosheit, all die Abneigung der Menschen erhob sich, um Gott mit Füßen zu treten, ihn zu vernichten. Dieser immerwährende laute Vorwurf!

Und was sagte Gott, der menschliche Gestalt angenommen hatte, um diese Menschen zu retten, zu läutern und sie zum göttlichen Leben zu erheben? Die Menschen verfolgten den fleischgewordenen Gott bis zu seinem letzten Atemzug am Kreuz. Als erschöpfter, leidender, abgelehnter Gott, von der Höhe des Kreuzes seinen Blick nach unten richtend, sah er vor sich diesen Aufstand der aufbegehrenden Kreatur, aufbrausende Bosheit, Hass und Abscheu.

Der Herr hat in seinem Kreuzesvermächtnis als das Gesetz für unsere Haltung zu den Menschen festgelegt: „Vater, vergib ihnen, denn sie wissen nicht, was sie tun" (Lk 23,34). Und in diesen Tagen, wenn das schwere Verbrechen der Rebellion der Kreaturen gegen ihren Herrn und Gott wieder und wieder geschieht, ertönt die gleiche Stimme des Lammes Gottes, die ewig erklingt: „Vater, vergib ihnen, denn sie wissen nicht, was sie tun." Darin besteht das ganze Rätsel um den Großmut Gottes. Das Geheimnis der Liebe Gottes. Seit der Zeit auf Golgota ist diese Stimme nicht mehr allein. Ihr schließt sich der Chor von Seelen an, der diese Haltung gegenüber den Menschen selbst zum Gesetz erhoben und verinnerlicht hat: „Vater, vergib ihnen, denn sie wissen nicht, was sie tun" (Lk 23,34).

Es wirkt, als habe Mutter Jekaterina auch in Bezug auf ihr eigenes Schicksal ihren Weg vor sich gesehen und versucht, sich im Gebet darauf einzustellen:

Barmherzigkeit ruft den Wunsch nach dem Guten, nach Wohlwollen hervor, das nichts anderes ist als der Anfang der Liebe. Deren Folge ist Behutsamkeit im Umgang mit den Regungen der Seele eines anderen, das Anerkennen vom Geheimnis des inneren Lebens des Nächsten und die Rücksicht darauf. Und daraus folgt die sinnliche Umsetzung des anderen wichtigen Gesetzes Christi: „Du sollst nicht urteilen." Du hast kein Recht zu urteilen, da das innere Leben des anderen Menschen ein Geheimnis ist, das nur für Gott offen ist, und nur ihm das Recht zu urteilen zusteht. Ein Christ ist durch das Gesetz Christi dazu verpflichtet, anstelle des Bösen das Gute zu tun. Die Vergebung und das Gericht sind aber ausschließlich Gott vorbehalten: „Vater, vergib ihnen, denn sie wissen nicht, was sie tun." Es gibt aber noch eine erhabenere Haltung gegenüber feindlich gesinnten Menschen. Es ist die Haltung von Selbstaufopferung oder Mönchtum, denn alle Ordensleute sind in besonderer Weise dazu aufgefordert, an der Kreuzigungstat des Herrn teilzuhaben, und sind dadurch zu ihm gerufen. Diese Tat besteht darin, die eigene Verantwortung und Sündhaftigkeit im Bewusstsein zu verankern. Verwurzelt in der christlichen Haltung dem Menschen gegenüber und tief erfüllt von der Erkenntnis jener Blindheit und Finsternis, in denen die Mehrheit der Menschen fern von Gott lebt, „denn sie wissen nicht, was sie tun", wird die Seele von einem anderen Bewusstsein erfüllt: Die anderen wissen es nicht, aber wir wissen es oder müssten es zumindest wissen, sollten es wissen, denn dafür ist uns alles gegeben. Und hier beginnt das Erkennen der eigenen Verantwortung vor Gott und vor aller Welt für die kleinste Abweichung vom rechten Weg sowie das tiefere Erkennen der eigenen Unvollkommenheit und Sündhaftigkeit. Darin haben die nüchterne Strenge sich selbst gegenüber und die barmherzige Nachsicht dem Nächsten gegenüber ihren Ursprung, und es entstehen keine Verzagtheit, sondern unermüdliche und starke Akte der Selbsterniedrigung und der dringende Wunsch nach baldiger Läuterung. In diesem so erhabenen und ansehnlichen Zustand der Seele wachsen in ihr zweierlei Neigungen und erfassen sie: Ihrem Wesen nach sind diese Neigungen selbstaufopfernd und tragen zur Erlösung des Nächsten bei. Vor allem ist es das tiefe Mitgefühl zum Mitmenschen und der innigste Wunsch, dass „sie es wissen, aber doch nicht tun", und der Wunsch, durch die eigene freiwillige aufopfernde Tat in Einheit mit der übergroßen Golgota-Aufopferung für sie die Vergebung des Vaters zu erlangen. Dies ist die erste Neigung. Sie erreicht aber nicht ihre Fülle ohne die zweite. Diese zweite äußert sich zum einem in der innigen Dankbarkeit für den Großmut unseres Herrn Jesus Christus, der alle unsere Ansichten ins Gegenteil verkehrt, der uns erleuchtet und das wahre Leben geschenkt hat. Zum anderen äußert sie sich in der zur Erlösung beitragenden Liebe und dem Verlangen, gemeinsam mit ihm und aus reiner Liebe zu ihm die gekreuzigten und durchbohrten Hände über die Welt auszustrecken und dabei ununterbrochen durch Worte, durch das eigene Leben und vor allem durch die eigene Persönlichkeit zu wiederholen: „Vater, vergib ihnen, denn sie wissen nicht, was sie tun"; denn eine Nonne tut es nicht so sehr mit ihren Worten, sondern vor allem mit ihrem ganzen Sein.

Г. П. У.

Отдел _IV отд. СОПО_

к делу № _____ уч-регистр.

Протокол допроса.

192_3_ г. _ноября_ мес. _13_ дня, я _уполномочен IV отд. СОПО_

Отдела ГПУ _Велиуэряковский_ _____ допрашивал в качестве

~~обвиняемого (ой)~~ ~~свидетеля (ницы)~~ гражданина (ку) _Абрикосову_ _фамилия, имя, отчество_

_____ и на первоначально предложенные вопросы он (а)

показал (а): _____

1. Фамилия _Абрикосова_

2. Имя, отчество _Анна Ивановна_

3. Возраст (год рождения) _41_

4. Происхождение (откуда родом, кто родители, национальность) _уроженка г.
Рузы, Московск. родители умерли, Высшее национальн._

5. Местожительство (постоянное и последнее) _Москва, Пречистенка
_д. _кв. № 22 кв 34._

6. Род занятий (последнее место службы и должность) _нигде не служу,
занималась домашним хозяйством._

7. Семейное положение (близкие родственники, их имена, фамилии, адреса, род занятий до революции и последнее время) _Замужем, давно мужа
Владимира Владимир. дома и не имею. брат и
сын Алексей Абрикос. жив. при о—уничт. умершую Бориса Ивана
Сиренко из сложение дела Абрикос. я где точно не знаю._

8. Имущественное положение (до и после революции допрашиваемого и его
родственников) _Имуществом до и после революции не
обладали._

9. Образовательный ценз (первонач. образование, средняя школа, высшая, специальн.
где, когда и т. д.) _Среднее Классич. в Моск. женск. гимназии
затем пополнила свои знания С. С... ...._

Auszug aus einem Verhörprotokoll (13. November 1923), Blatt 1

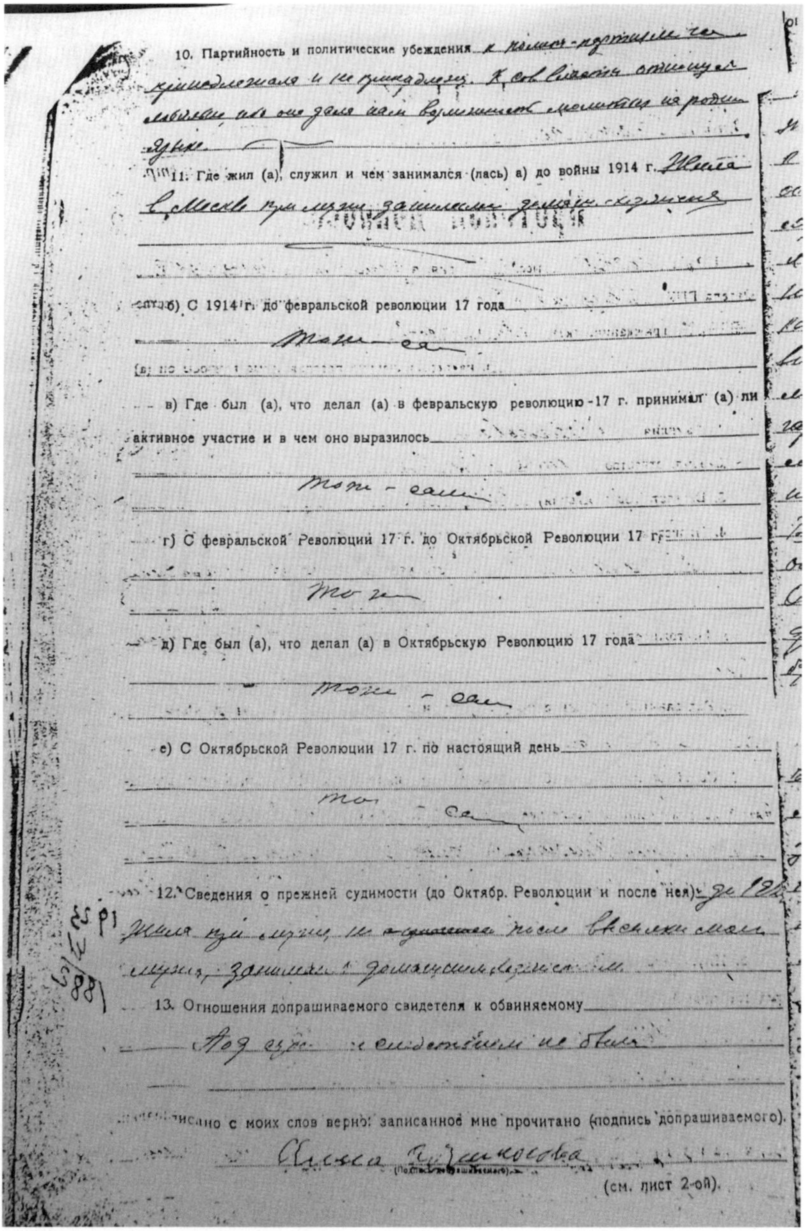

10. Партийность и политические убеждения к политич.-партиям не принадлежала и не принадлежу. К сов. власти отношусь лояльно, т.к. она дала нам возможность молиться на родном языке.

11. Где жил (а), служил и чем занимался (лась) а) до войны 1914 г. Жила в Москве при муже занималась домашн.-хозяйством

б) С 1914 г. до февральской революции 17 года

то же - самое

в) Где был (а), что делал (а) в февральскую революцию 17 г. принимал (а) ли активное участие и в чем оно выразилось

то же - самое

г) С февральской Революций 17 г. до Октябрьской Революции 17 г.

то же

д) Где был (а), что делал (а) в Октябрьскую Революцию 17 года

то же - самое

е) С Октябрьской Революции 17 г. по настоящий день

то же самое

12. Сведения о прежней судимости (до Октябр. Революции и после нея) до 192[illegible] жила при муже, но однажды после высылки моего мужа, занималась домашним хозяйством.

13. Отношения допрашиваемого свидетеля к обвиняемому

Под судом и следствием не была

Записано с моих слов верно: записанное мне прочитано (подпись допрашиваемого).

Ольга [illegible]

(Подпись допрашиваемого).

(см. лист 2-ой).

Auszug aus einem Verhörprotokoll (13. November 1923), Blatt 2

Die verstärkte Verfolgung der Religion in der Sowjetunion wurde für die Katholiken deutlich spürbar. Im Bewusstsein dieser Gefahr sammelte Mutter Jekaterina zusammen mit anderen Mitgliedern der griechisch-katholischen Gemeinde Material, Briefe und Zeitschriftenausschnitte über die Kirchenverfolgung im Lande. Das gesammelte Material schickte sie über Wladimir Abrikossow zum Heiligen Stuhl.

Am 11. November 1923 wurde Mutter Jekaterina zusammen mit sechs Schwestern der Gemeinschaft verhaftet. Der Grund für die Verhaftung war ebendiese Annahme, dass die Moskauer griechisch-katholische Gemeinde unter ihrer Leitung in engerem Kontakt zum päpstlichen Vertreter Wladimir Abrikossow stand. Das Sammeln von Materialien über die Situation in Sowjetrussland wurde als Verleumdungsakt gegen die UdSSR gewertet. Den Verhörakten lässt sich entnehmen, wie Mutter Jekaterina ihre Haltung gegenüber der Politik der sowjetischen Regierung schilderte: „Politischen Parteien habe ich nicht angehört und gehöre ich nicht an. Zur Sowjetmacht verhalte ich mich loyal, denn sie gab uns die Möglichkeit, in unserer Muttersprache zu beten."

Während des Verhörs am 14. Februar 1924 wurde sie über die Materialsammlung zur Kirchenverfolgung und das Weiterleiten der Materialien an ihren Ehemann befragt.

Ich schickte Vater Wladimir außer Briefen noch Zeitschriften und Zeitschriftenausschnitte, um ihn zu informieren, wie im sowjetischen Russland Angelegenheiten des religiösen Lebens behandelt werden.

Über die Arbeit des Komitees der russischen Katholiken im Rom berichtete sie:

Die Mitteilung über die Gründung des Komitees der russischen Katholiken in Rom unter der Leitung meines Ehemannes W. Abrikossow […] bekam ich von Vater Wladimir Abrikossow Anfang 1923. Ich bekam die Information per Post. In einem Brief schrieb Vater Wladimir, dass das Komitee für die im Ausland lebenden Russen errichtet wurde, damit sie ihren östlichen Ritus bewahren konnten und nicht gezwungen würden, sich dem lateinischen Ritus anzupassen. In den nächsten Briefen hat er mir nichts mehr über das Komitee mitgeteilt, und ich fragte ihn niemals danach. Worin die Tätigkeit dieses Komitees bestand, ist mir nicht bekannt. Warum mir die Mitteilung zugesandt wurde? – Ich nehme an, es wurde getan, um mich über das persönliche Leben von Vater Wladimir zu informieren. Wem ich über das Komitee berichtet habe? – Ich kann mich nicht daran erinnern […]. Ich habe niemals Korrespondenz an diese Adresse des Komitees geschickt.

Die Untersuchung dauerte sechs Monate. Die ersten vier Monate nach der Verhaftung verbrachte Mutter Jekaterina im berüchtigten zentralen Staatsgefängnis Lubjanka. Schwester Iossafata (Anatolija Nowizkaja), eine Terziarin, die Abrikossowas Gemeinschaft sehr nahestand und ebenfalls in der Lubjanka saß, schrieb in ihren Erinnerungen über die Zeit im Gefängnis:

Dieses Gefängnis war bekannt für seine scharfen Maßnahmen und die absolute Isolation von der Außenwelt. Hofgang war untersagt, ebenso war es verboten, sich mit Verwandten zu treffen, Briefe zu empfangen, Zeitungen zu lesen. [...]
Die Inhaftierten mussten in absolutem Nichtstun verbleiben. Dazu herrschte eine strenge Anordnung zum Schweigen. Die eisernen Fensterläden waren so eingebaut, dass das Licht nur von oben kam, und es waren weder die Straße noch der Himmel zu sehen. Dazu muss man sich noch diese erstarrten Gestalten von Rotarmisten vorstellen, die die Inhaftierten bewachen sollten, aber auch helles elektrisches Licht, das Tag und Nacht strahlte. So wird verständlich, dass die Kombination solcher Bedingungen auf die Nerven sogar eines ganz gesunden Menschen Auswirkungen hatte. Im Gefängnis selbst war es warm und sauber. Inhaftierte sollten sich in totaler Abhängigkeit von der GPU [Staatliche Politische Verwaltung] fühlen. Ein Inhaftierter befand sich in der absoluten Isolation von der Welt. Sogar auf harmlose Fragen wie „Wie spät ist es?" oder „Welcher Tag ist heute?" bekam er vom Wachmann keine Antwort.
Für einen Gläubigen waren die Umstände des Gefängnisses nicht so entsetzlich, weil er seinen Verstand mit Beten beschäftigen konnte. Die absolute Einsamkeit ist unter diesen Umständen für jeden schwer. Viel leichter ist es, zu zweit in einer Kammer zu sitzen. Ziemlich unangenehm waren Verhöre. Solche Verhöre fielen vor allem empfindsamen Inhaftierten schwer. Bei der Vernehmung fragte der Untersuchungsbeamte weniger über den Inhaftierten selbst als über andere Personen, seien es andere Inhaftierte, Freunde, Bekannte, die nichts mit der Sache zu tun hatten. Natürlich wurden dabei auch Fragen über Personen gestellt, die im Zusammenhang mit dem Fall standen. Oftmals kam hinzu, dass der Untersuchungsbeamte dank der Geheimpolizei und aus den Verhören mit anderen Personen alle für ihn notwendigen Informationen schon bekommen hatte. Daher war es schwer, die Namen von Verwandten und Freunden zu verschweigen. [...] Der einzige Ausweg für das Bewahren des geistigen und seelischen Gleichgewichts in einer Einzelzelle, im totalen Nichtstun, war das Gebet. Meistens wurde der Rosenkranz gebetet, an einem Holzrosenkranz oder an den Fingern abgezählt.
Es wurde auch zum allerheiligsten Herzen Jesu gebetet, mit mehrmaliger Wiederholung, oder das ostkirchliche Gebet rezitiert: „Herr Jesus Christus, Sohn Gottes, hab Erbarmen mit mir Sünder." Dieses Gebet, das sowohl Meditation und Konzentration als auch Anstrengung des Geistes erforderte, war sehr anspruchsvoll.

Abgesehen vom Brevier der Dominikaner beteten die Schwestern dreimal pro Tag die fünfzehn Geheimnisse des Rosenkranzes sowie hunderte Gebete an den Herrn Jesus, und das mit mehreren Verbeugungen. Diese Übung war wohltuend für die Seele und den Körper. […] Aus der eigenen Erfahrung weiß ich auch, wie wertvoll es im Gefängnis war, die Litanei und Abschnitte aus den Psalmen und der Heiligen Schrift auswendig zu kennen.

Am 19. Mai 1924 verurteilte das Kollegium der GPU nach Artikel 66 und 61 des Kriminalkodex Abrikossowa als Leiterin einer Moskauer konterrevolutionären Organisation zu einer Freiheitsstrafe von zehn Jahren. Ihre Haft verbrachte Mutter Jekaterina in unterschiedlichen Isolierungseinrichtungen: in Jekaterinburg, Tobolsk und in Jaroslawl.

Der katholische Priester Theophil Skalski (1877–1958) befand sich zusammen mit Mutter Jekaterina im Gefängnis für politische Häftlinge in Jaroslawl. Später, im Jahr 1937, schrieb er Wladimir Abrikossow nach Paris und schilderte seine Erinnerungen an Abrikossowa aus dem Gefängnis:

Wir waren durch eine Wand getrennt. Obwohl wir das Kerkertelegraphenalphabet nicht gelernt hatten, konnten wir uns irgendwie durch Klopfzeichen oder durch die Wandlüftung verständigen. Außerdem sind wir jeden Tag für anderthalb Stunden in einer Gruppe nach draußen gegangen. Außer mir gab es in jener Gruppe noch drei katholische Priester. Und so bildeten wir vier Priester und Mutter Abrikossowa eine gleichgesinnte Gruppe. Anderen zu vertrauen, war riskant. Das Völkchen dort war ziemlich bunt zusammengemischt und die Zusammensetzung wechselte oft. Unter ihnen gab es aufrechte Kommunisten und geheime Mitarbeiter der Gefängnisobrigkeit. Natürlich bemühte Anna Iwanowna sich, zu allen freundlich zu sein. Es gab auch einige, die Englisch lernen wollten, und Anna Iwanowna widmete gut die Hälfte der Zeit dem Unterrichten dieser Sprache. Dabei musste sie mit für sie befremdlichen und recht widerlichen Personen verkehren. […] Aus Tobolsk wurde sie in das Jaroslawler Isolationsgefängnis verlegt, weil kriminelle Frauen, die sie alphabetisieren sollte, anfingen, sie zu bewundern und eine ihnen zugewiesene Komsomolzin zu verachten. Mehrmals kam man aus der OGPU [Vereinigte Staatliche Politische Verwaltung] mit dem Angebot oder vielmehr dem Versuch zu ihr, sie von ihren katholischen Glaubensüberzeugungen abzubringen. In ihren Antworten war Anna Iwanowna schonungslos und hielt in ihren Überzeugungen an der unumstößlichen Wahrheit der katholischen Kirche fest. […] Korrespondenz wurde ihr, genauso wie mir, untersagt. Postpakete bekam sie selten. Die ärmsten Dominikanerinnen, als Verbannte im ganzen Land verteilt, konnten ihr manchmal etwas schenken. Geld bekam sie vom Roten Kreuz. Für das Geld durfte man aber zu jener Zeit in Jaroslawl nichts kaufen, daher litt sie große Not.

[…] Sie fing an, jede zweite Woche während der Ausgangszeit bei mir zu beichten. Im Kerker betete sie viel, sie hatte die Heilige Schrift und andere liturgische Bücher. Vor allem mochte sie die Beichte und die geistige Kommunion. Ich schrieb für sie ein paar Gebete aus dem Brevier ab, die ihr gefielen, und sie las sie jeden Tag. Sie abonnierte eine sowjetische Zeitung und interessierte sich für das politische Leben ihres unglücklichen Vaterlands. Die Kommunisten gaben Zeitschriften in Fremdsprachen heraus, daher besaß sie eine englische und vielleicht auch eine deutsche Zeitschrift. Sie las auch in der Bibliothek. Als sie mir anvertraute, dass sie einen Brusttumor hat, bestand ich darauf, dass sie einen Arzt aufsuchte. Jener erkannte Krebs und verlegte sie ins Lazarett nach Moskau.

Vor ihrer Abreise hatte sie die Möglichkeit, sich vorzubereiten und daher wollte sie als Erstes, dass ich ihr die Beichte für das ganze Leben abnehme. Das geschah im Frühling und Sommer 1932. […] Ich kann Ihnen versichern, sie war eine ehrwürdige Märtyrerin des katholischen Glaubens, immer standhaft und ausgeglichen. Mit Gottes Gnade beherrschte sie ihren Geist vollkommen, sie versöhnte sich als Vorbild für die anderen, sogar für uns Geistliche, mit dem bitteren Schicksal.

Kurz nach der Operation im Juli 1932 im Krankenhaus des Butyrka-Gefängnisses beschloss man, sie aufgrund ihres Gesundheitszustandes aus der Haft zu entlassen. Am 14. August verließ sie das Gefängnis. Es wurde ihr in zwölf Großstädten der Sowjetunion untersagt, sich niederzulassen. Ein Jahr wohnte sie in Kostroma. Trotz allem wurde Mutter Jekaterina wieder religiös aktiv. Sie traf sich mit Gemeindeschwestern und unterhielt Briefwechsel mit Adressaten aus dem In- und Ausland. All das tat sie in dem Bewusstsein, dass jegliche Gespräche oder Korrespondenz über religiöse Themen zu schweren Konsequenzen führen konnten.

Im August 1933 wurde ihre Wohnung in Kostroma durchsucht, sie wurde festgenommen und zu weiteren Befragungen nach Moskau überwiesen. Man beschuldigte sie, an religiösen Gesprächen mit jungen Menschen teilgenommen zu haben. Dabei handelte es sich um Versammlungen einiger junger Frauen in Moskau, bei denen auch Mutter Jekaterina im Sommer 1933 dreimal mitgewirkt hatte. Das Verhörprotokoll vom 8. August 1933 gibt ihre Äußerungen über den Inhalt ihrer Gespräche auf den Treffen wieder:

Auf der Versammlung führte ich ein Gespräch bezüglich der Lage der Jugend in Sowjetrussland und der Ausarbeitung des a[nti]-s[owjetischen] Weltbildes.

Die Kernaussagen meines Gesprächs waren folgende:

1. Die Sowjetjugend ist nicht in der Lage, über ihre Weltanschauung zu sprechen, denn ihre Augen sind mit Scheuklappen bedeckt.
2. Die Sowjetjugend ist sehr einseitig gebildet, denn sie kennt ausschließlich die Lehre des Marxismus-Leninismus.
3. Die politische und religiöse Gesinnung muss auf Grundlage einer unabhängigen und kritischen Überarbeitung des philosophischen und politischen Erbes ausgearbeitet werden.
4. In den katholischen Bildungseinrichtungen bildet die Jugend ihr Weltbild aufgrund ihrer ungebundenen und kritischen Auseinandersetzung mit den Werken von Marx und Engels und anderer Ökonomen.

Als ich vom sowjetischen System im Allgemeinen und von der sowjetischen Wirtschaft sprach, behauptete ich: Am Fallbeispiel der UdSSR sehen wir, dass der Marxismus zugrunde geht. Als Beweis dafür wies ich auf die wirtschaftliche Lage im Lande hin, die für mich am Rande des absoluten Niedergangs steht. Wegen der Politik der Partei stirbt das Land.

[…] Da ich prinzipiell gegen die Sowjetmacht bin, kritisierte ich die politische Ordnung: Das Fehlen bürgerlicher Freiheiten, der persönlichen Freiheit und dergleichen: Ebenfalls behauptete ich, dass ein Mangel an Organisation in der Volkswirtschaft das Land und das Volk zu Hungersnot und Armut gebracht hat.

Am 19. Februar wurde Abrikossowa erneut zu acht Jahren Haft verurteilt. Wieder beschuldigte man sie, konterrevolutionäre Tätigkeiten auszuüben, Spionagearbeit zu betreiben und im Kontakt zum Vatikan zu stehen. Mutter Jekaterina musste ihre zweite Haftzeit wieder in der Jaroslawler Isolierungseinrichtung absitzen. Dort verbrachte sie aber nur zweieinhalb Jahre. Im Juni 1936 wurde sie erneut ins Krankenhaus des Butyrka-Gefängnisses verlegt, wo sie am 23. Juli an den Folgen ihrer Krebserkrankung starb.

Der Beitrag wurde von Alena Kharko zusammengestellt, die auch die Dokumente aus dem Russischen übersetzt hat.

Diesem Beitrag liegen folgende Werke zugrunde:

Materialsammlung aus dem Archiv des Tribunals für den Seligsprechungsprozess der russischen Neumärtyrer (Tribunalarchiv), Sankt Petersburg.

P. Parfenťev, Mať Maria Ekaterina Sienskaja OPL [Mutter Marija Jekaterina von
Siena], in: B. Čaplickij (Hrsg.), Zerno ėtoj zemli … Mučeniki Katoličeskoj
Cerkvi v Rossii 20 veka [Das Korn dieser Erde … Die Märtyrer der katholischen Kirche in Russland im 20. Jahrhundert], St. Petersburg 2002,
155–163.

P. Parfenťev, Mať Ekaterina. Anna Ivanovna Abrikosova: žizn' i služenie [Mut-
ter Jekaterina. Anna Iwanowna Abrikossowa: Leben und Wirken], St. Pe-
terburg 2004.

A. Judin, Art. Abrikosov, Vladimir Vladimirovič, in: Katoličeskaja ėnciklopedija 1
[Katholische Enzyklopädie 1] (2002) 12f.

A. Judin, Art. Abrikosova, Anna Ivanovna, in: Katoličeskaja ėnciklopedija 1
[Katholische Enzyklopädie 1] (2002) 13f.

I. Osipova, „Vozljubiv Boga i sleduja za Nim …". Gonenija na russkich katoli-
kov v SSSR. Po vospominanijam i pis'mam monachin'-dominikanok Ab-
rikosovskoj obščiny i materialam sledstvennych del, 1923–1949 gg [„Gott
liebend und ihm folgend …". Verfolgung der russischen Katholiken in der
UdSSR. Nach den Erinnerungen und Briefen der Dominikanerschwestern
aus der Abrikossow-Gemeinschaft und den Unterlagen der Ermittlungs-
akten, 1923–1949], Moskau 1999.

Im Folgenden die Zitate in der Reihenfolge ihres Vorkommens:

„Über diese Familie …", aus: P. Partfenťev, Mať Ekaterina, 65.

„Am Dienstag …", aus: Abrikossowas Brief an Wladimir Abrikossow (11. November 1922), in: Tribunalarchiv.

„Vor uns …", aus: P. Parfenťev, Mať Ekaterina, 286–288.

„Barmherzigkeit ruft …", aus: P. Parfenťev, Mať Ekaterina, 290f.

„Politischen Parteien …", aus: Verhörprotokoll (19. November 1923), in: Tribunalarchiv.

„Ich schickte ihm …", aus: P. Parfenťev, Mať Ekaterina, 205.

„Die Mitteilung …", aus: P. Parfenťev, Mať Ekaterina, 205.

„Dieses Gefängnis …", aus: P. Parfenťev, Mať Ekaterina, 195f.

„Wir waren …", aus: Skalskis Brief an Wladimir Abrikossow (16. November 1937), in: Tribunalarchiv.

„Auf der Versammlung …", aus: I. Osipova, „Vozljubiv Boga …", 287–289.

Jermogen Golubew

„Die unrechten Beschränkungen der Kirche,
ihrer Geistlichen und Gläubigen [...]
konnten mich [...] nicht unberührt lassen. "

Erzbischof Jermogen Golubew

Alexei Stepanowitsch Golubew wurde am 3. März 1896 als Sohn einer Professorenfamilie in Kiew geboren. Nach Abschluss seines Theologie-studiums an der Geistlichen Akademie in Moskau im Jahre 1919 wurde er zum Mönch geweiht und erhielt den Namen Jermogen. Kurz danach trat er der Bruderschaft des Kiewer Höhlenklosters bei, deren Vorste-her er von 1926 bis 1931 war. 1931 wegen „antisowjetischer Tätigkeit" zu zehn Jahren Lagerhaft verurteilt, aus der er krankheitsbedingt vor-zeitig entlassen wurde, konnte er erst ab 1945 in Südrussland wieder als Priester tätig werden, wo er für acht Jahre Pfarrer in verschiedenen Gemeinden war. 1953 wurde er zum Bischof geweiht und 1958 zum Erzbischof von Taschkent und Zentralasien ernannt. Unter den Be-dingungen der andauernden antireligiösen Propaganda und Kirchen-verfolgung erkannte Jermogen die Möglichkeit, sich der Willkür der Behörden durch eine gründliche Auseinandersetzung mit der Gesetz-gebung und einer Rechtsaufklärung der Geistlichen zu widersetzen. Er war das, was man später bei den politischen Dissidenten einen „Vertei-diger des Rechts" (prawosaschtschitnik) nannte. Es ging ihm nicht um ein anderes System, sondern darum, dass sich der Sowjetstaat an seine eigenen Gesetze hielt.

Sieben Jahre leitete Jermogen Golubew als Erzbischof die Diözese Taschkent. Diese Periode wurde sowohl für die Diözese als auch für die Russische Orthodoxe Kirche in der Phase ihrer zunehmenden Verfolgung zu einer besonderen Zeit. Dabei gelang es ihm, nicht nur die Schließung von Kirchen zu verhindern, sondern auch mehrere Kirchengebäude zu renovieren und neu zu eröffnen. Ein ganz besonderes Verdienst Golubews war der vollständige Wiederaufbau der Mariä-Himmelfahrt-Kathedrale in Taschkent. Im Grunde genommen handelte es sich dabei um den Neubau der Hauptkirche der Russischen Orthodoxen Kirche im sowjetischen Usbekistan. Da das alte Gebäude der Kathedrale baufällig geworden war und der Ministerrat der Usbekischen Sozialistischen Sowjetrepublik keine Genehmigung für die Renovierung erteilte, wandte sich Golubew an den Rat für die Angelegenheiten der Russischen Orthodoxen Kirche beim Ministerrat der UdSSR:

Um auftretende Missverständnisse auszuräumen, möchte ich vor dem Ministerrat eine grundsätzliche Anfrage zum Anspruch der Gläubigen stellen, für die Befriedigung ihrer religiösen Bedürfnisse über Gebäude zu verfügen, die allgemeingültigen hygienischen Normen entsprechen. […]

Derzeit sieht das Gebäude [der Kathedrale] so aus, dass man es schlecht als die Hauptkirche der orthodoxen Bevölkerung in Zentralasien bezeichnen würde. Wünschte sich eine der zahlreichen Delegationen, die zurzeit Taschkent besuchen, die Kathedrale zu besichtigen, würde sie einen sehr unangenehmen Eindruck davontragen und meinen: Entweder wollen sich die Gläubigen nicht um ihre Kirche kümmern oder sie werden daran gehindert.

Nicht zufällig erwähnte Golubew in seinem Schreiben, dass die Kathedrale von ausländischen Besuchern besichtigt wurde. Zu jener Zeit kamen internationale Delegationen nach Taschkent, und für die sowjetische Regierung war es wichtig vorzuführen, dass die Rechte der Gläubigen in der UdSSR nicht im Geringsten verletzt würden. Somit beschloss der Ministerrat wohl angesichts des Kathedralbesuchs von Ausländern, dem Ausbau und der architektonischen Neugestaltung des kirchlichen Gebäudes nicht entgegenzustehen. Im Mai 1956 wurde begonnen, die Kirchenwände abzubauen, und am 4. September 1958 konnte die Kathedrale eingeweiht werden. Allerdings war es dem Erzbischof gelungen, sie nicht nur zu renovieren, sondern de facto eine neue und größere Kirche zu bauen.

Die zunehmende Zahl an orthodoxen Gemeinden in der Diözese Taschkent und der Bau der neuen Kathedrale durch den tatkräftigen Erzbischof missfielen jedoch der Ortsobrigkeit und dem Beauftragten für religiöse Angelegenheiten in der Republik in zunehmendem Maße. In der sowjetischen Presse Usbekistans tauchten Artikel auf, durch die versucht wurde, die moralische Autorität des orthodoxen Erzbischofs zu untergraben. So schrieb eine der einflussreichsten Zeitungen im damaligen Usbekistan, die „Prawda des Ostens", am 10. Juli 1960:

Über die Taten des Erzbischofs selbst kann man ganze Bände schreiben. Eigentlich sind schon mehrere Bände geschrieben und sie werden in den Gerichtsarchiven aufbewahrt. Schon 1932 wurde Jermogen zu zehn Jahren Haft wegen antisowjetischer Tätigkeit verurteilt. In den Kriegsjahren gegen das faschistische Deutschland drückte er sich im Hinterland vor der Front. Er betete, brachte Menschen von der Arbeit für den Sieg ab und hielt sie zum Fasten und Beten an.

Der Erzbischof ist daran gewöhnt, auf großem Fuß zu leben. Dem Gelöbnis nach ist er ein Mönch, von Fasten und Gebet lässt er sich aber nicht allzu sehr quälen. Von der Kanzel spricht er beredsam von himmlischen Gütern, er selbst aber lebt nach dem Gebot: Lebe, als ob es kein Morgen gibt! Nur um seine persönlichen Gelüste zufriedenzustellen, ist ein Dutzend Menschen angestellt, unter ihnen eine Haushälterin, ein Koch, ein Pförtner, mehrere Chauffeure (Jermogen hat drei Autos!), ein Leibarzt und sogar ein persönlicher Filmvorführer. Unter dem Palast des prominenten Mönchs befindet sich ein geräumiges Weinlager mit Fässern selbst erzeugten Weines und bestem Markenwein. Dazu gibt es noch einen Eiskeller mit einem ordentlichen Vorrat an körnigem Kaviar, gedörrtem Fischrücken, Ananas und anderen Delikatessen.

Jermogen verreist oft. Jedes Jahr ist es die gleiche Route: Taschkent – Moskau – Kiew – Odessa – Batumi – Krasnowodsk – Aschchabad … Aber nicht zu Fuß geht der „Nachfolger Christi" auf den weiten Wegen: das Flugzeug, ein gesondertes Komfortabteil im Zug oder eine Luxuskabine auf dem Schiff – etwas anderes nimmt Jermogen nicht.

Hunderttausende Rubel im Jahr, die in Form von Kleingeld in den Kirchengemeinden Zentralasiens mühsam gesammelt wurden, gehen für seine Bedürfnisse drauf. Autos, die von dem Geld der Gläubigen erworben wurden, gelten als persönliches Eigentum des Erzbischofs. In der Residenz Seiner Heiligkeit an der Kolarowski-Gasse in Taschkent gibt es eine ganze Gemäldegalerie. Jermogen ist nicht so geizig, günstige Bilder zu kaufen: Vierzig- bis fünfundvierzigtausend Rubel bezahlt er für beliebte Gemälde. Für all das muss man nicht gerade wenig bezahlen. Woher soll das Geld kommen?

Natürlich von den Gläubigen, aus den Gemeindekassen. Die Gläubigen von heute sind schon nicht mehr wie jene früher. Denn für Jermogen war es üblich:

Befahl er etwas, tat man es; belastete er eine Gemeinde mit zusätzlichen Abgaben, war das Geld da; war ihm der Gemeindeälteste nicht gefällig, wurde er entlassen. Jetzt ist es aber nicht mehr so! Die Gläubigen haben sich schlichtweg verändert: „Es ist unsere Kasse, also sind wir die Besitzer! Es ist unsere Gemeinde, also wählen wir den Ältesten. Wir bezahlen den Priester, also entheben wir ihn, wenn wir es für nötig erachten, auch selbst seines Amtes …" Am Ende rücken sie Seiner Heiligkeit auf den Leib und sagen: „Bist du ein Mönch, dann lebe wie einer …" […]

Das Kirchenvolk kehrt sich von der Kirche ab. Die siebzigjährige Küsterin der Dorfkirche von Lunotscharskoje, Darja Grigorjewna Schustowa, sagt dazu: „An den Popen habe ich mich satt gesehen – es gibt keine ehrlichen: Ränke, Schlägereien, Diebstahl ohne Gleichen … Der heiligste Ort wird besudelt. Was passierte mit unserer Kirche? Es ist keine Kirche mehr, sondern ein … – fast wäre mir ein nicht druckreifes Wort herausgerutscht."

Die innere Blindheit einiger zurückgebliebener Menschen führt sie zum Kirchenaltar, zwingt sie, ihre selbstverdienten Rubel Gott zu opfern. Aber wohin fließt das Geld? Wohin können solche Hirten wie Jermogen führen? Macht sich das Kirchenvolk Gedanken darüber?

Sämtliche Bemühungen Jermogens, die falschen Aussagen über ihn zu dementieren, erwiesen sich als wirkungslos. Unter dem Druck des Rates für religiöse Angelegenheiten entließ das Patriarchat Jermogen als Bischof von Taschkent. Er wurde zuerst ins Kloster von Odessa und später ins Kloster von Schirowitschi in Weißrussland in den Ruhestand versetzt.

In den nächsten anderthalb Jahren erfolgte keine Ernennung in ein neues Amt. Im Frühling 1962 entschied Jermogen, sich an den ersten Parteisekretär und Regierungschef Nikita Chruschtschow zu wenden. Über sein Vorhaben setzte er den Patriarchen Alexi I. in Kenntnis:

Eure Heiligkeit!

Laut der Anordnung des Heiligen Synods vom 15. September 1960 wurde ich von der Leitung der Diözese Taschkent suspendiert und unbefristet beurlaubt. Im Gespräch versicherten mir Eure Heiligkeit und W. A. Kurojedow, der Vorsitzende des Rates für die Angelegenheiten der Russischen Orthodoxen Kirche beim Ministerrat der UdSSR, dass ich nach Ablauf der Frist von anderthalb Jahren auf eine unbesetzte Diözese berufen werde. Dieser Tage vollenden sich diese anderthalb Jahre, aber ich befinde mich bis jetzt im Ruhestand, der de facto zu einem inoffiziellen Ausscheiden aus dem Dienst geworden ist.

Der Kirchenordnung zufolge kann ein Bischof entweder aufgrund seines persönlichen Gesuchs, wegen eines Beschlusses des Kirchengerichts oder einer krankheits- bzw. altersbedingten Unfähigkeit, eine Diözese zu leiten, seines Amtes enthoben werden. Wie es Eurer Heiligkeit wohl bekannt ist, liegt in meinem Fall weder das Erste noch das Zweite noch das Dritte vor. Der Grund für meine Enthebung vom Amt liegt in jenen Abweichungen von der Norm, die während der letzten Jahre im Kirchenleben entstanden.

Da diese Abweichungen landesweit stattfinden und sich in einer allgegenwärtigen Einmischung der Bevollmächtigen ins Kirchenwesen auf administrativer Ebene äußern, die nicht nur das sowjetische Kultusgesetz missachtet, sondern den Grundsatz der Trennung von Kirche und Staat zunichtemacht, hielt ich es für meine kirchliche und bürgerliche Pflicht, den hier beigefügten Brief an unseren Regierungschef und Vorsitzenden des Ministerrates der UdSSR, N. S. Chruschtschow, zu senden. Mit dem Schreiben bezwecke ich nichts für mich persönlich. Die Frage, ob mir eine Diözese zugeteilt wird, hängt vollständig von der Entscheidung Eurer Heiligkeit ab. [...]

Zum Schreiben bewog mich ausschließlich das Gefühl des Patriotismus meiner Kirche und meinem Vaterland gegenüber.

Die ungerechten Beschränkungen der Kirche, ihrer Geistlichen und Gläubigen, die seitens der Bevollmächtigten unter Verletzung der garantierten Gewissensfreiheit und des Kultusgesetzes begangen werden, konnten mich als Patrioten meiner Kirche nicht unberührt lassen.

Als Patriot meines Vaterlandes ist mir das moralische Ansehen unseres Landes alles andere als gleichgültig, das von dem im Brief erwähnten Handeln beeinträchtigt wird.

Da mein Brief nicht persönlich ist, sondern gesamtkirchliche Belange betrifft, hielt ich es für nicht richtig, ihn abzusenden, ohne Eure Heiligkeit in Kenntnis darüber zu setzen. [...]

In tiefer Dankbarkeit,
Jermogen, früherer Erzbischof von Taschkent
Moskau
2. März 1962

In seinem Schreiben an den Regierungschef erwähnte Jermogen, dass die Behörden in ihrem Handeln gegen die Kirche viel öfter in Widerspruch zu den Gesetzen der Parteiführung traten, als es seitens der Geistlichen geschah. Insbesondere wies Jermogen auf den Verstoß gegen das Kultusgesetz durch die Bevollmächtigten des Rates für die Angelegenheiten der Russischen Orthodoxen Kirche hin. Demzufolge mischten sich die Bevollmächtigten häufig in die innerkirchliche Verwaltung ein. In seinem Brief schrieb er unter anderem:

Heutzutage wird eine Diözese de facto nicht von einem Bischof verwaltet, sondern vom Bevollmächtigten, wobei der Bischof zu seinem Vikar wird. Früher durfte ein

Vikar einen Priester nicht in einer Gemeinde einsetzen; das stand nur dem Bischof zu. Der Vikar verfügte nur über das Recht, einen Bewerber vorzuschlagen. Heute also kann der Bischof einen Priester nicht unabhängig in einer Gemeinde einsetzen, sondern schlägt dem Bevollmächtigten einen Bewerber vor. Die Zustimmung oder Ablehnung für die Einsetzung hängt jedoch gänzlich von der Entscheidung des Letzteren ab. [...]

Noch schlechter ist es um die Entlassung von Priestern bestellt. Hat ein Bischof noch einen gewissen Einfluss auf die Einsetzung von Geistlichen, kommt die Entlassung, die vom Staat offiziell als Abmeldung bezeichnet wird, für den Bischof selbst oft ganz unerwartet. Wenn ein Geistlicher entlassen wird, kann er in den meisten Fällen keine Stelle mehr bekommen, weder in der Diözese, in der er tätig war, noch in einer anderen. Das hat zur Folge, dass in keiner Diözese ein Bischof berechtigt ist, einen Geistlichen ohne Zustimmung des Bevollmächtigten vor Ort aufzunehmen. Und nach der üblichen Praxis weigert sich ein Bevollmächtigter, in seinem Gebiet einen Priester einzusetzen, der vom Bevollmächtigten eines anderen Gebiets entlassen wurde.

Ferner behandelte Jermogen in seinem Brief die Frage nach der Freiheit religiöser Weltanschauungen und antireligiöser Propaganda:

Die Freiheit antireligiöser Propaganda ist ein Verfassungsrecht jedes sowjetischen Bürgers. Das Problem ist jedoch ihre Durchführung. Für die Kommunistische Partei waren die Methoden immer wichtig, mit denen die antireligiöse Arbeit im Lande betrieben wird. Das bezeugt eine Reihe von Beschlüssen der Parteitage und Sonderbestimmungen des Zentralkomitees der Partei, die jegliche Abweichungen und Fehler bei der Durchführung der wissenschaftlich-atheistischen Propaganda verurteilten. [...]

Was die Frage nach den Weltanschauungen betrifft, so sind sie in erster Linie, wie Sie [Anrede an den Regierungschef Nikita Chruschtschow] es in Ihrer hervorragenden Ansprache zur Eröffnung der Universität der Völkerfreundschaft in Moskau sagten, „ein höchst persönliches Anliegen". Außerdem sprechen historische Tatsachen und Lebenserfahrung dafür, dass Weltanschauungen auf gewaltsame Weise nicht vernichtet werden können und eine künstliche Beschleunigung dieses Prozesses stets zu Entstellungen führte. Denn Weltanschauungen ändern sich in die eine oder andere Richtung oder sie verfallen von selbst, wenn das Bewusstsein von Menschen sich aufgrund wachsender Lebenserfahrungen und ihrer Deutung ändert.

Entgegen der Befürchtungen gab es keine negative Reaktion seitens der Behörden auf Jermogens Brief an Chruschtschow. Jermogen wurde zum aktiven Kirchendienst zugelassen und konnte zeitweilig wieder andere Diözesen leiten.

Unter dem Druck der Behörden nahm dann das Bischofskonzil vom 18. Juli 1961 eine Veränderung in der Satzung der Russischen Orthodoxen Kirche vor. Durch diese Veränderung wurde der Gemeindeälteste statt des Priesters zum Vorsitzenden des Kirchengemeinderates. Ihm wurden sämtliche Befugnisse in Verwaltungs-, Geschäfts- und finanziellen Angelegenheiten erteilt, einschließlich der Bestellung des Priesters. Den Geistlichen wurde das Recht entzogen, dem Gemeinderat anzugehören, sie waren von nun an ausschließlich für die geistliche Gemeindeführung zuständig. In folgender Weise regelte die Satzung die neue Gestaltung der Gemeindeverwaltung:

Für die Verwaltung der Angelegenheiten in der Gemeinde sind zwei Gremien [...] zuständig: Die Kirchengemeindeversammlung als Beschlussgremium (Gründungsmitglieder der Gemeinde) und der Kirchengemeinderat als Exekutivgremium, der aus drei Personen besteht: Kirchenvorsteher, dessen Gehilfe und Kassenverwalter, die aus der Reihe der rechtsfähigen Gemeindemitglieder guter christlicher Sittlichkeit durch die Gemeinde gewählt werden. [...]
Das Exekutivgremium [...] verwaltet die ökonomischen und finanziellen Angelegenheiten der Gemeinde. [...]
Der Gemeindepfarrer [...] **leitet das geistliche Leben** [Hervorhebung im Original] der Gemeindemitglieder, er achtet darauf, dass alle Gottesdienste in der Kirche sorgfältig und tadellos der Kirchensatzung entsprechend gefeiert werden [...] und dass alle religiösen Bedürfnisse der Gemeindemitglieder rechtzeitig und sorgsam befriedigt werden. [...] Er fördert die Sittlichkeit in der Gemeinde.

Entgegen den kirchlichen Bestimmungen wurde Jermogen zu diesem Bischofskonzil nicht eingeladen. Die Tatsache, dass nun Priester und Klerus von der Verwaltung der weltlichen Angelegenheiten der Gemeinde ausgeschlossen wurden, ermöglichte es den Behörden nicht nur, das Leben in jeder Kirchengemeinde weitgehend zu kontrollieren, sondern führte auch zu einer Veränderung der bisherigen kanonischen Struktur der orthodoxen Kirche.

Im Sommer 1965 reichten zehn Bischöfe eine Petition bei Patriarch Alexi I. ein. Initiator dieser Petition war Erzbischof Jermogen, der zu jener Zeit die Diözese Kaluga leitete. Eines der wesentlichen Argumente bestand darin, dass die entstandenen Beziehungen zwischen Kirche und Staat der sowjetischen Gesetzgebung widersprachen:

Ferner finden die Wahl und die Arbeit der Gemeinderäte heute ohne Mitwirkung von Geistlichen statt. In vielen Fällen wird ihnen sogar untersagt, bei den Kirchengemeindeversammlungen anwesend zu sein sowie irgendwelche Empfehlungen an

Mitglieder des Kirchengemeinderates zu richten. Dies wird als „Einmischung" in Gemeindeangelegenheiten verstanden, die „durch den Beschluss des Bischofskonzils verboten ist".

[…] Wir sind nicht dafür, dass die Pfarrer Gemeindekassen oder -geschäfte führen. Dafür werden Kirchengemeinderäte gewählt. Wir halten es für äußerst notwendig, dass ein Pfarrer zum Vollmitglied einer Gemeinde wird, wie es kirchlich-kanonisch bestimmt ist und mit unserer Zivilgesetzgebung vollständig übereinstimmt. […]

Ausgehend von den gültigen Grundprinzipien und Rechtsnormen unseres Staates halten wir es für eine Verletzung der grundlegenden Gesetze des Sowjetstaats, wenn den Geistlichen das Recht entzogen wird, an den Wahlen teilzunehmen und von den Gemeindemitgliedern zum Vorsitzenden in den Kirchengemeinderat gewählt zu werden. Es ist bekannt, dass bei der Beratung von Artikel 135 des Verfassungsentwurfs beim VIII. Außerordentlichen Sowjetkongress 1936 ein Änderungsantrag abgelehnt wurde, der den Geistlichen ihr Wahlrecht entzog beziehungsweise sie diesbezüglich einschränkte. Seitdem sind die Geistlichen allen Bürgern der Sowjetunion rechtlich gleichgestellt. Daher kann es keine rechtmäßige Verordnung sein, wenn einem Geistlichen, der alle Stimmrechte im Staatsleben genießt, diese Rechte aber im Kirchengemeindeleben entzogen werden, über die er von den ersten Tagen des Sowjetstaats an verfügte.

Es ist gut bekannt, dass sich die V. Abteilung des Volkskommissariats für Justiz auf Initiative von Wladimir Iljitsch Lenin, der ein äußerst großes Gewicht auf Rechtsfragen legte, mit allen Fragen bezüglich der Verwirklichung des Dekrets über die Trennung von Kirche und Staat befasste. Sie lieferte Leitlinien für alle Fragen bezüglich der rechtlichen Stellung von Geistlichen und religiösen Organisationen. Eine dieser Leitlinien beschäftigte sich mit der uns interessierenden Frage: Ist ein Priester berechtigt, ein Kirchenratsvorsitzender zu sein? Dort wurde deutlich darauf hingewiesen, dass ein Priester Kirchengemeinderatsvorsitzender und Vorsitzender der Gemeindeversammlung sein kann, wenn er von den Gemeindemitgliedern zum Vorsitzenden gewählt wird. […]

Wenn ein Geistlicher zu jener Zeit, als ihm seine bürgerlichen Rechte aberkannt wurden, berechtigt war, von Gläubigen zum Kirchengemeinderatsvorsitzenden gewählt zu werden, kommt es nicht infrage, dass er über dieses Recht nicht mehr verfügen soll, nachdem er zum vollberechtigten Bürger der Sowjetunion geworden ist.

Wir bitten Eure Heiligkeit dringend, nach Wegen zu suchen, um diese normwidrige Situation zu verbessern, in der sich unsere Geistlichen nach dem Bischofskonzil von 1961 befinden und die weder mit der Kirchenordnung noch mit der zivilen Gesetzgebung übereinstimmt.

Diese Petition gilt als eines der wenigen Dokumente, die aus dem Kirchenumfeld stammen und sich mit den Rechten der Geistlichen im atheistischen Staat auseinandersetzen. Der Text wurde in der Sowjetunion und im Ausland in weiten Kreisen bekannt. Die Hierarchie rechnete mit negativen Reaktionen seitens der Regierung. Deshalb wurde Jermogen aufgefordert, die Petition zurückzunehmen. Unter Druck entschuldigte er sich im Namen der an der Petition beteiligten Bischöfe beim Patriarchen und übernahm die gesamte Verantwortung für den Text und die Initiative der Petition. Kurze Zeit später wurde er erneut als Erzbischof entlassen und in den Ruhestand in ein Kloster nach Weißrussland versetzt.

In den folgenden Jahren richtete Jermogen sich mehrfach an Patriarch Alexi I. mit der Bitte, ihn auf einen der zu jener Zeit vakanten Bischofssitze zu berufen. Am 25. November 1967 verfasste er eine Erklärung, in der er die Einmischung des Rates für religiöse Angelegenheiten in die Arbeit des Patriarchats bei der Einsetzung eines Bischofs als nicht annehmbar kritisierte:

An dieser Stelle halte ich es für angemessen, einige grundsätzliche Beobachtungen zu der Frage zu äußern, wie sich der Vorsitzende des Rates für religiöse Angelegenheiten hinsichtlich der Einsetzung oder der Entlassung eines Bischofs verhält. Denn dies hat einen direkten Bezug zu den Umständen, die das vorliegende Schreiben veranlasst haben.

Da die Kirche in unserem Land vom Staat getrennt ist und die oben erwähnten Fragen das innerkirchliche Leben betreffen, sollte die Kirche berechtigt sein, diese selbstständig zu klären. Da der Träger des bischöflichen Amtes gleichwohl ein Bürger seines Staates ist, gilt es, für eine prinzipielle Beantwortung der Frage nach der Einsetzung von Bischöfen entsprechend der kirchlichen und bürgerlichen Ordnung zwischen zwei Momenten zu unterscheiden:

1. Bischofsweihe

2. Berufung auf einen bischöflichen Stuhl

Erstere, die Bischofsweihe, kommt ganz und vollständig der Kirche, vertreten durch das Episkopat, zu.

Was das Zweite angeht, die Berufung auf einen bestimmten Stuhl, werden gewisse Beschränkungen seitens der Staatsmacht vorgenommen. Dabei können sich die Grenzen dieser Beschränkungen je nach dem Wesen dieser Macht und deren Grundsätzen unterscheiden.

Befindet sich die Kirche im Bündnis mit dem Staat, wie es im zaristischen Russland der Fall war, als der Heiligste Dirigierende Synod nicht nur eine kirchliche, sondern auch eine administrative Einrichtung war, war der Oberprokuror des Synods aufgrund der kirchlich-staatlichen Verordnung gesetzlich befugt, einen gewissen Einfluss auf die Berufungen der Bischöfe auszuüben. Es muss aber angemerkt werden, dass die progressiv denkende Öffentlichkeit sogar im zaristischen

Russland auf diese „Befugnis" vor allem dann negativ reagierte, wenn sie von den Oberprokuroren missbraucht worden war.

Kraft desselben Prinzips der Trennung von Kirche und Staat kann der Vorsitzende des Rates für religiöse Angelegenheiten ohne Risiko, dieses Prinzip zu diskreditieren, berechtigt sein, sich aktiv in das Verfahren der Einsetzung von Bischöfen einzumischen, wie es der Oberprokuror des Synods im zaristischen Russland aufgrund der damals rechtmäßigen Verhältnisse von Kirche und Staat konnte. Deswegen darf eine legitime Einmischung des Vorsitzenden des Rates für religiöse Angelegenheiten in die heutigen Bischofsernennungen – wegen der völlig anderen Prinzipien, die das Verhältnis von Kirche und Staat regeln – die Bestimmung nicht übertreten, dass der Bischofskandidat ein rechtsfähiger, gerichtlich unbescholtener Bürger der Sowjetunion sein sollte.

Die kanonischen Bestimmungen sehen die Versetzung eines Bischofs in den Ruhestand nur dann vor, wenn ein kirchliches Gericht einen Verstoß gegen die kirchlichen Vorschriften festgestellt oder ein Bischof persönlich um seinen Ruhestand gebeten hat. Im letzteren Fall sind allerdings die nicht aus freiem Willen, sondern aus Zwang, Angst und Drohung verfassten Rücktrittserklärungen als ungültig zu betrachten.

Die zivilrechtliche Seite dieser Frage sieht so aus: Da nach der gültigen Gesetzgebung die Ordination eines Sowjetbürgers nicht den Entzug seiner Bürgerrechte zur Folge hat, kann eine Amtsenthebung auf Befehl der Zivilbehörden nur in einem gesetzlich geregelten Verfahren durchgeführt werden.

Der sowjetischen Gesetzgebung zufolge kann ein Bürger entweder durch die Verwaltung einer Einrichtung, in der er beschäftigt ist, von seinem Posten entlassen werden oder aufgrund eines Gerichtsbeschlusses nach den Artikeln 29 und 31 des Strafkodex der RSFSR [Russische Sozialistische Föderative Sowjetrepublik]. Da der Rat für religiöse Angelegenheiten weder ein Verwaltungsgremium der Kirche ist noch über Gerichtsbefugnisse verfügt, sollte im Falle rechtswidriger Handlungen eines Bischofs der Zuwiderhandelnde je nach Grad des Verstoßes verwarnt oder aufgefordert werden, den Missstand zu beseitigen. Wenn der Verstoß aber eine Straftat beinhaltet, muss es dem Vorsitzenden oder Bevollmächtigten des Rates vorbehalten sein, vor Ort ein rechtmäßiges Strafverfahren einzuleiten. Je nach Gerichtsurteil ist die Kirchenleitung verpflichtet, einen entsprechenden Beschluss gegen den Bischof zu fassen.

Ich denke, dass die beigefügten Überlegungen mit den Grundsätzen der Trennung von Kirche und Staat vollständig übereinstimmen.

Auch dieses Schreiben an den Patriarchen erreichte in der UdSSR Bekanntheit und wurde wieder im Ausland veröffentlicht. Erneut verlangten die sowjetischen Behörden von der Kirchenleitung, strenge Maßnahmen gegen den sich im Ruhestand befindenden Erzbischof zu ergreifen. Am 30. Juli 1968 fand eine Sitzung des Synods statt, bei der Golubews Fall verhandelt wurde. Jermogen nahm an der Sitzung teil, wobei er harte und kritische Worte von den leitenden Bischöfen zu hören bekommen haben muss. Unter anderem sagte der damalige Erzbischof von Orenburg, Leonti Bondar:

Die Korrespondenz des hochgeweihten Erzbischofs Jermogen mit dem Moskauer Patriarchat trägt einen deutlichen Ausdruck von Feindlichkeit. Alle Bereiche des Lebens der Russischen Orthodoxen Kirche finden dort eine ausschließlich negative Einschätzung. Hätte der hochgeweihte Erzbischof Jermogen das Leben der Russischen Orthodoxen Kirche durch das Prisma der Beschlüsse über die Leitung der Russischen Orthodoxen Kirche betrachtet, wäre es nie zu dieser Situation gekommen und der Fall des hochgeweihten Erzbischofs Jermogen hätte nie auf der Tagesordnung dieser Sitzung des Heiligen Synods gestanden. Traktate über das kanonische Recht zu schreiben, sollte man den Professoren unserer Geistlichen Akademien überlassen. Sie verfügen über das notwendige Material, das auf den Bücherregalen ihrer Privat- und Akademiebibliotheken gesammelt steht. Wir sollen in erster Linie zelebrieren, beten, predigen, Gehorsam und Disziplin wahren und in diesem Geiste die uns anvertrauten Geistlichen erziehen. Wie kann so von dieser Aufgabe gesprochen werden, indem alles geschmäht und verleugnet wird und ein harmonischer Ablauf des Diözesanlebens […] als „Gleichgültigkeit der übertragenen Aufgaben und Prinzipienlosigkeit" bezeichnet wird? Jeder von uns Diözesanbischöfen bemüht sich um das Gemeinwohl. Seiner Heiligkeit dem Patriarchen zufolge ist „die Haltung des hochgeweihten Erzbischofs Jermogen nach Ton und Charakter seiner Äußerungen so, dass es von ihm selbst abhängt, ob der Synod seinen Ruhestand beenden und ihm eine Diözese zukommen lassen kann". Dafür muss er aufhören, […] Erklärungen zu verfassen, die die Autorität der Kirchen untergraben und ihr schaden.

Der Erzbischof von Iwano-Frankowsk, Iossif Sawrasch, ergänzte:

Alle Diskussionsteilnehmer sprechen davon, dass Ihre Tätigkeit für die Kirche nicht hilfreich ist. Das ist die einmütige Meinung aller. Sie sollten dies verstehen, zu Seiner Heiligkeit gehen, vor ihm niederknien und um Verzeihung für alles bitten. Wenn Sie Ihr Unrecht einsehen und Reue empfinden, nimmt Seine Heiligkeit Sie wie einen Sohn auf und Sie bekommen zu guter Letzt eine Diözese und werden wieder im Dienst sein.

Letztlich kam man jedoch zu dem Schluss, dass es unmöglich sei, Jermogen auf einen vakanten Bischofssitz zu erheben, und er wurde angewiesen, weiter im Ruhestand zu bleiben.

Im Kloster in Weißrussland befasste sich Jermogen Golubew bis zu seinem Tod am 7. April 1978 auch weiterhin mit der Frage nach den Bürgerrechten von Geistlichen und Gläubigen. Er interessierte sich für das Leben in der Kirche und im Lande, bekam Briefe und unterhielt Kontakt zu seinen geistlichen Kindern und Anhängern. Einige seiner Vorschläge für die Bestimmung der Beziehungen von Kirche und Staat wurden Ende der Achtzigerjahre tatsächlich realisiert. So verabschiedete das Landeskonzil von 1988 eine Satzung über die Verwaltung der Russischen Orthodoxen Kirche, der zufolge ein Pfarrer Vorsitzender der Kirchengemeindeversammlung ist und gleichwohl zum Kirchengemeinderatsvorsitzenden gewählt werden kann.

Der Beitrag wurde von Alena Kharko zusammengestellt, die auch die Dokumente aus dem Russischen übersetzt hat.

Diesem Beitrag liegen folgende Werke zugrunde:

E. Abdulaev, Istorija Taškentskogo Svjato-Uspenskogo kafedral'nogo Sobora [Geschichte der Mariä-Himmelfahrt-Kathedrale in Taschkent], in: Vostok svyše [Der Orient von oben] 23–24 (2011) 22–61; abrufbar unter: http://www.uzlit.net/pdf/Vostok23-24.pdf [Abruf am 21.06.2014].

N. Aleev/V. Zjuganov, Batalija v tichoj obiteli [Eine Schlacht im frommen Kloster], in: Pravda Vostoka [Prawda des Ostens] (10. Juli 1960) 4.

E. Golubev, Pis'mo Ego Svjatejšestvu Patriarchu Moskovskomu i vseja Rusi Aleksiju. Zajavlenie [Brief an Seine Heiligkeit den Patriarchen von Moskau und ganz Russland Alexi I. Eine Erklärung], in: Vestnik Russkogo Studenčeskogo Christianskogo Dviženija [Bote der Russischen Christlichen Studentenbewegung] 86 (4/1967) 61–65; abrufbar unter: http://www.rp-net.ru/book/vestnik/ [Abruf am 21.06.2014].

N. Kostenko/G. Kozovkin/S. Lukaševskij, „Vred, nanesënnyj Vami nado ispravit', steret', izgladit'!" K publikacii „Zajavlenija" gruppy archiereev Russkoj Pravoslavnoj Cerkvi [„Der von Ihnen zugefügte Schaden muss beseitigt, entfernt, ausgelöscht werden". Zur „Erklärung" der Gruppe der Bischöfe in der Russischen Orthodoxen Kirche], in: L. Erëmina/E. Žemkova (Hrsg.), Korni travy. Sbornik statej molodych istorikov [Graswurzeln. Eine Aufsatzsammlung junger Historiker], Moskau 1996, 127–142.

A. Morza, Archiepiskop Ermogen (Golubev): žizn' i ispovedničestvo [Erzbischof Jermogen (Golubew): Leben und Glaubenszeugnis], in: Lavrs'kyj al'manach: Kyjevo-Pečers'ka Lavra v konteksti ukraïns'koï istoriï ta kul'tury; zbirnyk naukovych prac' [Jahrbuch der Lawra. Das Kiewer Höhlenkloster im Kontext der ukrainischen Geschichte und Kultur; Sammelband wissenschaftlicher Arbeiten] 7 (2002) 136–166.

A. Suchorukov, Art. Ermogen (Golubev), in: Aleksij II. Patriarch (Hrsg.), Pravoslavnaja ènciklopedija 18 [Orthodoxe Enzyklopädie 18], Moskau 2008, 648–653.

Dejanija Archierejskogo Sobora Russkoj Pravoslavnoj Cerkvi [Akten des Bischofskonzils der Russischen Orthodoxen Kirche], in: Žurnal Moskovskoj Patriarchii [Zeitschrift des Moskauer Patriarchats] (8/1961) 5–29.

Pis'mo archiepiskopa Ermogena (Golubeva) Patriarchu Aleksiju I. s pros'boj o novom naznačenii na svobodnuju kafedru i o pis'me na imja N. S. Chruščëva ot 2 marta 1962 g. [Brief des Erzbischofs Jermogen (Golubew) an den Patriarchen Alexi I. mit dem Gesuch um eine Neueinsetzung auf eine vakante Diözese und über den Brief an N. S. Chruschtschow vom 2. März 1962], in: N. Krivovaja (Hrsg.), Pis'ma Patriarcha Aleksija I. v sovet po delam Russkoj Pravoslavnoj Cerkvi pri Sovete narodnych Komissarov – Sovete Ministrov SSSR 1954–1970 gg. [Briefe des Patriarchen Alexi I. an den Rat für die Angelegenheiten der Russischen Orthodoxen Kirche beim Rat der Volkskommissare – Ministerrat der UdSSR 1954–1970]. Bd. 2., Moskau 2010, 351–353; abrufbar unter: http://www.statearchive.ru/assets/files/Pisma_patriarha_2/1962.pdf [Abruf am 21.06.2014].

Stenogramma razbora dela archiepiskopa Ermogena Golubeva na zasedanii Svjaščennogo Sinoda 30 ijulja 1968 [Sitzungsstenogramm des Heiligen Synods bezüglich des Falls von Erzbischof Jermogen Golubew vom 30. Juli 1968], auf: http://www.portal-credo.ru/site/?act=lib&id=2199 [Abruf am 21.06.2014].

Im Folgenden die Zitate in der Reihenfolge ihres Vorkommens:

„Um auftretende Missverständnisse …", aus: E. Abdulaev, Istorija, 41.

„Über die Taten …", aus: N. Aleev/V. Zjuganov, Batalija, 4.

„Eure Heiligkeit! …", aus: Brief des Erzbischofs, 351f.

„Heutzutage …", aus: Brief des Erzbischofs, 352.

„Die Freiheit …", aus: Brief des Erzbischofs, 353.

„Für die Verwaltung …", aus: Akten des Bischofskonzils, 15f.

„Ferner finden …", aus: N. Kostenko/G. Kuzovkin/S. Lukaševskij, „Vred …", 127f.

„An dieser Stelle …", aus: E. Golubev, Brief an Seine Heiligkeit, 63–65.

„Die Korrespondenz …", aus: Sitzungsstenogramm.

„Alle Diskussionsteilnehmer …", aus: Sitzungsstenogramm.

Sigitas Tamkevičius SJ

„[...] mit dem Kopf durch die Wand [...]"

Sigitas Tamkevičius wurde am 7. November 1938 in Gudonys im Süden Litauens geboren. Nach dem Militärdienst beendete er 1962 seine Ausbildung im Priesterseminar in Kaunas. Er wurde am 18. April 1962 zum Priester geweiht und trat 1968 heimlich dem damals in der UdSSR verbotenen Jesuitenorden bei. 1969/70 wurde Tamkevičius für ein Jahr seine Priesterurkunde abgenommen. Damit war ihm für die Dauer des Entzugs jede Tätigkeit als Priester verboten und er musste sich eine Erwerbsarbeit suchen. In dieser Zeit entwickelte er erste pastorale Aktivitäten im Untergrund.

Während seiner Vikariatszeit gab Sigitas Tamkevičius 1972 den Impuls zur Gründung der „Chronik der Litauischen Katholischen Kirche",[1] einer Untergrundzeitschrift, die in Westeuropa veröffentlicht wurde und Fakten zur religiösen Diskriminierung im sowjetischen Litauen und in anderen Republiken der UdSSR präsentierte. Einige Jahre später, am 13. November 1978, gründete Tamkevičius mit vier anderen litauischen Priestern das *Katholische Komitee zur Verteidigung der Rechte der Gläubigen*. Wegen dieser Aktivitäten wurde er 1983 verhaftet und der antisowjetischen Propaganda angeklagt. Er wurde zu zehn Jahren Gefängnis im Arbeitslager und anschließender Verbannung nach Sibirien verurteilt. Im Rahmen der politischen Veränderungen während der Perestroika kam Tamkevičius Ende 1988 frei und konnte wieder als Priester tätig sein. Er ist seit 1991 Weihbischof und seit 1996 Erzbischof von Kaunas.

Am 22. November 1978 verkündeten drei litauische Priester, unter ihnen Sigitas Tamkevičius, auf einer Pressekonferenz vor ausländischen Journalisten in Moskau die Gründung des *Katholischen Komitees zur Verteidigung der Rechte der Gläubigen* (im Text abgekürzt VRG). Der folgende, leicht gekürzte Aufruf ging an die litauischen Bischöfe und die sowjetische Regierung und wurde auch an die Journalisten verteilt:

---

[1] Namensgeber und Vorbild war die Moskauer „Chronik der laufenden Ereignisse", eine russische Untergrundpublikation, die 1968 zum ersten Mal erschienen war und über rechtswidrige Verfolgungen und Widerstandsmaßnahmen in der UdSSR berichtete.

Erzbischof Sigitas Tamkevičius 2012

Das Katholische Komitee zur Verteidigung der Rechte der Gläubigen

Seit dem Ende des Zweiten Weltkrieges werden Bischöfe, Priester und Gläubige in Litauen oft mit religiöser Diskriminierung konfrontiert. Ähnlich ist die Lage auch der anderen Gläubigen in der Sowjetunion. Die Gläubigen haben nicht die Rechte, welche die Atheisten im Staate genießen dürfen. Die sowjetische Verfassung deklariert lediglich die Kultfreiheit, aber auch diese begrenzte Freiheit wird in der Praxis oft behindert. Viele Gesetze, welche die Angelegenheiten der Gläubigen regeln, entsprechen nicht den Verhältnissen in Litauen und widersprechen nicht nur der sowjetischen Verfassung, sondern auch den internationalen Vereinbarungen der UdSSR.

Deshalb haben wir Katholiken uns entschlossen, das *Katholische Komitee zur Verteidigung der Rechte der Gläubigen* zu gründen, das die gleichen Rechte der Katholiken mit den Atheisten erstrebt. Durch unsere Tätigkeit hoffen wir, den Gläubigen zu helfen, und wenn die rechtliche und praktische Gleichheit der Gläubigen mit den Atheisten verwirklicht ist, wird auch die Autorität der Sowjetunion im christlichen Westen viel gewinnen.

Zur Erreichung dieses Zieles wollen wir:

1. die Aufmerksamkeit der sowjetischen Regierung auf Tatsachen der Diskriminierung der Kirche und der einzelnen Gläubigen lenken;

2. die Leitung der Kirche und, wenn nötig, auch die Öffentlichkeit informieren über die Lage der Gläubigen in Litauen und in den anderen sowjetischen Republiken;

3. danach streben, dass die sowjetischen Gesetze und deren praktische Anwendung, welche die Angelegenheiten der Kirche und der Gläubigen betreffen, den internationalen Vereinbarungen der UdSSR nicht widersprechen;

4. den Priestern und Gläubigen ihre Rechte erklären und bei deren Verteidigung behilflich sein.

Das Katholische Komitee zur VRG wird öffentlich wirken und keine politischen Ziele verfolgen.

Wenn auch das Katholische Komitee zur VRG zuallererst für die Verteidigung der Rechte der Katholiken Sorge tragen wird, so wird es doch auch den anderen Gläubigen, die sich an dieses wenden, zu helfen bestrebt sein. Das Katholische Komitee zur VRG erklärt sich solidarisch mit den Verteidigern der Menschenrechte in der Sowjetunion und auf der ganzen Welt und ist entschlossen, auf dem Gebiet der Verteidigung von Menschenrechten mit allen zusammenzuarbeiten. Besonders enge Zusammenarbeit ist beabsichtigt mit dem christlichen Komitee zur Verteidigung der Rechte der Gläubigen in der UdSSR. Diese Zusammenarbeit halten wir für unseren bescheidenen Beitrag nicht nur zur Verteidigung der Menschenrechte der Gläubigen, sondern auch zur ökumenischen Bewegung. [...]

Das Katholische Komitee zur VRG bittet interessierte Personen, sich mit ihren Sorgen an irgendein Mitglied dieses Komitees zu wenden. [...]

13. November 1978

Das erste Dokument des *Komitees* war adressiert an den am 16. Oktober neu gewählten Papst Johannes Paul II.:

Heiliger Vater!

Lange Zeit, als unsere Gläubigen laut nach Hilfe gerufen haben, als wir verfolgt wurden und gekämpft haben, wurden wir für die „schweigende Kirche" gehalten. Wir haben uns sehr gefreut, aus dem Munde Eurer Heiligkeit zu hören, dass es von nun an keine „schweigende Kirche" mehr gibt, denn sie wird sprechen mit den Lippen des Papstes.

In der Kirche wird am deutlichsten die Stimme der Apostelnachfolger – der Bischöfe – gehört, aber unter den Verhältnissen des kämpferischen Atheismus wird diese Stimme manchmal ganz gedämpft. Im Bewusstsein unserer Verantwortung vor Gott und der Kirche und ebenso in der Erkenntnis, dass eine objektive Information über die Lage der katholischen Kirche in Litauen nicht immer den Apostolischen Stuhl erreicht hat, haben wir, die Priester in Litauen, uns entschlossen, zu reden und die heiligsten Rechte der Kirche und der Gläubigen zu verteidigen, denn unser Schweigen und Abwarten bildet die günstigsten Verhältnisse zur Zerstörung der Kirche von innen und außen. Zu diesem Zweck haben wir uns eben zum *Katholischen Komitee zur Verteidigung der Rechte der Gläubigen* zusammengefunden.

Indem wir unsere kindliche Liebe und bedingungslose Treue dem Apostolischen Stuhl gegenüber zum Ausdruck bringen, bitten wir Euch, Heiliger Vater, unseren Entschluss und [unsere] Arbeit zu segnen.

13. November 1978
Mitglieder des Katholischen Komitees
zur Verteidigung der Rechte der Gläubigen

Die Gründungsmitglieder des Komitees, 2.v.r. Erzbischof Sigitas Tamkevičius

Die Motivation, die sowohl zu seinem geheimen als auch zu seinem offiziellen politischen Engagement führte, schildert Tamkevičius in einem 2002 in englischer Sprache erschienenen Buch „The Church, the ‚Kronika' and the KGB web“, in dem er sich an seine Ausbildungszeit im Priesterseminar erinnert:

Es waren nicht nur die Tätigkeiten des Seminars eingeschränkt, sondern es wurde auch versucht, die Priester in ihren Pfarrhäusern hinter einem Stacheldraht von Gesetzen und Anweisungen zu isolieren. Wer sich ihnen nicht unterwarf, dem drohten Strafen von einem Verbot der Ausübung des priesterlichen Dienstes bis hin zur Inhaftierung. Auch wichtige Gebrauchsgegenstände für die Gläubigen fehlten: Katechismen, Gebetbücher, sogar Rosenkränze. Unter solchen Bedingungen musste man sich entscheiden, wem man gehorchen wollte: Gott oder einem Menschen? Zu diesem Zeitpunkt wurden die ersten Schritte des Widerstands gemacht, die zur Entstehung der „Chronik" führten.

Priester, die ähnlich dachten, trafen sich von Zeit zu Zeit, um aktuelle Entwicklungen und Angelegenheiten des Priesteramts zu besprechen. Eines der größten Probleme war die unsichere Zukunft: Jedes Jahr starb eine große Anzahl Priester, während andere Kandidaten hinter den Toren des Seminars zurückblieben. Der Plan der sowjetischen Autoritäten war klar: so schnell wie möglich die Zahl der Priester auf ein Minimum zu reduzieren, die aktiven Priester in ihren Pfarrhäusern einzuschließen und einige Priester als Agenten zu rekrutieren. So sollte die Kirche tödlich getroffen werden – nach dem Verlust ihrer Hirten wäre sie still dahingesiecht.

Was tun?

Was also tun? Tamkevičius und seine Mitarbeiter widmeten sich im Verborgenen der Arbeit an der „Chronik", die aber von der Geheimpolizei intensiv verfolgt wurde, um die Erstellung der Artikel, den Schmuggel der Entwürfe ins Ausland und ähnliche Aktivitäten zur Verbreitung zu unterbinden. In seinen Erinnerungen an die damalige Zeit berichtet Tamkevičius von den Schwierigkeiten, die die Arbeit an der „Chronik" und die Bemühungen um Geheimhaltung mit sich brachten:

Manche Artikel, die wir erhielten, waren mit der Schreibmaschine geschrieben; wer ein besseres Gespür für die Situation hatte, schickte uns die vierte oder fünfte Kopie. Nichtsdestotrotz war die Mehrzahl der Informationen per Hand verfasst. Es war eine reale Gefahr, dass der KGB die Originaltexte bei einer Durchsuchung finden würde und dann ohne große Schwierigkeiten die Autoren hätte identifizieren können. Deshalb war es eine der wichtigsten Aufgaben, die handgeschriebenen Texte gut zu verstecken und so rasch wie möglich mit einer Schreibmaschine abzuschreiben. […] Auf der Suche nach einer Lösung meines Problems ging ich in die Kirche von Simnas und schritt sie von Ecke zu Ecke ab, betrachtete Dachgewölbe, suchte und suchte … Ein Versteck musste sowohl sicher als auch leicht zugänglich sein. Deshalb verbarg der Herr für einige Jahre eine große Anzahl handgeschriebener Artikel in der Kirche von Simnas. Wenn ich einen Artikel oder eine kurze Nachricht erhielt, verpackte ich den Text sofort und verstaute ihn dort, wo er meiner Ansicht nach am sichersten war. Nach einer Weile schien es mir dann immer noch nicht sicher genug und ich ging auf die Suche nach einem neuen Ort, geschützt vor Ratten und bösen Menschen.

Die Schreibmaschine auf meinem Tisch war wie eine Zeitbombe – jederzeit konnte sie konfisziert und untersucht werden. Wo konnte ich sie in den Monaten, wo Artikel gesammelt wurden, verstecken, damit sie nicht zur Gefahr wurde? Sie war groß und passte nicht in irgendeinen Spalt. Ich kam auf die Idee, einen weiteren Satz Typen für die Schreibmaschine zu kaufen, so dass ich einen Satz für die „Chronik" verwenden konnte – und den anderen sogar für die offizielle Korrespondenz mit dem KGB. In der Puschkin-Straße in Moskau gelang es mir, mehrere Typensätze zu erwerben. Wir tauschten das russische durch ein litauisches Alphabet aus, so dass die gefährliche Schreibmaschine nur auf dem Tisch stand, wenn gerade eine Ausgabe der „Chronik" geschrieben wurde. Nach einer „Operation" von etwa zwanzig Minuten blieb davon nur ein für den KGB vollkommen unschuldiges Objekt übrig. Auch meinen Kollegen gelang diese Operation gut. Die entfernten Typen konnten in einer Hand verborgen und leicht in einer Tasche in ein anderes Versteck gebracht werden.

Um gefährliche Beweise weiter zu reduzieren, änderte ich auch das belastende Alphabet ab und zu. Mit einem Lötkolben oder einer Zange tauschte ich einige Typen aus oder änderte ihren Aufschlagwinkel. Später habe ich während verschiedener Befragungen gehört, dass diese Operationen die Experten, die auf der Suche nach der „schuldigen" Schreibmaschine waren, sehr effektiv auf die falsche Fährte geleitet hatten.

Die Arbeit an der „Chronik" war aber nicht nur gefährlich. Für die Helfer war sie ebenso ein Weg, Selbstvertrauen und Widerstandskraft zu gewinnen, wie sich Tamkevičius erinnert:

Während des gesamten Bestehens der „Chronik" konnte man nur auf Gott vertrauen. Denen, die die Informationen und Artikel sammelten, bei der Herausgabe halfen, verteilten und Ausgaben in den Westen schickten, fehlte es an allem: Erfahrung, Wissen und Organisationsfähigkeit. Insgesamt gab es wenige Priester und Laien, die ihren Kopf in den Rachen des Löwen legen wollten. Ich musste mich oft auf meinen Schutzengel verlassen und wiederholte oft das Gebet: „Herr, du weißt, dass ich für dich arbeite. Wenn diese Arbeit notwendig ist, kümmere dich um mich, wenn nicht – lass sie enden." Und Gott hat sich auf wunderbare Weise um mich gekümmert. Mir scheint, dass alles, was die „Chronik" berichtete und was überall auf der Welt verteilt wurde, nur die eine Seite ist und dass die andere Seite nicht weniger wichtig war – wir alle wurden ein wenig mutiger, ein wenig selbstbewusster, begannen zu verstehen, dass der Götze der Gottlosen auf tönernen Füßen stand, und das Wichtigste – wir verstanden, dass wir nicht mit gefalteten Händen dasitzen sollten, sondern arbeiten und kämpfen mussten, dann würde Gott uns helfen.

Im Unterschied zur „Chronik" war die Arbeit des *Komitees* öffentlich. Immer wieder gab es Eingaben an die jeweils zuständigen Behörden wegen Diskriminierung von Gläubigen, Einmischung in interne Belange religiöser Gemeinschaften oder Inhaftierungen; manche Dokumente waren aber auch an internationale kirchliche oder politische Stellen gerichtet. Deshalb kam es schnell zu Reaktionen der sowjetischen Behörden. Von einer berichtet Tamkevičius in einem offenen Brief an die Staatsanwaltschaft:

Am 29. August 1979 wurde ich in das Büro des Staatsanwaltes der Litauischen SSR vorgeladen und sollte eine Verwarnung mit Beschuldigungen gegen mich unterzeichnen, für welche ich [...] bestraft werden könnte. [...]

Die zweite [dieser] Anklage[n] gegen mich: Ich hätte das illegale Katholische Komitee für die Verteidigung der Rechte der Gläubigen mitbegründet und Schriften herausgegeben, die sogar in den Westen gelangt sein sollen und das Leben in der Sowjetunion verunglimpft hätten.

Ja, zusammen mit vier anderen Priestern habe ich das Katholische Komitee für die Verteidigung der Rechte der Gläubigen gegründet und [...] Unterlagen über die Verfolgung der Kirche herausgegeben. [...] Wir taten das für die ständig verfolgte katholische Kirche Litauens. Für einen Moment, und sei es nur in Ihrer Vorstellung, versetzen Sie sich in die Lage eines Gläubigen und genießen Sie die „Freiheit des Glaubens", die in Sowjetlitauen herrscht. Zwei Bischöfe, Julijonas Steponavičius und Vincentas Sladkevičius, leben seit zwanzig Jahren in der Verbannung, ohne angeklagt und verurteilt zu sein. Bischöfe dürfen keine Priester ernennen ohne Bekanntgabe und Genehmigung des Bevollmächtigten des Rates für religiöse Angelegenheiten. Nicht ein einziger junger Mann darf im Theologischen Seminar aufgenommen werden ohne Wissen und Genehmigung des Kultusamtes und [des] KGB (Sicherheitspolizei). In diesem Jahr wurde [...] zehn Kandidaten das Studium am Seminar untersagt. Die Tätigkeit eines Priesters in der Pfarrei unterliegt der Überwachung und Beschränkung durch den Sowjetstaat. Gläubige dürfen nicht in Schulen arbeiten, keine leitenden Positionen übernehmen etc., etc. Nicht nur ich, auch alle Gläubigen Litauens würden gern wissen, was die Staatsanwaltschaft unternommen hat, um diese Art der Diskriminierung der Gläubigen zu lindern [...]. Nennen Sie, sofern Sie dazu in der Lage sind, wenigstens ein Beispiel, wo die Sowjetregierung einen litauischen Atheisten für offene Diskriminierung eines Gläubigen bestraft hat. Diskriminierung gegen Gläubige in Litauen ist eine schwelende Wunde, die verborgen ist. Dies ist der Grund, weshalb Sie das Katholische Komitee für die Verteidigung der Rechte der Gläubigen nicht tolerieren können, denn es verteidigt beides, das Recht der Gläubigen und das Recht der Kirche. [...] Sie bezeichnen das Katholische Komitee als illegal unter dem Vorwand, dass es nicht registriert sei. Herr Staatsanwalt, Sie wissen, dass wir nicht im Geheimen arbeiten, sondern in aller Öffentlichkeit. Wir unterrichteten am 13. November 1978 die Sowjetbehörden davon, dass wir das *Katholische Komitee* gegründet hätten. Wenn Sie bis heute unser Komitee nicht registriert haben, so ist das nicht unser Fehler. […]

Ist es möglich, dass sich die atheistische Propaganda so wenig zutraut, dass sie fürchten muss, irgendein Priester könne das zerstören, was litauische Atheisten in über 35 Jahren aufgebaut hätten? Ist es möglich, dass die Behörden der Litauischen SSR glauben, Meinungen mit dem Stock bewältigen und damit die religiöse Wiedergeburt der Nation aufhalten zu können? […]

Kybartai, 6. September 1979   Pater Sigitas Tamkevičius,
                               Mitglied des Katholischen Komitees für die
                               Verteidigung der Rechte der Gläubigen

PS: Kopien dieses Briefes schicke ich an die offiziellen litauischen Behörden und an den Herausgeber der Zeitschrift „Tiesa".[2]

In der 60. Nummer der „Chronik", die am 1. November 1983 erschien, wurde der fünfte Jahrestag der Gründung des *Komitees* gewürdigt. Hier reflektierte man noch einmal die Gründe für die Arbeit des *Komitees*. Es wurde aber auch deutlich, dass der Kampf des *Komitees* gegen die staatlichen Behörden inzwischen immer schwieriger geworden war. Aus den Schlusszeilen des Textes zum Jahrestag spricht die deutliche Sorge, die zukünftige Arbeit des *Komitees* könnte noch schwieriger werden und vielleicht der Verfolgung durch die sowjetischen Behörden zum Opfer fallen. Von fünf Vertretern des *Komitees* befanden sich zum fünften Jahrestag seiner Gründung zwei in Haft – einer von ihnen: Sigitas Tamkevičius. Er hatte angesichts zunehmender Verfolgung und ernsthafter Drohungen gegen ihn im Februar 1982 ein „geistliches Testament" aufgesetzt, das nach seiner Verhaftung in der „Chronik" veröffentlicht wurde:

Mein „Credo"
Immer häufiger höre ich Drohungen, dass ich verhaftet werde. Ich bin überzeugt, dass die Drohungen des Sicherheitsdienstes auch Wirklichkeit werden können.

Wie den orthodoxen Priester Dimitri Dudko[3] werden mich die Sicherheitsorgane möglicherweise nötigen, meine Tätigkeiten als gegen den Staat und die Menschen gerichtete Verbrechen zu bereuen. Wer kann schon im Voraus garantieren, dass er allen Mitteln, die dem Sicherheitsdienst zur Verfügung stehen, standhalten kann und nicht

---

2   „Tiesa" war die Zeitung des Zentralkomitees der Kommunistischen Partei Litauens.
3   Dimitri Dudko war ein Priester der Russischen Orthodoxen Kirche, der in den Siebzigerjahren durch seine Predigten (in denen er auf Fragen über den christlichen Glauben antwortete) viel Aufmerksamkeit gewann. Er wurde 1980 verhaftet und zu einem öffentlichen Widerruf seiner Aktivitäten gezwungen.

zusammenbricht? In der Hölle des Gulag sind Tausende zusammengebrochen. Aus diesem Grunde möchte ich, solange ich noch frei bin, mein „Credo" bekanntgeben.

Ich habe die Lüge, die Gewalt und die sittliche Verkommenheit gesehen und deswegen konnte ich nicht gleichgültig bleiben. Das Verlangen, meine Landsleute hier wie auch dort in der Ewigkeit glücklich zu sehen, drängte mich, gegen das ganze Übel anzukämpfen, das auf meiner Heimat und der Kirche lastete. Diesem Kampf habe ich die fruchtbarsten Jahre meines Lebens gewidmet.

In meiner ganzen Tätigkeit ließ ich mich von den Grundsätzen der christlichen Moral leiten: Die Wahrheit sagen, die Wahrheit verteidigen, gegen die Gewalt kämpfen, trotzdem aber alle lieben, ja sogar jene, die Werkzeug der Lüge und der Gewalt geworden sind.

Ich danke Gott, dass er mir erlaubt hat, im letzten Jahrzehnt fruchtbringend für das Wohl der Kirche und dadurch auch für mein Vaterland zu arbeiten. Müsste ich noch einmal alles von vorne anfangen, würde ich genau dasselbe tun, höchstens mit noch größerem Eifer. Ich kann nur bedauern, dass ich mit Sicherheit noch mehr hätte tun können.

Mit ruhigem Herzen gehe ich ins Gefängnis: Möge das die Krone meiner Tätigkeit sein! Die Jahre der Unfreiheit widme ich der Buße für meine Fehler und der Zukunft der Kirche wie auch meiner Heimat. Alles, was ich werde erleiden müssen, opfere ich auf für meine lieben Landsleute, damit sie Gott und der Heimat treu bleiben und sich keiner von ihnen auf den Weg des Judas begibt. Besonders wünsche ich mir, dass sich die kirchliche Hierarchie Litauens diese Treue bewahre, denn sie wird mehr als alle anderen vom Sicherheitsdienst bedrängt. Für meine priesterlichen Mitbrüder werde ich zu Gott um die Gnade der Einheit beten: um die Einheit mit Christus, mit der Kirche, mit dem Papst, aber nicht mit dem KGB und nicht mit dem Rat für Religionsangelegenheiten. […]

Ich werde alle mir so teuren Gläubigen Litauens, die mir in den zwanzig Jahren meiner Tätigkeit als Priester begegnet sind, in meinem Herzen tragen. Bleibt Christus und der Heimat treu! Erzieht eure Kinder, dass sie der Lüge und der Gewalt gegenüber unbeugsam bleiben. Sie sollen eine vernünftigere und gesündere menschliche Gesellschaft schaffen als die, in der ihr jetzt leben müsst.

Ich bin überzeugt, dass andere unsere Arbeit und unseren Kampf fortsetzen werden, nur möglicherweise noch eifriger und erfolgreicher, als das mir und meinen Freunden gelungen ist. Wenn euch auch jemand sagen wird, dass man nicht mit dem Kopf durch die Wand könne, so glaubt diesem Pessimismus nicht. Die Wand der Lüge und Gewalt ist brüchig und mit der Hilfe Christi kann man alles besiegen.

Solltet ihr mich jemals das Gegenteil reden hören, so glaubt es nicht, denn dann werde nicht ich sprechen, sondern der arme, vom Sicherheitsdienst gebrochene Mensch.

Am 6. Februar 1982   Priester Sigitas Tamkevičius

Das Gerichtsverfahren gegen Sigitas Tamkevičius begann am 29. November 1983. Die Behörden versuchten, durch Repressionen und öffentliche Drohungen Gläubige von einer Beobachtung des Prozesses oder von Solidaritätserklärungen mit dem Angeklagten abzuhalten. Der Zugang wurde durch Polizeimaßnahmen erschwert. Tamkevičius wurde unter anderem angeklagt wegen der Gründung des *Komitees zur Verteidigung der Rechte der Gläubigen*, der Publikation von dessen Dokumenten im Ausland und in der „Chronik", wegen kritischer Predigten und der Organisation von Prozessionen. Einige Predigten aus dem Anklagematerial gegen Tamkevičius wurden in der „Chronik" veröffentlicht. Darunter ist eine Predigt von April 1980, aus der Auszüge verdeutlichen können, warum sie Tamkevičius zur Last gelegt wurde:

Die Kirche befindet sich heute in unserem Volke auf dem Weg nach Golgota. Sie wird heute in unserem Volke gekreuzigt. Man will die Kirche und den Glauben so beerdigen, dass in unserer Heimat keine Spur eines Kreuzes oder einer Kirche bleibt, damit die kommenden Generationen nur Denkmäler der Gottlosen sehen können und nichts mehr davon zeugen kann, dass hier am Strande der Ostsee ein tiefgläubiges Volk war, das Gott und Maria geliebt hat. Für diese Kreuzigung der Kirche Christi wird alles aufgewendet. […]

Im ganzen Leben der Kirche sehen wir die grausamen Krallen des Zwangs. Jeden Frühling lesen wir Priester Euch Gläubigen von der Kanzel aus ein von der Diözesankurie uns zugeschicktes Schreiben vor, in dem das Priesterseminar die Jugendlichen auffordert, sich für die Arbeit im Weinberg Christi zu entscheiden; wir verschweigen aber dabei und sagen nicht, dass die Jugendlichen in das Priesterseminar oft nicht vom Pfarrer ihrer Pfarrei begleitet werden, sondern öfters von den Gottlosen, die wir als Sicherheitsdienst bezeichnen oder unter anderem Namen nennen. Ein junger Mensch, der sich dem Dienste Christi weihen will, darf keine freien Hände haben. Er wird genötigt, nicht die Kirche Christi aufzubauen, sondern das Haus des Teufels. Er wird genötigt, zu heucheln, ein Verräter zu sein. Wir, die Gläubigen, haben keine religiöse Literatur, wir haben keine eigene Zeitung, wir haben keine Bücher. […] Wir haben nichts. […] Die Hand des Zwangs erlaubt nicht, dass die Priester die kleinen Kinder in die Wahrheiten des Glaubens einführen. […]

Der Zwang ist in sich selbst schon abscheulich und unmenschlich. Um ihn zu verbergen, wird deswegen die Lüge benützt. Diese Lüge hören wir im Radio, im Fernsehen; wir lesen sie in den Zeitungen und Journalen. […] Gerade dann, wenn die Gottlosen versuchen, uns auf jede Art und Weise zu ersticken, uns zu begraben, dann geben sich die Gottlosen alle Mühe, uns zu überzeugen, dass wir die besten Bedingungen haben, um zu atmen, zu leben und gedeihen zu können. Diese Lüge dient dazu, den Zwang zu verbergen. […] Wenn die Regierung die Atheisten unterstützt, dann muss sie die Gläubigen ebenso unterstützen, wenn sie sie als eigene

Staatsbürger, als gleichberechtigte Bürger betrachtet. Sie muss ihnen helfen und ihnen erlauben, ihre Ideen zu verwirklichen. [...] Jeder von uns muss heute an erster Stelle begreifen und sich tief bewusst werden, dass unser Schweigen, unsere Untätigkeit ein großes Vergehen dem Volke und der Kirche gegenüber ist. Wenn wir in der Zeit schweigen und nichts unternehmen, in der die ganze Hölle gegen die Katholische Kirche auszieht, um sie zu zerstören, damit sich kein einziger gläubiger Mensch mehr auf dem Boden Litauens bewegt, dann wären wir Feiglinge, Deserteure und Verbrecher. Heute muss jeder Priester und jeder gläubige Mensch sehr aktiv sein. Nur allein zu beten, ist heute zu wenig. [...] Es ist ein Verbrechen, untätig zu bleiben, der Lüge zu applaudieren, der Lüge die Stimme zu geben, sie zu verbreiten, blinde und nichtdenkende Werkzeuge des Zwanges zu sein, wenn wir nur Zwang und Lüge sehen. Die jetzige Lage der Kirche und des Volkes erfordert von uns, mutig und stark zu sein. Die Furcht und das Davonlaufen vor Schwierigkeiten bringt weder der Kirche noch dem Volke etwas Gutes. Und dessen ungeachtet, was jene Priester und Gläubige darüber sagen oder denken würden, die eine diplomatische Stellung einzunehmen und sich mit den Worten zu rechtfertigen suchen, dass es manchmal vernünftiger sei zu schweigen, dass man mit einer stillen Arbeit mehr erreichen kann, sagen wir heute allen ganz deutlich: Das ist ein grausamer Irrtum! [...] Wir, die Priester und die Gläubigen Litauens, können nicht zulassen, dass dieser grausame, unverzeihliche Fehler sich in unserer Heimat wiederholt. Andernfalls werden wir vor dem Gericht Gottes, vor dem Volke und der Geschichte die Verantwortung tragen müssen.

Trotz der Schwierigkeiten gelang einigen Unterstützern Tamkevičius' der Zugang zum Prozess, so dass sich seine Verteidigungsrede und seine letzten Worte vor Gericht nacherzählt in der „Chronik" finden:

Ich werde nicht viel reden und Sie nicht alle belästigen, wenn auch noch viel zu sagen wäre. [...] Der Staatsanwalt Bakučionis sagte, meine Anklageschrift umfasse 23 Aktenordner und dass man ohne Weiteres noch 23 füllen könnte. Es ändert sich also nichts an der Situation, ob ich viel oder wenig rede. Ich fühle mich unschuldig. [...] Ich habe getan, was mir als priesterliche Pflicht auferlegt ist. Im Evangelium steht, dass Christus sich nicht verteidigt hat, als man ihn verurteilte. Ich bin nur ein Priester und ich möchte sein Beispiel nachahmen. Meine Hände sind heute gefesselt, geht mit mir um, wie es Euch gefällt! [...]

Ich arbeitete, was ich nur konnte, und war immer bemüht, meine Pflichten als Priester gut zu erfüllen. [...] Bei einem Gespräch habe ich einmal einen sowjetischen Beamten gefragt: „Was bin ich denn in deinen Augen?" Er antwortete: „Wenn es dich nicht kränkt, dann sage ich es dir: Ich sehe in dir einen begabten Abenteurer, der lange Zeit Glück gehabt hat." – Nein, ein Abenteurer bin ich nicht, ich bin ein Schüler Christi, ein Priester. Ich habe Gott geliebt und die Menschen, die alten wie die kleinen sowie die Jugendlichen, für die ich mein ganzes Leben geopfert habe, und ich werde später selbst auch das Leben für sie einsetzen, wenn dies nötig ist. Ich habe überall gearbeitet, wo Gott mich hingestellt hat, und jetzt schickt Er mich dorthin, wo ich am nötigsten bin. Auch heute versetzt Er mich nur von einem Ort zum anderen. Ich habe mir Mühe gegeben, die Kreuze des Lebens aus Gottes Händen anzunehmen; so nehme ich auch dieses Kreuz an, umarme und küsse es. Ehre sei Jesus Christus und Maria!

Nach Jahren der Haft und Verbannung wurde Sigitas Tamkevičius Ende 1988 freigelassen, als einer der letzten litauischen Gefangenen aus Gewissensgründen. Die „Chronik" Nr. 80 ist diesen Freigelassenen gewidmet und berichtet von der Rückkehr Tamkevičius'. Bei seinem Empfang in Kybartai, wo er bereits vor seiner Inhaftierung Pfarrer gewesen war, hielt er in seinem Rückkehrgottesdienst eine Predigt. In dieser Predigt blickt er – wie in einem Resümee – auf die Zeit seiner Inhaftierung und die Gründe für seinen Widerstand zurück:

Wir wissen alle ganz genau, wie schwer das Kreuz des Karfreitags für unsere Heimat war. Viele von uns waren selber in den Nachkriegsjahren Zeugen, als das Volk dieses Kreuz tragen musste. Die Morde an unschuldigen Menschen, ihr Weg nach Sibirien, von wo die meisten nicht mehr zurückgekommen sind, sind noch in unserer Erinnerung. Als ich in Sibirien war, habe ich katholische Kreuze gesehen, von der Zeit schwarz geworden, manche schon völlig umgefallen. Dort sind unsere Eltern, unsere Brüder und Schwestern geblieben. Lange Jahre trug das Volk dieses Kreuz: den stalinistischen Zwang, der sich anstrengte, allen so viel Angst wie nur möglich einzujagen, die allgemeine Lüge, den moralischen Zerfall, den Alkoholismus, die Drogensucht … Bis vor Kurzem schien es uns, dass dieses Volk dieses Kreuz werde tragen müssen, ohne ein Ende abzusehen.

Das Kreuz des Karfreitags war auch in der Kirche. […] Ist es denn schon so lange her, als auch in dieser Kirche Tränen vergossen wurden? Als die Priester, einer nach dem anderen, allein deswegen verhaftet wurden, weil sie das Wort der Wahrheit gesagt haben? Manchen erschien dieses Wort als ein Knüppel, der gegen die sowjetische Regierung erhoben wurde, obwohl niemand die Absicht hatte, gegen sie zu kämpfen. Man verteidigte ja die eigenen Angelegenheiten und die Angelegenheiten der Kirche, was eine Reaktion jedes lebenden Organismus ist. Allein das, dass die Katholiken ihren Glauben verteidigen wollten und ihn verteidigt haben, kam manchen als Staatsverbrechen vor. Den Karfreitag gab es auch in unserer Pfarrei. Unsere Pfarrei musste viel Schmerz ertragen, viele Tränen wurden vergossen, wir dürfen aber nicht vergessen, dass nach dem Karfreitag das Osterfest kommt. Und wenn das Osterfest kommt, vergessen wir vorläufig das Kreuz, vergessen den erduldeten Schmerz und freuen uns. […]

Auch in unserer Kirche sehen wir die österlichen Schritte. Es ist noch nicht lange her, als Litauen seinen ersten Kardinal V[incentas] Sladkevičius empfangen hat, heute berät unsere Regierung aktuelle Angelegenheiten der Kirche und des Staates mit ihm. Es gab jedoch Zeiten, als er das Los eines Verbannten tragen musste. […] Es scheint, dass die Bischöfe […] Kandidaten für das Priesterseminar zu Kaunas, ohne die Regierung danach zu fragen, aufnehmen, dass sie nach ihrem Gutdünken die Priester für die Pfarreien werden ernennen dürfen. […]

Wir wollen versuchen, bei einer Frage zu verweilen: Wozu ist das Kreuz nötig, warum gab es in unserer Heimat, in der Kirche und schließlich auch in unserer Pfarrei das Kreuz? Ihr habt in der Lesung der hl. Messe die Worte des Apostels Paulus gehört: Am Ende der Zeiten wird Jesus Christus noch einmal für alle Zeiten erscheinen, damit die Sünde durch sein Opfer ausgelöscht werde. Nur das Kreuz allein kann die Sünde auslöschen. Es gab Sünden in unserer Heimat, es gab Böses auch in der Kirche und auch in unserer Pfarrei; und Gott ließ unsere Heimat, die Kirche und unsere Pfarrei ein Kreuz tragen. Wenn dieses Kreuz mit ähnlicher Einstellung getragen wurde, mit der Jesus Christus sein Kreuz trug, wird das wahrhaftig in eine Osterfeier einmünden. Wir brauchen das Kreuz in unserem Leben, denn ohne Kreuz, ohne Buße kann es keine Perspektiven für die Zukunft geben. Wo das Kreuz vergessen worden ist, wo die Notwendigkeit der Buße nicht verstanden wird, dort sind alle Reden über eine Umgestaltung leer. Schließlich ist auch das von mir fünfeinhalb Jahre lang getragene Kreuz sinnvoll und notwendig gewesen. Es war notwendig für mich selbst, es war notwendig für meine Heimat, für die Kirche. Wenn ich mich heute in das Jahr 1983 zurückversetze und wieder von Neuem mich für eine ruhige, sorgenlose, gefahrenlose, schmerzlose Arbeit oder für das Kreuz, das mir die Vorsehung damals auferlegt hat, entscheiden müsste, würde ich mich für das Kreuz entscheiden.

[…] Ich möchte sagen, dass mein Kreuztragen nichts Heldenhaftes an sich hatte, und wenn ich es nicht abgeworfen, nicht abgeschüttelt habe, wenn auch diese Möglichkeit sehr oft angeboten wurde, dann nur deswegen, weil ich ständig eure Unterstützung verspürt habe. Ich wusste, was ihr von mir erwartet, ich wusste, dass ihr für mich betet, ich wusste, dass ihr mich liebt, und das alles hat mich gestärkt, mich getröstet und mir nicht erlaubt, auch nur einen Schritt seitwärts zu machen. Ich habe mein Kreuz so lange getragen, solange es mir die Vorsehung zugedacht hat, und ich habe nicht darum gebeten, es mir vorzeitig abzunehmen. Heute möchte ich euch allen dafür danken, allen, die hier versammelt sind, und auch allen, die nicht unter uns sind; allen, die für mich und für die anderen Priester und Inhaftierten gebetet haben, ein *ačiū* (danke) sagen. *Ačiū* allen, die gebetet haben, *ačiū* allen, die gefastet haben, die mit Ausdauer auf uns gewartet haben, die ihre Solidarität mit uns zeigten und die sich nicht von dem Kreuz, das die Vorsehung mitten unter uns aufgestellt hat, entfernt haben. Heute empfinde ich eure Verehrung, sie gehört aber nicht mir, sondern Gott. Gott hat mich fünfeinhalb Jahre lang sicher geführt. Oft habe ich meine Gebrechen, meine Schwäche gespürt, und wenn nicht die Führung der Vorsehung Gottes gewesen wäre, vielleicht hätte dieses mir auferlegte Kreuz für mich viel zu schwer sein können. Gott hat mich geführt und Ihm gehört die größte Ehre. [...]

Wir sind davon überzeugt, dass unser Volk und unsere Kirche, die so viel gelitten haben, eine wahrhaft vollkommene Osterfreude erleben werden. Wir wollen aber nicht vergessen, dass es nicht genügt, alles nur Gott anzuvertrauen, sondern dass dazu auch unsere konkrete Arbeit nötig ist. Heute braucht man mehr als je zuvor religiöses und nationales Bewusstsein. Jetzt, wo man ein Wort der Wahrheit aussprechen darf, ohne fürchten zu müssen, dass man dafür mit langen Jahren Gefängnis, Lager oder Sibirien bezahlen muss, darf man keine Gelegenheit verstreichen lassen, die Wahrheit auch zu verkünden. Es ist notwendig, dass das Wort der Wahrheit nicht nur unsere Vernunft erreicht, sondern auch die Herzen, dass es unser ganzes Dasein auf die Arbeit für die Zukunft unserer Heimat und der Kirche konzentriert. [...] Deswegen wollen wir an diesem uns allen so kostbaren Tag eins sein; jeder vergebe dem anderen, was der ihm Böses getan hat. Ich möchte heute auch ein Wort zu denen sprechen, die gewollt haben, dass ich für lange Jahre aus Litauen verschwinden solle, die meinen Prozess vorbereitet und mich verurteilt haben: „Ich vergebe euch allen, ich bete für euch alle, ich liebe euch alle." Sie sind ja meine Brüder und Schwestern! Das vergangene Chaos, die Finsternis hat sie irregeführt, die Menschen verirrten sich, weil in den Herzen vieler eine große Furcht herrschte. Wir wollen einer dem anderen die Hand reichen, denn Litauen ist unser Zuhause. Wer wir auch sein mögen, Gläubige, Ungläubige oder Kommunisten, wir sind alle Litauer. Wir wollen vergessen, was gestern war, wir wollen die Ungerechtigkeiten aus unseren Herzen beseitigen und unsere Kräfte dem gemeinsamen Ziel widmen – dafür arbeiten und kämpfen, damit unser Leben heller und schöner wird. Amen.

Die Texte wurden von Ruth Kubina zusammengestellt, die auch, wo nötig, die Dokumente aus dem Englischen übersetzt hat.

Diesem Beitrag liegen folgende Werke zugrunde:

Chronik der Litauischen Katholischen Kirche, auf: http://www.lkbkronika.lt/
de/index.php?option=com_content&view=article&id=400&Itemid=285
[Abruf am 16.05.2014].

S. Tamkevičius, The Chronicle of the Catholic Church in Lithuania, in:
V. Spengla, The Church, the 'Kronika' and the KGB web, 2002, 43–65; der
angegebene Abschnitt ist abrufbar unter: http://www.lkbkronika.lt/en/in-
dex.php?option=com_content&view=category&layout=blog&id=34&Item
id=227 [Abruf am 16.05.2014].

Der biographische Überblick zu Beginn beruht auf den Daten der litauischen
Bischofskonferenz; vgl. in englischer Sprache: http://lvk.lcn.lt/en/nariai/
tamkevicius.html [Abruf am 15.11.2013].

Im Folgenden die Zitate in der Reihenfolge ihres Vorkommens:

„Das Katholische Komitee …", aus: Chronik 36 (6. Januar 1979) 171–173.

„Heiliger Vater! …", aus: Chronik 36 (6. Januar 1979) 173.

„Es waren …", aus: S. Tamkevičius, Chronicle, 43f.

„Manche Artikel …", aus: S. Tamkevičius, Chronicle, 46f.

"Während des gesamten Bestehens …", aus: S. Tamkevičius, Chronicle, 62.

„Am 29. August 1979 …", aus: Chronik 40 (19. Oktober 1979) 108–111.

„Mein ‚Credo' …", aus: Chronik 61 (6. Januar 1984) 120f.

„Die Kirche …", aus: Chronik 64 (7. Oktober 1984) 287–291.

„Ich werde nicht …", und „Ich arbeitete, was ich nur konnte …", aus: Chronik
61 (6. Januar 1984) 127f.

„Wir wissen alle …", aus: Chronik 80 (8. Dezember 1988) 116–120.

Dumitru Stăniloae

„Wir müssen mit Stärke und Demut
das Leiden ertragen,
das uns aufgegeben wurde!"

Familienfoto aus den frühen 1940er-Jahren

Dumitru Stăniloae (1903–1993) war einer der bedeutendsten ortho-doxen Theologen des 20. Jahrhunderts. Gemeinsam mit seiner Frau Maria (geb. Mihu) hatte er drei Kinder. Die Zwillinge Dumitru und Mioara wurden 1931 geboren, wobei der Sohn bereits kurz nach der Geburt, die Tochter 1945 starb. Das dritte Kind, die Tochter Lidia, kam 1933 zur Welt.

Nach dem Studium und der Promotion in orthodoxer Theologie lehrte
Stăniloae an der Theologischen Akademie in Sibiu (Hermannstadt), deren Rektor er von 1936 bis 1946 war.

In dieser Zeit erfolgte die erste von zwei großen Verfolgungswellen
durch die Kommunisten in Rumänien, die auch das Leben der Familie
Stăniloae beeinflusste. So musste Dumitru Stăniloae 1946 auf staatlichen Druck hin sein Amt als Rektor niederlegen. Zuvor wurde er schon
1945 als Redaktionsleiter des „Telegraful Român" abgesetzt. In der Folge
dieser Ereignisse setzte er 1947 seine Tätigkeit in Bukarest fort, wo er
an verschiedenen Lehrstühlen unterrichtete und Doktoranden betreute.
Die zweite Verfolgungswelle setzte 1958 ein. In ihrem Zuge wurde er von der Securitate, dem rumänischen Geheimdienst, in seiner
Wohnung verhaftet und anschließend zu einer Gefängnisstrafe verurteilt.

Der folgende Beitrag besteht aus zwei Teilen. Bevor im zweiten Teil vor
allem die Eindrücke der Mitgefangenen Stăniloaes im Mittelpunkt stehen, kommt im ersten Teil seine Tochter Lidia zu Wort.

Mein Vater, der Priester und Professor Dumitru Stăniloae
Von Lidia Stăniloae Ionescu

Die Verhaftung meines Vaters kam, wie auch die vieler anderer Persönlichkeiten, nicht überraschend. In den Jahren nach der Errichtung der
kommunistischen Regierung wurden tausende und abertausende Menschen verhaftet. In fast allen Familien, besonders bei den Intellektuellen,
war jemand inhaftiert. Es wurden Scheinprozesse geführt, mit imaginä-
ren Anklagen wegen „feindlicher Haltung gegen den Sozialismus und
den sozialistischen Staat", die Verurteilungen von vielen Jahren nach
sich zogen. Man wusste: „Wer unschuldig ist, bekommt eine Strafe von
fünf Jahren Haft." Aber nicht nur das. Manche Menschen verschwanden einfach für immer und keiner hat nachher je etwas von ihnen erfahren. Natürlich wurden wir alle verfolgt und ausspioniert. Man hörte die
Telefone ab und installierte in den Wohnungen heimlich Abhörgeräte.
Alle Gespräche wurden aufgenommen. Wenn wir jemanden anriefen
oder uns jemand anrief, hörte man zunächst ein „Klick" in der Leitung,
und erst dann ging es los.

Man wollte wissen, mit wem wir Kontakt hatten, wen wir trafen,
mit wem wir sprachen, was wir sagten oder meinten. Mein Vater hatte

mehrmals meiner Mutter gesagt, dass er, wenn er unterwegs war, immer jemanden hinter sich sah; dieselbe Person verfolgte ihn ständig. Man hat unsere Bekannten und Verwandten über uns ausgefragt, vor allem über meinen Vater, was er tut, mit wem er sich trifft, wer zu uns kommt usw. Manche haben uns ganz heimlich und mit Angst davon berichtet, manche erst später, nachdem sich die Zeiten geändert hatten.

Auch für meinen Vater kam die Verhaftung also nicht überraschend, besonders, da viele seiner Bekannten, Freunde und Mitarbeiter schon in Haft waren.

Ich war im Urlaub und nicht zu Hause, als er verhaftet wurde. Meine Mutter hat mir dann erzählt, wie alles abgelaufen ist: In der Nacht des 4. September 1958 kamen vier Männer der Securitate, durchsuchten alles, vor allem seine Manuskripte und Bücher, warfen sie auf den Boden und traten alles mit Füßen. „Was hast du da so viele Papiere?", schrie einer. „Ich bin Professor und brauche die Bücher für meine Arbeit", antwortete mein Vater. Sie blieben etwa

Dumitru Staniloae bei seiner Inhaftierung

fünf Stunden, ständig gingen einige und andere kamen, und gegen Morgen nahmen sie ihn mit. Man hat ihm eine dunkle Brille aufgesetzt und ihn in ein schwarzes Auto verfrachtet, das vor der Tür wartete.

Meine Mutter rief mich gleich danach an, und ich kam am selben Tag nach Hause. Weinend erzählte sie mir alles. Wir waren verzweifelt und wussten nicht, was wir machen sollten. Keiner wollte noch mit uns etwas zu tun haben, als hätten wir die Pest. Meine Mutter ging am nächsten Tag zur Theologischen Fakultät, um alles dem Dekan zu melden, aber keiner wollte mit ihr reden. Der damalige Dekan hat sogar mit ihr geschimpft. Wie gesagt, wollte auch niemand mehr etwas mit uns

172

zu tun haben, fast alle Bekannten mieden uns, und sogar wenn sie uns auf der Straße sahen, taten sie so, als sähen sie uns nicht. Wir wurden sozusagen unsichtbar für alle Leute, die uns trafen. Nach wenigen Tagen haben wir gehört, dass ein Prozess stattfinden sollte. Auf der Liste waren auch andere Persönlichkeiten, Universitätsprofessoren, Mönche und Priester. Es waren sehr bekannte Menschen, insgesamt zwölf Personen. Die meisten Rechtsanwälte wollten die Verteidigung nicht übernehmen, denn sie hatten Angst, Solidarität mit „Volksfeinden" zu zeigen. Endlich hatten wir einen Anwalt gefunden, der mutig genug war. (Nach einem Jahr wurde auch er inhaftiert.) Aber er konnte nichts erreichen. Im Ausland hatte man über diesen Prozess sehr viel gesprochen und geschrieben, alle Zeitungen haben es als einen Beweis für die kommunistische Diktatur erwähnt, aber das hat die Lage auch nicht geändert. „Wer bist du", fragten die Männer der Securitate meinen Vater beim Verhör, „dass das ganze Ausland über dich schreibt?"

Der Prozess fand unter Ausschluss der Öffentlichkeit statt, wir mussten alle stundenlang draußen auf der Straße warten. Nur die Anwälte durften teilnehmen. An diesem Tag sahen sie die Angeklagten zum ersten Mal und durften mit ihnen reden. Als mittags unser Anwalt herauskam, sagte er uns, dass er mit meinem Vater gesprochen habe, dass er sehr ruhig und nur um uns besorgt sei. Dann sagte uns der Anwalt wörtlich: „Er ist unschuldig, er wird fünf Jahre Haft bekommen." Und so war es. Wie vorhergesagt, erhielt man bei Unschuld fünf Jahre Haft. Man verurteilte die Angeklagten wegen „Feindseligkeit gegen die sozialistische Regierung". Ich unterstreiche, dass mein Vater nie Politik gemacht hatte, denn er sagte immer, ein Theologe müsse sich mit Gott und mit der Theologie beschäftigen, nicht mit der Politik. Dass er rechtsorientiert, ein Legionär[1] sei, war eine falsche Anschuldigung. Im Gegenteil, er hatte die Legionäre früher wegen der Attentate kritisiert, die sie gegen verschiedene Politiker verübt hatten, und sie hatten ihn mehrmals bedroht. Viele von ihnen wurden nachher Kommunisten und haben auch zu seiner Inhaftierung beigetragen.

Wir waren natürlich verzweifelt, meine Mutter ließ sich nicht trösten. Das Einzige, was ihr geholfen hat, all diese Jahre zu überleben, war, dass ich inzwischen geheiratet und ein Kind bekommen hatte. Ihr kleines Enkelkind war ihr einziger Trost und ihre einzige Freude. Fünf Jahre haben wir nichts von meinem Vater gehört, und er auch nichts von uns.

1   „Die Legion des Erzengels Michael" (= „Eiserne Garde") oder „Die Legionärsbewegung" wurde 1927 (auch als politische Partei) gegründet. Sie ist von christlichen (mystischen) Ideen ausgegangen, aber sie vertrat de facto rechtsextremistische Positionen.

So war das bei allen Inhaftierten. Das ist im Westen unvorstellbar, aber so waren die Regeln der kommunistischen Regierungen. Und fast jeden Tag kamen zwei Männer zu einer Nachbarin und fragten sie, wer zu uns kommt, was wir machen, mit wem wir sprechen usw. Dann, am Abend, wenn es schon dunkel war, kam die Nachbarin voller Angst zu uns und sagte: „Sie sind wieder gekommen und haben alles über Sie gefragt …"

Ich war damals an der Fakultät für Physik und in der Forschung beim Institut für Physik tätig. Kurze Zeit nach der Inhaftierung meines Vaters wurde ich zur Personalabteilung bestellt und man verlangte von mir einen neuen Lebenslauf. Damals mussten alle, egal wo sie arbeiteten, wenn sie angestellt waren, eine solche Biographie abgeben, in der sie erklärten, wer die Eltern sind, was für Politik in der Familie gemacht wird, was für Vermögen sie besitzt, ob jemand inhaftiert ist etc. Wenn das der Fall war, bekam man die Stelle nicht. Es war also klar, dass ich, weil mein Vater ein politischer Gefangener war, dort nicht weiter tätig sein durfte. Ich beriet mich daher mit meinem Professor, mit dem ich arbeitete, und wir sind zu dem Schluss gekommen, dass ich gleich meine Kündigung erklären sollte, ohne einen neuen Lebenslauf abzugeben. Denn mit einem neuen Lebenslauf in meinen Akten hätte ich später keine Chance mehr gehabt, eine Stelle zu bekommen.

Hier und heute ist es unvorstellbar, was im Gefängnis passierte. Die Häftlinge wurden gefoltert und geschlagen. Davon hat uns mein Vater nie erzählt. Er hat uns nur erzählt, dass er einen Leistenbruch bekam und von einem Arzt, der selbst Gefangener war, ohne Anästhesie auf einem Küchentisch und mit einem Küchenmesser operiert wurde. Irgendjemand hat uns später auch berichtet, dass er meinen Vater gesehen habe, als man ihn, nachdem er geschlagen worden war, zurück in die Zelle gebracht hat.

Er hat sich nie beklagt; er sagte immer, es war „nicht so schlimm", aber er war sehr in Sorge um uns, denn meine Mutter war herzkrank, und er wusste, dass ich meine vielversprechende Karriere verlieren würde. Er zeigte immer Mitleid mit den Folterern. Er sagte, „sie müssen sehr allein und verzweifelt sein, denn sie lieben niemanden und haben keinen Glauben und keine Hoffnung." Diese Erfahrung habe ihn näher zu Gott gebracht und ihn gelehrt, besser und tiefer zu beten, sagte er. Er hat wunderbare Menschen kennengelernt, aber auch manche, die schlimmer als die Wächter waren. Er hat alles mit Geduld und Hoffnung auf Gott ertragen, mit der Überzeugung, dass Gott uns die Leiden und Schmerzen gibt, um uns in unserem Glauben zu stärken.

Die Gefangenen bekamen als Essen nur ein Stück kaltes, gekochtes Maismehl, eine Art Polenta, ohne etwas anderes. Darum wollte er, als er wieder zu Hause war, jeden Tag Brot kaufen. Sie mussten den ganzen Tag am Rande des Holzbrettes, das als Bett diente, sitzen, ohne sich anzulehnen. Der Wächter schaute immer durch ein Loch in der Tür, und wenn ein Gefangener sich anlehnte, wurde dieser gleich bestraft, nämlich nackt zur „Isolation" gebracht, einer Zementzelle, in der man Wasser auf den Boden gegossen hatte. Man warf ihn dort hinein und ließ ihn Tage und Nächte auf dem Boden liegen. So haben viele Häftlinge eine Hirnhautentzündung bekommen oder sind einfach erfroren. Viele, auch manche Bekannte von uns, sind so gestorben.

Sie durften keine warmen Kleider besitzen, nur ein Hemd und eine Hose, Sommer und Winter. In der Zelle waren mehrere Menschen untergebracht, und sie konnten heimlich beten und miteinander reden. Nach etwa vier Jahren, als ein junger Mann freigelassen wurde, kam dieser zu uns, um uns zu sagen, dass mein Vater lebt, dass er sich Sorgen um uns macht und dass er viele Menschen bekehrt hat. Der junge Mann sagte uns noch, dass er meinen Vater verehre; er habe ihm die Augen geöffnet, und er wolle Priester werde. Und tatsächlich hat er Theologie studiert und ist Priester geworden. Später habe ich erfahren, dass er nicht der Einzige war, sondern dass auch andere junge Männer, die meinen Vater dort kennengelernt hatten, Priester geworden sind. Ein anderer, der auch zu uns kam, erzählte uns, dass mein Vater ihn überzeugt habe, Philologie zu studieren, da er gut deutsch sprechen konnte. Heute ist er Professor für deutsche Sprache und Literatur an einer der berühmtesten Universitäten Rumäniens.

Nach fünf Jahren wurde mein Vater freigelassen. Obwohl er schon in der Nacht in Bukarest angekommen war, wollte er nicht gleich und ohne sich anzumelden nach Hause kommen, um nicht uns und vor allem meiner Mutter mit ihrem schwachen Herzen zu schaden. Er wartete die ganze Nacht im Bahnhof und morgens rief er erst vorsichtig an, um meine Mutter nicht aufzuregen. Er wusste nichts über uns, auch nicht, dass ich ein Kind hatte. Als er den Kleinen sah, brach er in Tränen aus und sagte, das sei der schönste Tag in seinem Leben.

Erst nach fast einem Jahr wurde er wieder an der Fakultät als Professor aufgenommen. Er blieb genauso freundlich, liebenswürdig und edelmütig wie vorher, immer bereit, den anderen zu helfen und für sie da zu sein. Er hatte keinen Ärger, keinen Groll auf die, die ihm diese Leiden zugefügt haben. Wir sollten verzeihen, sagte er, denn wir möchten, dass Gott auch uns verzeiht. Die Liebe und die Generosität waren seine Lebensüberzeugungen, und so ist er bis zu seinem Lebensende geblieben; ein wahrer Christ, der seinen Glauben sehr ernst nahm, und ein unvergessliches Beispiel auch für andere Christen.

Zeugnisse aus der Zeit der Haft und Verfolgung
Von Adrian Marinescu

Verfolgung, Verhaftung, Verhör und Inhaftierung von Vater Stăniloae und alles, was er und seine Familie in kommunistischer Zeit erleiden mussten, sind Ergebnis von Ungerechtigkeiten, die einem unschuldigen Menschen vonseiten eines Regimes widerfahren sind, das auf diese Art seine Macht auch im theologischen und kirchlichen Raum zeigen wollte. Stăniloaes Verhaftung ist aber nicht zuletzt auch auf den Neid seiner Kollegen in Bukarest zurückzuführen: Sie haben ihn seiner theologischen Beiträge wegen, insbesondere wegen der Philokalie,[2] als mystischen Theologen angesehen – eine vom atheistischen und kommunistischen System nicht erlaubte geistige Haltung. Die politische Ordnung wollte jede „wissenschaftliche Autorität" aus der Kirche, insbesondere aus dem Theologischen Institut in Bukarest, verbannen. Deshalb versuchte man, gerade die renommiertesten Professoren, deren Werk von einem wahren Bekenntnis des Glaubens zeugte und die die Bedeutung der Kirche für die Nation betonten, aus dem öffentlichen und wissenschaftlichen Leben zu entfernen. Aber das Gefängnis ist für den rumänischen Priester und Gelehrten Dumitru Stăniloae ein echter Ort theologischer Verkündigung geworden. Als er inhaftiert wurde, entstand dort unter den Inhaftierten „große Emotion und Aufregung". Oft teilte er mit den einfachsten Menschen eine Zelle, manchmal auch mit den bedeutendsten Intellektuellen des Landes, von denen er sicherlich selbst einer war. Davon zeugen Berichte von Mitgefangenen, die im Folgenden helfen, das Bild des inhaftierten Stăniloae nachzuzeichnen. Gleichzeitig wird auch deutlich, mit welchem Leid der Theologe in der Haft zu kämpfen hatte.

Während gegen das Urteil Berufung eingelegt war, bis zum 19. Mai 1959, war Vater Stăniloae im Gefängnis Jilava inhaftiert. Danach war er, von einigen vorübergehenden Verlegungen abgesehen, in Aiud eingekerkert. Die Untersuchungen gegen ihn wurden in all dieser Zeit fortgesetzt. Die bis heute erhaltenen und uns bekannten Dokumente zeigen, dass er am 8. Mai 1960 „mit sieben Tagen Isolationshaft bestraft wurde, weil er durch das Fenster mit anderen Gefangenen gesprochen hat". Ein anderes Mal verbrachte er eine gewisse Zeit, angeblich mehrere Monate, „in völliger Isolation", weil er einen Mitgefangenen in Griechisch unterrichtet haben soll. Zu diesem Zeitpunkt gab es im Ge-

---

2 Er arbeitete an der Übertragung der Philokalie ins Rumänische. Die Philokalie ist eine Sammlung von Texten asketischer Autoren aus der ostkirchlichen Tradition, vor allem von Kirchenvätern.

fängnis von Aiud auf jeden Fall zahlreiche Theologen und Priester, von denen er viele persönlich kannte.

Zu den wenigen Informationen, die wir über Stăniloaes Zeit im Gefängnis besitzen, gehört die Erinnerung des Mitgefangenen Liviu Brânzaş:

Der Name von Vater Stăniloae hat mein Trommelfell wie ein Donnerschlag getroffen. Vor ein paar Jahren, als die Nachricht kam, dass Vater Stăniloae verhaftet und verurteilt wurde und sich in Aiud befindet, gab es große Aufregung im ganzen Gefängnis. Der große rumänische Theologe in Ketten! Er leidet zusammen mit den engagiertesten Christen, die sich dem apokalyptischen Tier widersetzten! Im Jahre 1960, als ich mit Daniel Roman und Mircea Dumitrescu in der Zelle war, erfuhr ich, dass der Vater Professor in einer Zelle im Erdgeschoss mit einigen Bauern zusammen war. Ich habe den beiden Freunden gesagt, wie sehr ich mir wünschte, in die gleiche Zelle wie Vater Stăniloae zu kommen. Jetzt wurde mein Wunsch erfüllt. Was für eine Freude für mich! Mein Herz klopft sehr stark. Es besteht kein Zweifel, dass Gott meinen innigen Wunsch gehört und genau am Tag der Heiligen Peter und Paul erfüllt hat. […] Es ist für mich eine große Freude, dass Vater Stăniloae der Zelle 322 zugeteilt wurde, wo ich auch bin. […] Ich gehe auf ihn zu […] und begrüße ihn mit den Worten: „Küss die Rechte, ehrwürdiger Vater! Ich bin Liviu Brânzaş, ehemaliger Schüler am Samuil-Vulcan-Lyzeum in Beiuş, und freue mich sehr, dass ich zusammen mit Ihnen jetzt in derselben Zelle bin. Ich will Theologie studieren!" Der Vater streckte seine Hand zu mir aus und lächelte freundlich. Auf seinem Gesicht spiegelte sich die Freude darüber wider, dass ein inhaftierter Junge davon träumt, Theologie zu studieren. Er schaute mich voll Vertrauen an und sagte: „Die rumänische Nation ist durch viele schwierige Momente in ihrer Geschichte gegangen, aber sie ist immer erneut zur Ordnung gekommen und hat durch den Glauben an Gott und den Glauben an den endgültigen Sieg des Guten gesiegt. Das wird auch jetzt passieren. Wir müssen mit Stärke und Demut das Leiden ertragen, das uns aufgegeben wurde!" Dieses Bekenntnis des Vaters klang wie ein Testament.

Wir wissen, dass Vater Stăniloae, wie auch andere in Aiud inhaftierte Gelehrte, sehr oft den Zellengenossen theologische Vorträge gehalten hat. Das war für viele nicht nur eine Form der Ausbildung, sondern auch eine Möglichkeit, den Geist und die Aufmerksamkeit wachzuhalten, was in der Atmosphäre von Terror und Verfolgung des Straf- und Isolationssystems extrem wichtig war. Derselbe Zellengenosse erzählt weiter:

Ich muss von der Anwesenheit von Vater Stăniloae maximal profitieren. Er bietet mir jede Nacht einen Theologiekurs an. Auch andere junge Menschen, vor allem Gil Ioanid, nehmen teil. Rund um das Bett von Vater Stăniloae sitzen wir in der

Zelle wie in einem Hörsaal, einige oben, andere unten, und hören aufmerksam zu. Vater Stăniloae [...] stellt uns verschiedene Theologen vor, von den klassischen Vätern bis zu den russischen Theologen. Obwohl ich mir jetzt nur wenige Details merke, erweitere ich dadurch mein theologisches Spektrum. Natürlich fehlen nicht die Momente, in denen wir uns der Philokalie widmen. Der Übersetzer der Philokalie in die rumänische Sprache ist sicherlich der kompetenteste Kenner auf diesem Gebiet, der sich bemüht, unsere Kenntnis zu vervollständigen. Jetzt habe ich verstanden, was ich bisher nur intuitiv erfasst habe, dass nämlich das Denken und Fühlen der Väter die authentische Form des Christentums ist. Wer etwas über Christus wissen will, muss das Evangelium lesen. Wer Christus nachfolgen will, muss unbedingt die Schriften der Kirchenväter lesen. Sie lehren dich aus Erfahrung, wie man zum Heil kommt. Niemand kann ein wahrer Christ sein, wenn er nicht die Lehren der heiligen Kirchenväter kennt. Sie sind die Erforscher des Weges zu Christus. Sie haben die Karte der Evangelien richtig interpretiert und die Erlösung erreicht. Der Schlüssel der christlichen Wiedergeburt ist es, Christus dem patristischen Modell entsprechend nachzufolgen.

Die sehr schweren Lebensbedingungen im Gefängnis werden durch das Zeugnis eines anderen Zellengenossen, Ilie Tudor, veranschaulicht:

Die Kälte war schrecklich. Von den über hundert Personen haben sie einige von uns abgetrennt und in einen anderen Raum gesteckt, wo alte Matratzen gestapelt waren, aus denen durch Risse faules Stroh herauskam. Am Abend haben sie „vergessen", uns Essen zu geben, und uns weggeschlossen. Die Fenster waren zerbrochen, so dass der Sturm Schnee hereinwehte, der uns reichlich wie mit Puder bedeckte. Nach Mitternacht waren wir starr wie Holz. Neben mir hatte sich ein magerer, sehr schüchterner alter Mann eingefunden. Er schien sich für jede unbeabsichtigte Ungeschicklichkeit zu entschuldigen. [...] Der alte Mann [...] war, wie ich schnell erfahren habe, Vater Stăniloae (!), der große Theologe, der jeden Abend zu uns gesprochen hat. Er war abgemagert, seine Stimme war nur schwer hörbar, und deshalb blieb man völlig still, wenn er sprach. Es waren mit uns acht Priester dort, darunter auch ein griechisch-katholischer Bischof. Alle haben mit Respekt und andächtig seine Worte aufgesogen. Konnte es bei dieser Rede noch Hunger oder Kälte geben? Oder Leiden oder Misstrauen gegenüber der Macht des Glaubens? Rache oder Hass? Alle schmolzen vor der sanften, mit dem Heiligen Geist erfüllten Stimme des abgemagerten Körpers, in dem allein die Seele riesig war! Der brillanteste Vertreter der Orthodoxie trug sein Kreuz in die Herrlichkeit Christi! Er war ein byzantinischer Heiliger, verloren unter so vielen Verurteilten, die ebenso Verteidiger der urväterlichen Kirche und der von Atheisten gekreuzigten Nation waren. Unter diesen Umständen war [ihnen] seine Stimme Balsam, ein unerwartetes Geschenk für die vielen Märtyrer, die den Friedhof ohne Kreuze gefüllt haben,

178

am Rand von Aiud, genau dort, wo die Städter ihren Müll hinwarfen. Die Liebe, die aus seinen Vorlesungen geflossen ist, stillte unseren Hunger, erwärmte uns. Hätte ich (oder irgendjemand sonst) es ihm gestatten können, den gefrorenen Zement des Bodens zu waschen oder den Abtritteimer nach draußen zu tragen? Ich war mit meinen 36 Jahren noch bei Kräften und ich hätte mir eine andere Haltung als die, die mir die christliche Erziehung und die Moral der Legionäre aufzeigte, nicht erlauben können. Ich versuchte, ihm meine Pelzjacke zu geben, um sie unter ihn zu legen, aber er lehnte mit einer entschiedenen Handbewegung ab. „Nein! Mein Lieber! Du trägst eine große Strafe! Gib nicht all deine Kraft auf! Schone dich, so viel du kannst! Wir wissen nicht, wie lange wir hier bleiben werden! Was mich betrifft … der Wille Gottes! In ein paar Tagen werden wir wieder in der Zelle zurück sein! Dort ist es nicht so kalt wie hier, und wir sind besser geschützt!" Ich bestand darauf, aber ich konnte ihn nicht überzeugen. In der Nacht haben wir gegenseitig füreinander gesorgt. Bald habe ich ihn zugedeckt, bald habe ich gefühlt, wie er mich zu schützen versuchte. So haben wir es alle gemacht. Die Sorge für den anderen war das charakteristische Merkmal einer Haltung der christlichen Liebe. Der Geist des Opfers war in dem verfluchten Kerker nicht nur ein Wort. Wir sind dort, in den Räumen zwischen den Zellen und den Isolationszellen, etwa zehn Tage geblieben […] Bei der Rückkehr in die Zellen musste Vater Stăniloae in eine Zelle drei Zellen weiter von uns. Das bedeutete nicht, dass wir den Kontakt zu seiner Ehrwürdigkeit und seiner Weisheit verloren hätten. Mit Hilfe des Morsealphabets hat er uns mit Weisheit und Liebe die Bedeutung des Evangeliums des nächsten Sonntags mitgeteilt, einen Tipp, eine Lebensregel oder eine Ermutigung gegeben. Was das für ein Risiko sowohl für ihn als auch für uns war, will ich nicht beschreiben! Aber dann wurde die Quelle dieser Weisheit, von der wir geschöpft haben, abgeschnitten, das Licht in der Dunkelheit, das uns umgegeben hatte, ausgelöscht, und wir durften die geistige Nahrung, die er uns gegeben hat, nicht mehr bekommen! Der Priester, der Märtyrer Dumitru Stăniloae wurde nicht mehr zu uns gebracht und erschien auch nicht bei der Umerziehung[3] im Jahre 1962.

Sehr wahrscheinlich ist die Freilassung Stăniloaes im Jahre 1963 wie auch die der anderen wichtigen Theologen darauf zurückzuführen, dass im Zuge der Aufnahme der Rumänischen Orthodoxen Kirche in den Ökumenischen Rat der Kirchen 1961 auch die Nachfrage der Mitglieder der anderen Kirchen nach dem Schicksal derjenigen, die nicht an den Versammlungen teilnahmen, besonders der wichtigsten theologischen Vertreter der rumänischen Kirche, immer deutlicher wurde. Die neue

3 Ein Programm der Umformung (rumän.:. „reeducare"), d.h. Indoktrinierung der Bevölkerung auf Initiative der Kommunisten, um ihre Positionen im Lande zu verstärken. Das betraf insbesondere die politischen Inhaftierten, die obligatorisch daran teilnehmen sollten.

rumänische Politik, die Öffnung gegenüber dem Ausland und der damit verbundene Wunsch, dort ein günstigeres Bild des Landes zu zeichnen, waren die Anfänge einer neuen Ära. Von nun an konnte Vater Stăniloae an zahlreichen theologischen Treffen und Tagungen im Ausland teilnehmen, mit Kollegen im Ausland in Kontakt treten und sich einen Teil der neuesten theologischen Literatur anschaffen, die so wichtig für seine Werke und Studien war.

Er wurde vor Ablauf seiner Haftstrafe aus dem Gefängnis entlassen, nachdem er fast fünf Jahre inhaftiert gewesen war. Den Moment seines ersten Zusammentreffens mit seiner Familie nach der Haft hat seine Tochter so festgehalten:

Ich habe gesehen, wie die große Silhouette meines Vaters mit seinem Hut und dessen breiten Krempen durch die Pforte trat. Er trug in seiner Hand ein Bündelchen. Wir sind nach draußen gestürzt und haben uns weinend umarmt. Es war eiskalt und der Schnee knirschte unter unseren Füßen. Was für ein Glück! Was für ein wunderschöner Morgen! „Komm und trink einen Tee! Komm und wärm dich auf! Dir muss kalt gewesen sein! Und du musst Hunger haben!" – „Nein! Ich habe im Zug gegessen!" Sie haben ihm ein Reisedokument, etwas zu essen und Kleingeld für die Straßenbahn gegeben. Er zeigte uns stolz ein Stück Brot, das er aus dem Bündelchen wie etwas Wertvolles herausnahm. „Sie haben uns Brot gegeben!", sagte er mit einem Ton in der Stimme, als ob er einen Diamanten bekommen hätte. Er trank Kaffee mit Milch und wiederholte ständig: „Es schmeckt sehr gut!" Wir haben geredet und geredet … und dennoch schien es uns, als ob Worte nicht das sagen konnten, was wir sagen wollten.

Doch auch nach seiner Haftentlassung und der Wiedervereinigung mit seiner Familie war die Verfolgung Stăniloaes durch den Geheimdienst noch nicht beendet. Wie die bisher bekannten Dokumente zeigen, setzte sich die intensive Überwachung, die schon in den Fünfzigerjahren begonnen hatte, auch nach der Haftentlassung fort.

Schon aus der Zeit vor seiner Verhaftung finden sich viele Hinweise auf die Verfolgung Vater Stăniloaes: Eine geheimpolizeiliche Notiz, die von einem gewissen *Matei* stammt und auf den 19. Mai 1949 datiert ist, besagt, dass Vater Stăniloae „wegen seiner vergangenen Aktivitäten als Legionär sehr bekannt" sei[4] und „eine neue Widerstandsgruppe" gegen das kommunistische Regime zu organisieren versucht habe, wozu er Anhänger zu gewinnen hoffte. Das Dokument bestätigt, dass *Matei*

---

4   Vater Stăniloae war niemals Mitglied der Legionärsbewegung. In jener Zeit wurden die Theologen wegen ihrer religiösen Positionen von den Kommunisten als Legionäre verspottet.

die Beschattung fortsetzte und eine zweite Quelle etablierte, um auf diese Weise weitere Informationen zu sammeln und den Priester und Professor auszuforschen. Von diesem Zeitpunkt an wurde die gesamte Tätigkeit des rumänischen Theologen, inklusive der Veranstaltungen, die er in Bukarest hielt, unter Beobachtung gestellt. So wurde am 24. Januar 1957, kurz vor seiner Verhaftung, das Telefon von Vater Stăniloae abgehört, wie eine Notiz aus seiner Akte zeigt. Der rumänische Theologe hatte mit dem Bischof Nicolae Popovici in seinem Haus ein Treffen verabredet, an dem auch andere Personen beteiligt sein sollten.

Auf diese Weise verfolgte man Dumitru Stăniloae auch nach seiner Haftentlassung weiter auf Schritt und Tritt. Bei den Dokumenten gibt es mehrere Notizen, in denen chiffriert ist, wo und durch wen die Verfolgung durchgeführt wurde. Genauso sind die Namen anderer Personen enthalten, die mit der Securitate zusammengearbeitet haben. Zum Beispiel teilt am 26. Februar 1965 ein gewisser *Avocum* mit, dass das rumänische Patriarchat nach der Intervention und gemäß dem Vorschlag von Professor Liviu Stan die Rückkehr von Vater Stăniloae an seinen Lehrstuhl an der Fakultät in Bukarest vorgeschlagen habe.[5] Eine andere Quelle mit Namen *Florică* verweist darauf, dass Vater Stăniloae nach seiner Entlassung aus dem Gefängnis vom rumänischen Patriarchat angestellt wurde und sich mit den ökumenischen und interkirchlichen Beziehungen beschäftige und für die theologische Zeitschrift „Glasul Bisericii" („Die Stimme der Kirche") arbeite. All das, da er „die Möglichkeit hat, Informationen im großen Umfang zu erarbeiten, weil er als Fremdsprachen Griechisch, Französisch, Englisch, Deutsch und Russisch beherrscht". Der rumänische Theologe, der von allen mit großem Respekt behandelt wurde, hat danach mit großer Freude die Versetzung zur Bibliothek des Patriarchalpalastes zur Kenntnis genommen, wo er eine etwas besser bezahlte Tätigkeit ausüben konnte.

Der Agent *Mîndrilă* erinnert sich später in einer mit „streng geheim" unterzeichneten Notiz am 1. März 1963 daran, dass er mit Vater Stăniloae diskutiert und dieser ihm gesagt habe, dass er zum Professor am Theologischen Institut in Bukarest ernannt worden sei, dass er dafür alle notwendigen Genehmigungen besitze und man nun die Zulassung der Abteilung für religiöse Angelegenheiten erwarte.

Sehr interessant ist auch eine Notiz vom 21. Januar 1970, die ebenfalls als „streng geheim" gekennzeichnet ist. Sie stammt vom Geheimdienst für auswärtige Informationen und betrifft die Beziehungen des bekannten Theologen zu dem rumänischen Professor Paul Miron, der

---

5 Diese Information entspricht aber nicht der Realität, wie Stăniloaes Tochter sehr oft hervorgehoben hat.

damals in Deutschland lebte. In dieser Notiz wird beschrieben, dass Paul Miron, der als „Legionär" galt, sehr vertraut mit Vater Stăniloae war. Der rumänische Theologe habe sich bei Patriarch Justinian für Miron eingesetzt, damit dieser den Titel „Honorarprofessor" an der Universität von Bukarest bekam, was vom Rat des Orthodoxen Theologischen Instituts genehmigt, aber vom Ministerium (Abteilung für religiöse Angelegenheiten) abgelehnt worden war. Im Dokument wird auch darüber informiert, dass unmittelbare Diskussionen zwischen Paul Miron und Patriarch Justinian stattgefunden hätten. Dabei wird erwähnt, dass Corneliu Stan, ein rumänischer Theologe, der sich damals zum Studium in Deutschland aufhielt, dort gesagt habe, dass in Rumänien „alle Priester, Metropoliten, Professoren für Theologie und die Dekane mitsamt dem Patriarchen alle Kommunisten, Atheisten oder Agenten der Kommunisten sind und dass es in Rumänien keine Religionsfreiheit gibt." Das Dokument endet mit dem Satz: „Von uns wurden Maßnahmen ergriffen, so dass Paul Miron ‚informativ umrahmt'[6] wurde, in der gesamten Zeit, die er in Rumänien bleiben werde, und Probleme, die von Interesse sein werden, werden infolgedessen berichtet."

Eine Informantin mit dem Namen *Ionescu Maria* liefert am 12. Dezember 1971 eine erstaunlich positive Notiz über Stăniloae. Sie sagt, dass bei dem Kongress in Regensburg (Spindlhof), an dem er teilgenommen hat, „Vater Stăniloae einen besonders positiven Eindruck gemacht habe, als würdiger Mann, stets aktiv und objektiv, ohne zu übertreiben, ein ehrlicher Mann sogar, auch gegen sich selbst. Jeder kennt ihn und lobt ihn sehr." Am wahrscheinlichsten war es Maria Ionescu, eine nähere Bekannte der Familie, die von der Securitate gezwungen wurde, eine Aussage über das zu machen, was im Haus des rumänischen Theologen geschah. Ein Anzeichen für die heimtückischen Methoden, die man zur Verfolgung der Familie Stăniloae anwandte.

Auf jeden Fall war die Zeit nach der Entlassung aus dem Gefängnis eine der produktivsten in Stăniloaes Leben, in der er fast jedes Jahr ein Buch und mehrere Aufsätze, Studien und Artikel veröffentlicht hat. In den Passagen, in denen er über das Leiden im Allgemeinen spricht, befinden sich vielleicht auch Gedanken, die er aus den Jahren geschöpft hat, welche er aus politischen Gründen im Gefängnis verbrachte. So muss man seiner Ansicht nach den Kommunismus nicht Gott zuschreiben, weil „in der Geschichte nicht nur Gott wirkt, sondern auch die Kraft des Bösen, und vielleicht mehr als er". Für Stăniloae ist das Leiden nichts anderes als Mittel zur Stärkung und Annäherung an Gott:

---

6 D.h. unter ununterbrochene Beobachtung gestellt.

Das Problem des Leidens ist nicht einfach darzustellen, weil es viele Aspekte hat. Das Leiden besitzt verschiedene Ursachen und betrifft entweder die Seele oder den Körper. […] Wir ertragen das Leiden nicht, um uns von Gott zu entfernen, sondern um in Gemeinschaft mit Christus zu bleiben, so dass der Tod nicht mehr als ein Akt der Verminderung des Lebens zu sehen ist, sondern als ein Akt der Rückkehr in die Fülle des Lebens, in die Vergöttlichung der Natur. […]

Ich habe versucht, alles Leiden, das von der Schwäche des Körpers herrührt, von Krankheiten – wie sie andere Menschen auch haben –, zu ertragen, und ich habe versucht, auch das Leiden zu ertragen, das von Neid und Feindschaft der Menschen herkommt. Ich habe all das genutzt, um näher zu Gott zu gelangen, um mich dem Vorbild Christi mehr anzunähern, näher und näher zu ihm zu kommen, seine Hilfe zu erbitten, und das Leiden in einen Weg zur Stärkung meines Geistes zu verwandeln. Für die Stärkung des Geistes gegen die körperlichen Leiden und mit der Hoffnung, dass der Tod auch für mich nicht den Sturz in ein Nichts der Existenz bedeutet, sondern eine Annäherung zu Gott darstellt. Mit der Hoffnung, dass die Auferstehung aller Menschen auch für mich die Auferstehung bedeuten wird.

Vater Dumitru Stăniloae wurden unter anderem häufig zwei bezeichnende Attribute zugeschrieben: *Theologe* und *Bekenner*. Diese definieren sein ganzes Leben. Auf jeden Fall ist er der Theologe, der in seiner „Orthodoxe[n] Dogmatik" ein ganzes Kapitel dem Thema „Die Erkenntnis Gottes durch bestimmte Lebensumstände" gewidmet hat. Hier zeigte der rumänische Theologe, dass das „Leiden des Gerechten" die „existentielle Gotteserfahrung" repräsentiert und „das persönliche Interesse Gottes gegenüber dem Menschen" und „das Mysterium seiner Handlungen, die jedes Verstehen übersteigen", indiziert. Gott, der „uns anruft, ihm mit unseren Taten zu antworten", „weckt unsere Verantwortung". Im Leiden jedes einzelnen Menschen spiegelt sich „das Leiden Christi am Kreuz" wider. Die schwierigen Situationen in unserem Leben „halten in unserem Selbstbewusstsein die Gedanken an die Person Gottes" wach, sie sind „ein Mittel dafür, die Seele für die Gegenwart Gottes empfindlich zu machen" und repräsentieren „die Vertiefung unserer Selbsterkenntnis vor Gott".

Aber das Wichtigste ist, dass sie ein „empfindsameres und innigeres Beten" hervorbringen, das heißt „mit dem Bewusstsein, dass die Hilfe und die Unterstützung nur von ihm [= Gott] kommen kann", als „letztem Quell aller Kraft". Sie repräsentieren den „besonderen Plan" Gottes mit uns, „seine besondere Sorge um mich" und „eine Erkenntnis, die jedem einzelnen Menschen bei der Führung auf einem eigenen Weg der Vervollkommnung hilft". Gott „kenne ich in seiner besonderen Sorge um mich, in seiner intimen Beziehung zu mir, in der Geschichte seiner Verhältnisse mit mir, in seinem Plan, der mich insbesondere zum gemeinsamen Ziel führt, durch die Leiden, die Ansprüche und die persönlichen Orientierungen, die er mir in meinem Leben zuordnet".

Dem biographischen Überblick zu Beginn liegen folgende Werke zugrunde:

J. Henkel, Eros und Ethos. Mensch, gottesdienstliche Gemeinschaft und Nation als Adressaten theologischer Ethik bei Dumitru Stăniloae (Forum Orthodoxe Theologie 2), Münster 2003.

V. Ioniţă, Art. Stăniloae, Dumitru, in: Personenlexikon Ökumene (2010) 218–220.

M. Weber, Der geistig-geistliche Mensch im Konzept der Gnade bei Dumitru Stăniloae. Eine theologische Untersuchung unter der Berücksichtigung des soziokulturellen Hintergrundes (Forum Orthodoxe Theologie 12), Berlin 2012.

Dem Teil von Adrian Marinescu liegen folgende Werke zugrunde:

I. Bălan, Omagiu părintelui Dumitru Stăniloae [Ehrerbietung dem Vater Dumitru Stăniloae], Iaşi 1994.

L. Brânzaş, Raza din catacombă – Jurnal de închisoare [Der Strahl aus der Katakombe – Gefängnistagebuch], bei: A. N. Petcu, Aspecte inedite privind arestarea, condamnarea şi detenţia Părintelui Dumitru Stăniloae [Unveröffentlichte Aspekte bezüglich der Verhaftung, des Urteils und der Gefangenschaft des Vaters Dumitru Stăniloae].

J. Henkel, Îndumnezeire şi etică a iubirii în opera părintelui Dumitru Stăniloae [Vergöttlichung und Liebesethik in Vater Stăniloaes Werk, vgl. J. Henkel, Eros und Ethos].

D. Stăniloae, Teologia Dogmatică Orthodoxă. Bd. I, Bukarest, 1978 [dt.: D. Stăniloae, Orthodoxe Dogmatik. Bd. I, Zürich-Gütersloh 1985 (Orthodoxe Theologie 12)].

L. Stăniloae Ionescu, „Lumina faptei din lumina cuvântului". Împreună cu tatăl meu, Dumitru Stăniloae [„Das Licht der Tat aus dem Licht des Wortes". Zusammen mit meinem Vater, Dumitru Stăniloae], Bukarest 2000.
http://rasbointrucuvant.ro [Abruf am 25.03.2014].
Die geheimpolizeilichen Notizen als Faksimile bei: A. N. Petcu, Aspecte.

Im Folgenden die Zitate in der Reihenfolge ihres Vorkommens:

„mit sieben Tagen ...", aus: Dosar 202, fond Penal, vol. 6, ff. 173, 189f. bei:
A. N. Petcu, Aspecte, 209.

„in völliger Isolation", aus: J. Henkel, Îndumnezeire, 54.

„Der Name ...", aus: L. Brânzaş, Raza, 242f.; bei: A. N. Petcu, Aspecte, 210.

„Ich muss ...", aus: L. Brânzaş, Raza, 252; bei: A. N. Petcu, Aspecte, 210f.

„Die Kälte ...", aus: http://rasbointrucuvant.ro [Abruf am 25.03.2014].

„Ich habe gesehen ...", aus: L. Ionescu Stăniloae, „Lumina ...", 274f.

„in der Geschichte ...", aus: I. Bălan, Omagiu, 21.

„Das Problem ...", aus: I. Bălan, Omagiu, 30f.

„Ich habe versucht ...", aus: I. Bălan, Omagiu, 31f.

Zitate aus der „Orthodoxe[n] Dogmatik", aus: D. Stăniloae, Teologia
Dogmatică Orthodoxă, 139–145 [dt.: D. Stăniloae, Dogmatik, 131–136].

Verwendete Stellen aus den geheimpolizeilichen Notizen:

Dosar 203672, vol. 1, fond Informativ, f. 252, facsimil bei: A. N. Petcu, Aspecte,
230.

Dosar 203672, vol. 1, fond Informativ, f. 168, facsimil bei: A. N. Petcu, Aspecte,
229.

Dosar 203672, vol. 1, fond Informativ, f. 5, facsimil bei: A. N. Petcu, Aspecte,
221.

Dosar 203672, vol. 1, fond Informativ, ff. 26f., facsimil bei: A. N. Petcu, Aspecte,
222f.

Dosar 203672, vol. 1, fond Informativ, ff. 30f., facsimil bei: A. N. Petcu, Aspecte,
224f.

Dosar 203672, vol. 2, fond Informativ, ff. 20-32, facsimil bei: A. N. Petcu, Aspecte, 233–235.

Dosar 203672, vol. 2, fond Informativ, f. 176, facsimil bei: A. N. Petcu, Aspecte,
241.

Božena Komárková

„Der Christ gibt seine Verantwortung
an keine Institution ab [...]"

Božena Komárková

25 Jahre nach dem Fall des Eisernen Vorhangs und dem Ende der kommunistischen Regime kommt der geistige und geistliche Reichtum Mitteleuropas, der jahrzehntelang unter der Decke von Zensur und Repression verborgen war, nur langsam hervor. Weil ihre Werke zur Zeit des Kommunismus nicht gedruckt werden durften, sind viele mutige Christen, Schriftsteller oder Intellektuelle Mitteleuropas bis heute sowohl jenseits ihrer engen Wirkungskreise in ihrer Heimat als auch außerhalb dieser, in Deutschland oder im weiteren Europa, häufig noch immer unbekannt.

All das gilt auch für die tschechische Protestantin Božena Komárko-vá. Sie zählt aufgrund ihrer menschlichen Integrität, ihres philosophischen und praktisch-politischen Einsatzes für die Menschenrechte und ihrer überzeugenden demokratischen und antitotalitären Gesinnung zu den einflussreichsten christlichen Persönlichkeiten der Tschechoslowakei des 20. Jahrhunderts. In der kommunistischen Zeit war sie eine profilierte – und zugleich offiziell nicht gehörte – Stimme innerhalb der Evangelischen Kirche der Böhmischen Brüder. Ihre wegen der Zensur nur sehr verstreut oder gar nicht gedruckten Werke kannten jedoch zur Zeit des Kommunismus nur wenige, da sie erst nach der „Samtenen Revolution" 1990 veröffentlicht wurden. Dazu gehörten ihre bereits 1947 an der Philosophischen Fakultät der Masaryk-Universität eingereichte Dissertationsschrift „Obec Platónova a Augustinova" (Der Staat bei Platon und Augustinus) mit dem Untertitel „Studie über die Voraussetzungen der Entstehung der Menschenrechte" sowie ihre 1949 verfasste Habilitationsschrift „Původ a význam lidských práv" (Ursprung und Bedeutung der Menschenrechte), die sie aber nicht mehr an der Fakultät einreichte. Ende der 1990er-Jahre begann dann die durch ihren Schüler Jan Šimsa und dessen Frau Milena verantwortete Herausgabe einiger ihrer wichtigsten Werke in sechs Bänden. 2002 erfolgte eine durch den tschechischen Theologen Jan Milíč Lochman eingeleitete deutschsprachige Auswahl zentraler Texte Komárkovás sowie ein Jahr später die entsprechende englischsprachige Version.

Ein Leben in den Brüchen und Diktaturen des 20. Jahrhunderts

Geboren 1903 in Tischnowitz (Tišnov) und gestorben 1997 in Brünn (Brno) verkörpert Božena Komárkovás Biographie die ganze Spannbreite der Geschichte des 20. Jahrhunderts. Leben und Werk lassen sich freilich bei ihr, ähnlich wie bei den herausragenden tschechischen evangelischen Intellektuellen der kommunistischen Zeit, etwa dem Philosophen Ladislav Hejdánek (*1922) oder dem Theologen Jan Milíč Lochman (1922–2004), nur schwer voneinander trennen. So deutete sie folgerichtig im Rückblick ihr eigenes Leben auch als ein „philosophisches Werk" (obwohl sie sich generell eher mit den Propheten und Rabbinern als mit den Philosophen identifizierte). Zentral wurde dabei für sie die philosophische Frage nach den Menschenrechten. Die akademischen Grundlagen hierfür legte sie zunächst mit ihrem Studium der Philosophie, Geschichte und Geographie an der Masaryk-Universität in Brünn. Anschließend war sie nach einigen kleineren Zwischenstationen in Cukmantl (Zuckmantel; heute: Zlaté Hory), Velké Opatovice und Březová nad Svitavou von 1935 bis 1939 als Lehrerin am Jan-Blahoslav-Realgymnasium in Ivančice, einer kleinen Stadt in der Nähe von Brünn, und dann 1939/40 am Realgymnasium in Ostrau (Ostrava) tätig. Hier gewannen die Menschenrechte für sie zum ersten Mal existentielle Bedeutung, als sie am 10. Januar 1940 wegen ihrer Aktivitäten in der Widerstandsgruppe „Verteidigung der Nation" von der Gestapo vermutlich in Ostrava gefangen genommen und dann in Breslau inhaftiert wurde. Ihr Prozess fand allerdings erst am 9. Juni 1942 vor dem Volksgerichtshof in Berlin statt. Es war ein Schauprozess mit elf weiteren Angeklagten, die angeblich etwas mit dem Heydrich-Attentat zu tun hatten. Komárková wurde als Mitverantwortliche, die das tschechische Volk zu dieser Tat erzogen habe, zu zwölf Jahren Zuchthausstrafe verurteilt.[1]

Der erste Staatspräsident der Tschechoslowakei, Tomáš Garrigue Masaryk, hatte in der Vorkriegszeit noch die Ideale von Humanität und der Idee einer positiven Entwicklung des menschlichen Geistes vertreten, die sich auch die meisten damaligen tschechoslowakischen Intellektuellen (einschließlich Komárková) in einer Mischung aus positivistischen, humanistischen und marxistischen Gedanken zu eigen gemacht hatten. Mit der fast zeitgleich zu Komárkovás Verurteilung erfolgten deutschen Besatzung Frankreichs schienen all diese Ideale nun an der grausamen Realität zu scheitern. Dass die westliche Demokratie jetzt an ihr Ende gekommen sein sollte, war für Komárková in dieser Situation völlig unvorstellbar. Später gab sie allerdings im Rückblick zu, dass der Theologe Josef Lukl Hromádka bereits 1928 auf einer Konferenz der *Young Men's Christian Association* (YMCA/Christlicher Verein Junger Männer) darauf hingewiesen hatte, dass die Welt stärker von einem „Mechanismus der blinden Kräfte" beherrscht werde, als dass sie eine sich selbst zur Humanität entwickelnde Welt sei – womit Hromádka allerdings schon damals seine implizite Kritik am Westen verband.

Philosophie der Menschenrechte

Im Gefängnis war es Komárková gestattet, Bücher auszuleihen, und über die philosophische Beschäftigung mit den Schriften des Augustinus schärfte sich ihr Augenmerk für die Frage der Menschenrechte. Wichtig wurde ihr dabei die Frage, ob die Menschenrechte wirklich untrennbar zum Wesen der Menschheit – oder zumindest zur westli-

---

1 Texte aus dieser Zeit finden sich im Breslauer Tagebuch, veröffentlicht in: B. Komárková, Gewissen, Widerstand und Toleranz.

chen Zivilisation – gehörten oder ob sie, wie ihr damals schien, bloß ein zeitweiliges Phänomen der liberalen Zwischenkriegszeit waren und dadurch von deren Dauer abhängig. Im Ringen um diese Frage ersetzte bald der Gedanke der „Menschenrechte" ihr aus der Vorkriegszeit von Masaryk herrührendes Konzept der Humanität. Diese konnte von ihr jetzt nicht mehr als angeborener Teil der menschlichen Natur gedacht werden. Die Menschenrechte enthielten dagegen ein dynamischeres und damit denkerisch interessanteres Element, da man immer wieder nach Menschenrechten streben müsse.

Neben ihrer „Entdeckung" der Menschenrechte veränderte die Zeit im Gefängnis auch ihre Betrachtung des „Bösen". Während sie früher, wie die Philosophen, die sie am meisten beeinflusst hatten (wie Hegel, Marx, Comte, Spencer und natürlich Masaryk), davon ausging, dass das Böse bloß eine „Unvollkommenheit der Entwicklung" sei, verstand sie jetzt unter dem Eindruck der deutschen Besatzung der Tschechoslowakei und des Zweiten Weltkriegs das Böse eher als eine vom Menschen ausgelöste und organisierte „Macht", und in dieser Hinsicht sogar als eine „positive Kraft". Gleichwohl hätte ein Sieg Deutschlands für Komárková die „Apokalypse" symbolisiert.

Die Gefängniszeit wurde für Komárková zum zentralen und existentiellen Ausgangspunkt ihrer weiteren philosophischen Abhandlungen und der sich im Kontext ihrer Dissertation und ihrer Habilitation entwickelnden Geschichtsphilosophie. Ihre philosophischen Einsichten zu den Menschenrechten, zur Humanität, aber auch zur Rolle von Macht und Bösem prägten ebenfalls ihre spätere Einstellung gegenüber dem kommunistischen Regime und legten die Basis für ihr Engagement in der tschechischen Bürgerrechtsbewegung *Charta 77*. Häufig sah sie daher später zwischen sich und jüngeren Generationen, die ihre Gefängniserfahrung nicht teilten, einen tiefen Graben.

Ihre Überzeugung, dass sie in einem „apokalyptischen Zeitalter lebe, in dem das Gute und Böse gleichmäßig und unaufhörlich wächst", sah sie durch die weiteren politischen Entwicklungen der Tschechoslowakei und die Machtübernahme der Kommunisten 1948 und ihren eigenen Lebensweg bestätigt: Kurz nach der Machtübernahme wurde sie wegen ihres angeblich schädlichen Einflusses auf die Jugend am 31. August 1948 als Philosophielehrerin aus dem staatlichen Schuldienst entlassen und musste sich fortan so durchs Leben schlagen. Zunächst arbeitete sie in der pädagogischen Bibliothek von Brünn, wo sie jedoch 1952 ebenfalls entlassen wurde. Seitdem lebte sie von einer Invalidenrente, die ihr wegen ihrer durch die Gefängniszeit angegriffenen Gesundheit zugesagt worden war, und wirkte im Untergrund. Besonders aktiv war sie zunächst beim Aufbau der Jugendbrigaden, einer spezifischen Einrichtung der kirchlichen Jugendarbeit im Jeseníky-Gebirge (Altvatergebirge) in Nordmähren, die für sie eine Quelle geistiger und geistlicher Inspiration wurden und in deren Gemeinschaft sie eine besondere christliche Lebensform entdeckte: „In dieser Gemeinschaft ging es uns um eine Sache: den Dualismus der Frömmigkeit und des Lebens zu überwinden, ein einziges, ganzes Leben vor dem Angesicht Gottes zu leben."

Daneben schrieb sie Texte und hielt, wie viele intellektuelle Dissidenten, inoffizielle Vorlesungen. Dabei sammelte sie über die Jahre einen ansehnlichen Schülerkreis um sich, darunter beispielsweise die evangelischen Theologen Jan Šimsa, Jakub Trojan und Alfréd Kocáb. In diesem Kontext gab sie seit den Fünfzigerjahren viele Impulse für die Ausrichtung einer reformorientierten Gruppe von Theologen und Pfarrern, die sich als „Neue Orientierung" bezeichneten und sich dafür einsetzten, auf eine neue Art und Weise in der säkularen Gesellschaft glaubwürdig Kirche zu verkündigen. Im „Prager Frühling" setzte sie sich neben Jan Patočka als profilierte philosophische Stimme zudem für die Menschen- und Bürgerrechte ein und engagierte sich auch in der Evangelischen Kirche der Böhmischen Brüder für einen reformorientierten Kurs, indem sie entscheidend an der Neuformulierung der kirchlichen Prinzipien von 1968 mitwirkte.

Im tschechischen Kontext waren ihre Ideen am meisten von den Gedanken T. G. Masaryks sowie Emanuel Rádls, J. L. Hromádkas und Jan Patočkas beeinflusst. Den Antrieb ihres Denkens bildete die Grundüberzeugung, dass Mensch zu sein vor allem heiße, ständig nach der Wahrheit zu fragen. Würde diese Frage aus dem Leben eines Menschen verschwinden, ginge es nicht mehr um das Leben des Menschen, sondern um ein verkehrtes Leben, das sich unter dem Niveau eines Tieres vollziehen würde. Dabei betonte sie die Einheit zwischen dem, was gesprochen, und dem, was gelebt wird.

Von der Philosophin zur Christin

Ihre christlich-theologische Entwicklung, die eng mit ihrer Philosophie und mit ihrem Lebenslauf verbunden war, kannte zwei wichtige Wegmarken: Die erste fand sich, wie bereits erwähnt, 1928, als sie zum ersten Mal Kontakt mit der christlichen Studentenbewegung und dem akademischen YMCA in der Tschechoslowakei, insbesondere mit J. L. Hromádka hatte. Bis dahin schien ihr alles – vor allem das, was irgendwie die „Religion" betraf – relativ und intellektuell ungenügend zu sein; für sie war damals unvorstellbar, dass ein moderner Intellektueller noch an Gott glauben könne. Das Einzige, wonach es sich ihrer Meinung nach zu streben lohnte, war das „Selbst". Seine Kultivierung trage zur positiven Entwicklung der Welt und zu einer abstrakten Humanität bei, befand sie damals. Die Kontakte, die tiefgründigen Diskussionen und die ernsthafte Suche nach einem festen Lebensgrund im akademischen YMCA veränderten Komárkovás Verhältnis zu Gott und dem Christentum. Sie begann, Antworten im Christentum zu suchen, und fand im Glauben neue Sicherheiten. Dabei spielte Hromádka eine wichtige Rolle, da er ihr vorherrschend positivistisches Denken relativierte. Denn ähnlich wie der schweizerische Theologe Karl Barth meinte er, dass sich die gesamte europäische Zivilisation mit ihren Werten in einer tiefen Krise, die nur durch den personalen Glauben an Gott überwunden werden könne, befände. Der Sinn des Lebens sei also nicht im Rahmen der Empirie zu finden, befand Hromádka. Für Komárková wurde diese Erkenntnis zu einer neuen Lebensorientierung.

Die zweite Weichenstellung im Hinblick auf ihr christlich-theologisches Profil entfaltete sich während der kommunistischen Zeit als ein allmählicher Glaubensprozess. Eng an die Philosophie Jan Patočkas angelehnt, entwickelte sich bei ihr, insbesondere in der Zeit nach dem „Prager Frühling", der sogenannten Normalisierung und der Gründung der *Charta 77*, eine tiefe, christologisch verankerte Glaubensgewissheit: Dass man nämlich bedingungslos „Ja" zum Grauen und Tod sagen muss, dass man beide als Teil des Lebens akzeptieren muss – und dass das der einzige Weg sei, um den Tod zu überwinden.

Zum Verhältnis von Kirche und Staat

Ähnlich wie die Analysen des Totalitarismus von Hannah Arendt interpretierte Komárková den modernen totalitären kommunistischen oder nationalsozialistischen Staat als eine Rückkehr zum Staatsverständnis der Antike: Damals sei der Staat ein „organisches Element [gewesen], das einen direkt mit dem Universum verbindet", und man konnte lediglich als „Glied der Staatsgesellschaft" zur „kosmischen Bestimmung" gelangen. In der westlichen christlichen Zivilisation, für die die binäre Organisation der Menschheit typisch war, veränderte sich diese Ausrichtung ihrer Meinung nach fundamental. Eine langsame Rückkehr zu der vorchristlichen Auffassung sei schon während der Aufklärung zu sehen gewesen, weil den Staat da bereits wieder eine absolute, eschatologische Tendenz charakterisiert hätte. In diesem modernen Staat, dessen Wurzeln in die Aufklärung reichen und der diese Konzeption in den totalitären Regimen des 20. Jahrhunderts zur Vollendung bringt, „treffen sich wieder das zeitliche und das ewige Gesetz, und außer ihm gibt es keine Wahrheit oder Berufungsinstanz. Er identifiziert sich selbst völlig mit der Wahrheit, mit dem Weg und Leben, mit der Religion." Das Christentum stehe gegenüber einer solchen Auffassung des Staates, den Komárková nun auch für die kommunistische Tschechoslowakei konstatierte, in einem völligen Gegensatz: Es könne seine Hoffnung nie auf das, was in der Welt ist, gründen. Folglich könne ein solcher Staat, der sich selbst und die „unerlöste Frühreife" vergöttere, nie mit dem Christentum nebeneinander existieren. Immer würde er, wie das damalige Römische Reich, die Kirche verfolgen.

Genau das, einschließlich der Verfolgung von Christen, sah Komárková in Hitler-Deutschland und in der kommunistischen Tschechoslowakei verwirklicht. Aus dieser staatstheoretisch begründeten, prinzipiellen Unvereinbarkeit zwischen Christentum und modernem Staat seien daher auch absolut keine Kompromisse zwischen Kirche und Staat möglich. Stärker sogar noch: Die Kirche müsse in dieser Situation immer eher dazu bereit sein, eine Position „außerhalb der Gesetze" einzunehmen, als einen Kompromiss mit dem Staat einzugehen.

Mit diesem Ansatz befand sich Komárková jedoch in einer Minderheitsposition innerhalb ihrer eigenen Kirche, der Evangelischen Kirche der Böhmischen Brüder. Denn auf das Ganze hin gesehen stand die Kirchenleitung nicht nur nie in klarer Opposition zum Regime, sondern setzte sich auch nie für die Pfarrer und andere Gemeindemitglieder ein, die vom Staat direkt verfolgt wurden. Vor allem in den 1970er-Jahren wurde diese Einsicht für Komárková immer deutlicher – und zugleich schmerzlicher. In ihrem Nachlass finden sich zahlreiche Briefe an die und von der Kirchenleitung, in denen ihre wachsende Verzweiflung zu greifen ist. So beklagte sie wiederholt, dass die Kirchenleitung, anstatt sich für ihre verfolgten Mitglieder einzusetzen, immer mehr nach „guten Beziehungen" zu den Staatsvertretern strebe und mit diesen an der Seite des Staates gegen ihre eigenen Gemeindemitglieder stehe. Ein faktisches Eingeständnis dieses Burgfriedens zwischen Kirche und Staat formulierte schließlich die Kirchenleitung 1973, als sie öffentlich deklarierte, dass man die gesellschaftspolitischen Zustände jetzt akzeptieren und mit der Realität leben müsse. Diese Unterwerfung der Kirchenleitung war für Komárková das Einnehmen der Rolle eines Untertans, der bei der Obrigkeit um eine Gefälligkeit flehen muss, die er nicht verdiene. Das führe schließlich nur dazu, dass die Kirche weiter und weiter zurücktreten müsse. Das Leiden an der eigenen Kirche und ihrer Leitung erreichte für Komárková Mitte der 1970er-Jahre seinen Höhepunkt. So war es die folgerichtige Konsequenz ihrer inneren Haltung, dass sie zu den Erstunterzeichnern der *Charta 77* gehörte. Wie sie sich später erinnerte, unterzeichnete sie die *Charta 77* sofort nach Weihnachten 1976 „mit einer wesentlichen Erleichterung, dass es schließlich zu einer ehrenvollen Aktion gekommen ist". Umso größer war dann ihre Enttäuschung, als die Kirchenleitung nicht nur die *Charta 77* nicht unterschrieb, sondern sogar zustimmte, sie offiziell zu verurteilen. An diesem Punkt entstand für sie ein theologisches Problem, das zu ihrer zweiten theologischen Weichenstellung wurde: Auf der einen Seite stand nun die Kirchenleitung, die ein Spiel begonnen hatte, in dem alles nur „als ob" oder „sozusagen" sei, weil man eine gesellschaftlich abgemachte Rolle einnehme, um das eigene bequeme Leben nicht zu bedrohen. Auf der anderen Seite standen Komárkovás Meinung nach all diejenigen, die die *Charta 77* unterzeichnet hatten. Dazu gehörte unter anderem der Philosoph Jan Patočka, der, obwohl bis dahin völlig apolitisch, in der Unterzeichnung der *Charta 77* einen neuen Sinn des Lebens sah und ihr Sprecher wurde. Dieses Engagement bei der *Charta 77* brachte ihm jedoch letztlich den Tod, denn er starb an den Folgen eines während eines Verhörs bei der Staatspolizei erlittenen Schwächeanfalls. Für Komárková sprach er damit das „Ja" zum Tod und Grauen und erfuhr dadurch das tiefste Geheimnis des Christentums, nämlich das Geheimnis des Leidens, des Todes und der Auferstehung seines Körpers.

Ihre theologische Einsicht in die Abgründe der bequemen Kirche ging jedoch weiterhin mit einem starken Engagement im Untergrund mit den aus dem Dienst entlassenen Pfarrern, Laien und Theologen einher. Hier war sie beteiligt an verschiedenen Petitionen an Kirchenleitungen und den Staat, an Grundsatzerklärungen und Eingaben. So formulierten beispielsweise im Mai 1977 31 (ehemalige) evangelische Pfarrer und Gemeindemitglieder in einer Petition an die oberste politische Instanz der ČSSR, die Bundesversammlung in Prag, eine gründliche Analyse zur Lage der Kirche und der Gläubigen in der Tschechoslowakei und plädierten für die Einhaltung der internationalen und nationalen Gesetze zur Religionsfreiheit.[2] Komárková sah diesen Einsatz in bester protestantischer Tradition und hielt dazu fest: „Der Christ gibt seine Verantwortung an keine Institution ab, sondern trägt sie im eigenen Namen und haftet für sie."

2   Der Text der Petition findet sich in G2W (Hrsg.), ČSSR.

Ausklang

Jiří Lederer, ein tschechischer Journalist, bezeichnete Komárková einmal als die „tschechische Hannah Arendt". Tatsächlich ähneln sich die beiden großen Damen auf den ersten Blick in vielerlei Hinsicht – nicht nur, weil beide ihre Doktorarbeit über Augustinus schrieben und sich mit der Frage der Menschenrechte beschäftigten. Trotzdem gibt es zwischen ihnen auch erhebliche inhaltliche Unterschiede in ihrer Deutung der Menschenrechte wie auch zwischen ihren Konzepten des Bösen. Komárková lehnte den Gedanken Arendts von der „Banalität des Bösen" ab und zweifelte Arendts Konzept über die „Menschen ohne Leben" an. Stattdessen betonte sie die „christliche Solidarität mit den Leidenden", die sie selbst im Gefängnis erfuhr.

In gewisser Weise setzte sich das Erleben der christlichen Solidarität auch im Untergrund in der kommunistischen Zeit fort. Als eine persönlich und intellektuell einnehmende Frau war sie für viele dissidente evangelische Pfarrer und Theologen eine zentrale Ansprechperson und eine intellektuell inspirierende Gestalt. Vor Konflikten und scharfen Zuspitzungen mit der Kirchenleitung scheute sie sich nicht. So gehörte sie zwar nicht zum Kreis derjenigen, aus denen heraus die *Charta 77* gegründet wurde, war aber durch ihre Prager Schüler in diesen Kreisen durchaus präsent. Die „Samtene Revolution", die Freiheit und Unabhängigkeit der Tschechoslowakei 1989/90 konnte sie noch mit klarem Geist erleben und auch, dass sie erstmals in ihrem Leben 1992 als Dozentin im Bereich „Philosophie der Geschichte" an die Masaryk-Universität in Brünn berufen wurde. Gleichwohl war der totale Kollaps des Kommunismus überall auf der Welt auch für Komárková eine völlige Überraschung, wie sie in einem Gespräch 1990 bekannte, und keine „eiserne Notwendigkeit der Geschichte". Das Ende des Kommunismus bezeuge vielleicht nur die hoffnungsvolle Tatsache, dass die Geschichte meistens anders ausgeht, als man voraussetzen kann, und dass dadurch das Leben jedes Menschen ein ständiger Kampf der Hoffnung gegen die Hoffnungslosigkeit sei.

Der Beitrag wurde von Katharina Kunter und Jonáš Plíšek verfasst. Die Übersetzungen aus den tschechischen Originalquellen stammen von Jonáš Plíšek.

Einen kurzen biographischen Überblick bieten:

J. Šimsa, Solidariteit met de geschokten [Solidarität mit den Erschütterten], in: B. Komárková, Leven van de geef. Christen-zijn in Tsjechië onder het nationaal-socialisme en het communisme [Leben aus dem Geben. Christsein in Tschechien unter dem Nationalsozialismus und dem Kommunismus], Kampen 1998, 118–127.

J. Čapek, Božena Komárková, in: Beiträge zur ostdeutschen Kirchengeschichte 7 (2005) 120–124.

a) Werke von Božena Komárková:

Původ a význam lidských práv [Ursprung und Bedeutung der Menschenrechte], Státní pedagogické nakladatelství, Prag 1990 [= Komárkovás Dissertation und Habilitationsschrift].

Božena Komárková a její hosté: eseje a rozhovory [Božena Komárková und ihre Besucher: Essays und Gespräche], Heršpice 1991.

Sekularizovaný svět a evangelium [Die säkularisierte Welt und das Evangelium], Brünn 1993.

Gewissen, Widerstand und Toleranz. Leben unter zwei totalitären Regimen, mit einem Vorwort von J. M. Lochman, Münster 2002.

Human Rights and the Rise of the Secular Age, Benešov 2003.

Erschienen in der Reihe: Die Werke Komárkovás, zur Veröffentlichung vorbereitet von Jan Šimsa und Milena Šimsová:

Lidská práva [Menschenrechte], Heršpice 1997.

Čemu nás naučila válka [Was uns der Krieg gelehrt hat], Heršpice 1997.

Přátelství mnohých studentské křesťanské hnutí [Die Freundschaft von vielen; die christliche Studentenbewegung], Heršpice 1997.

O svobodu svědomí [Über die Gewissensfreiheit], Heršpice 1998.

Ve světě a ne ze světa [In der Welt, doch nicht von der Welt], Heršpice 1998.

Tolerance jako podmínka života [Toleranz als Bedingung für das Leben], Heršpice 1999.

Der Nachlass Komárkovás befindet sich im Mährischen Landesmuseum in Brünn (Abteilung Literaturgeschichte). Er besteht aus zwölf Kartons, die bislang noch nicht systematisch geordnet wurden (vgl. M. Krejčová, Komentovaný soupis fondu pozůstalosti Boženy Komárkové [Kommentiertes Verzeichnis des Nachlassfonds von Božena Komárková]. Bakkalaureatsarbeit, Brünn 2013).

b) Diesem Beitrag zugrunde liegende Sekundärliteratur:

G2W (Hrsg.), ČSSR. Zur Lage der evangelischen Kirche der Böhmischen Brüder. Eine Dokumentation, Küsnacht 1978, 7–18.

P. Keřkovský, Menschenrechte und Božena Komárková, in: M. Meyer-Blanck (Hrsg.), Reden von Gott in der Mitte Europas, Rheinbach 2004, 161–171.

P. Keřkovský, Řeč filosofické a biblické reflexe: problém spravedlnosti a lidských práv v díle Boženy Komárkové [Philosophische Sprache und biblische Reflexion: Das Problem der Gerechtigkeit und der Menschenrechte im Werk von Božena Komárková], Jihlava 2005.

K. Kunter, Protestantismus und Zivilgesellschaft in Tschechien, in: G2W 37 (2009) 16f.

K. Kunter, Für Menschenrechte und Demokratie. Protestanten und die tschechische Bürgerrechtsbewegung Charta 77. Ein Thema im Spannungsfeld von ökumenischer Kirchenpolitik, zivilgesellschaftlichem Engagement und kirchlicher Zeitgeschichte, in: J.-C. Kaiser (Hrsg.), Vom Ertrag der neueren Kirchengeschichte für Kirche und Gesellschaft, Marburg 2008, 141–166.

K. Kunter, Die evangelischen Kirchen in der Tschechoslowakei 1948–1989, in: M. Schulze Wessel/M. Zückert (Hrsg.), Handbuch der Religions- und Kirchengeschichte der böhmischen Länder Tschechiens im 20. Jahrhundert, Oldenburg 2009, 727–740.

J. Šabata, Učitelka hlubinně křesťanské politické orientace [Lehrerin tiefer christlicher politischer Orientierung], in: B. Komárková, O svobodu, 8–15.

J. Šimsa, Naše paní Profesorka [Unsere Frau Professorin], in: B. Komárková, Přátelství mnohých, 7–12.

c) Zuordnung der wörtlichen Zitate in der Reihenfolge ihres Vorkommens:
„philosophisches Werk", aus: P. Keřkovský, Řeč filosofické, 102.

„Unvollkommenheit der Entwicklung", „positive Kraft", aus: B. Komárková, Čemu nás naučila, 36.

„apokalyptischen Alter …", aus: J. Šabata, Učitelka, in: B. Komárková, O svobodu, 8.

„In dieser Gemeinschaft …", aus: J. Čapek, Komárková, 122.

„organisches Element …", „Glied der Staatsgesellschaft …", „treffen sich wieder …", aus: B. Komárková, Církev a stát v naší době [Kirche und Staat in unserer Zeit], in: B. Komárková, O svobodu, 18 (Übersetzung durch J. Plíšek).

„außerhalb der Gesetze", aus: B. Komárková, Církev a stát, in: B. Komárková, O svobodu, 22f. (Übersetzung durch J. Plíšek).

„guten Beziehungen", aus: B. Komárková, Brief an Václav Kejř, Brno, den 27.4.1974, in: B. Komárková, O svobodu, 92.

„mit einer wesentlichen Erleichterung …", aus: B. Komárková, Ad informandum o důsledcích podpisu Charty 77 [Ad informandum über die Folgen der Unterschrift unter die Charta 77], in: B. Komárková, O svobodu, 112.

„Der Christ …", aus: G2W (Hrsg.), ČSSR, 28f.

„tschechische Hannah Arendt", aus: P. Keřkovský, Řeč filosofické, 97.

„christliche Solidarität …", aus: P. Keřkovský, Řeč filosofické, 97.

„eiserne Notwendigkeit …", aus: Gespräch Komárkovás mit Marta Marková-Kotyková, in: B. Komárková, O svobodu, 134.

Katholikos Ambrosius von Georgien

„Meine Seele gehört Gott,
mein Herz meinem Land.
Sie, meine Henker,
mögen mit meinem Körper tun,
was Sie wollen."

Katholikos Ambrosius von Georgien

Ambrosius (Ambrosi), Katholikos der Georgischen Orthodoxen Apostolischen Kirche (in Georgien ist Katholikos die Bezeichnung für den Patriarchen), war für Georgien in den überaus schwierigen Jahren 1921 bis 1927 ein wichtiger geistlicher Hirte.

Ambrosius, dessen Vater Priester im Ilori-Kloster war, wurde am 7. Oktober 1861 als Bessarion Khelaia in dem kleinen Dorf Intschchuri in Westgeorgien geboren. Er beendete 1879 die Schule und schloss 1885 das Studium am Priesterseminar von Tiflis mit Auszeichnung ab. Er kehrte nach Ilori zurück und heiratete 1887 vor seiner Weihe zum Priester. 1892 ging er nach Sochumi und arbeitete im Kloster Neu-Athos und in Lichni. Dort lehrte er Georgisch und wurde zum aktiven Mitglied der sogenannten Georgischen Partei.[1] Er kritisierte die Russifizierung Abchasiens durch den russischen Bischof Arseni und wurde zu einer bekannten geistlichen und öffentlichen Persönlichkeit. Später, am 1. September 1918, sagte er in der Kathedrale von Sochumi in einer Predigt, dass der Ort für ihn besonders unvergesslich sei, da er dort zum ersten Mal die bittere, versklavte Stellung der georgischen Kirche sowie die herrschende prorussische Haltung der Regierung gespürt habe und ihm dort klar geworden sei, dass man dagegen protestieren müsse. Dort habe er angefangen „den dornigen Weg zu gehen und Qualen, Verbannung, Trauer und Unheil auf sich zu nehmen".

Wegen der strengen Überwachung durch die Geheimpolizei beschloss Bessarion Khelaia, Georgien zu verlassen und nach Kasan in Russland zu gehen. Dort studierte er von 1896 bis 1900 an der Geistlichen Akademie und veröffentlichte erste wissenschaftliche Werke sowie Briefe in Zeitungen. Nachdem seine Frau 1893 gestorben war, wurde er Mönch, erhielt den Namen Ambrosius und wurde nach seiner Rückkehr nach Georgien Archimandrit des Tschelischi-Klosters in Racha (nordwestliches Georgien).

Wie der russische Exarch für Georgien, Alexi, in einem geheimen Brief an den Synod in St. Petersburg[2] schrieb, reiste Ambrosius immer wieder heimlich in die russifizierten abchasischen Dörfer Westgeorgiens. Nach seiner Abreise aus diesen Dörfern verlangten die Dorfbewohner, dass in ihren Schulen die georgische Sprache wieder eingeführt werden solle. Aufgrund dieses Briefes wurde Ambrosius 1903 durch einen Beschluss des Heiligsten Dirigierenden Synods der Russischen Orthodo-

---

1 Die sogenannte Georgische Partei war keine Partei im eigentlichen Sinne, sondern eine Organisation, in der Intellektuelle trotz strengster Überwachung durch die Geheimpolizei gegen die Russifizierungspolitik in Abchasien (Westgeorgien) kämpften.

2 Ein Entwurf dieses Briefes befindet sich heute im Zentralen Staatlichen Historischen Archiv Georgiens.

xen Kirche aus Georgien ausgewiesen und als Supervisor der geistlichen Schule in der Diözese von Don in Ust-Medwedizkaja Staniza eingesetzt.

Nur mit der Hilfe von Bischof Leonid, dem späteren Katholikos von Georgien, war es ihm möglich, nach zwei Jahren zurückzukehren. 1905 wurde er Leiter des Klosters St. Johannes der Täufer und hatte bis zu seiner nächsten Verbannung nach Russland im Jahre 1908 verschiedene wichtige Stellungen inne. Weil er zum Wortführer der Bewegung wurde, die sich für die Wiederherstellung der Autokephalie, d.h. der Eigenständigkeit der Georgischen Orthodoxen Kirche, einsetzte (sie war nach der Besetzung Georgiens durch Russland 1811 aufgehoben worden), ordnete die Kirchenverwaltung der Russischen Orthodoxen Kirche an, ihn in das Dreifaltigkeitskloster von Rjasan zu bringen, wo er unter schwierigsten Bedingungen lebte und litt. Als er erkrankte, schloss man ihn in eine feuchte Zelle und verbot, einen Arzt für ihn zu rufen. So dauerte seine Krankheit anderthalb Monate. Den anderen Mönchen war der Zutritt zu seiner Zelle verboten, er selbst durfte sich nicht frei bewegen, nicht einmal innerhalb der Klostermauern.

Nachdem das Verfahren gegen ihn 1909 schließlich begonnen hatte, wurde er für unschuldig erklärt und ihm wurden alle seine Rechte wieder zuerkannt. Nach Georgien durfte er jedoch nicht mehr zurückkehren.

1910 bestimmte die Kirchenverwaltung Ambrosius zum Leiter des Verklärungsklosters in Nowgorod. Dort blieb er zunächst, schrieb Predigten, wissenschaftliche Werke und Briefe in Zeitungen über die herrschende Situation in Abchasien sowie allgemein in der georgischen Kirche, und er argumentierte für die Richtigkeit und Wichtigkeit der Autokephalie der Georgischen Orthodoxen Kirche.

Nach dem Zusammenbruch des zaristischen Regimes 1917 und nachdem die Georgische Orthodoxe Kirche sich am 12. März desselben Jahres für autokephal erklärt hatte, kehrte Ambrosius nach Georgien zurück und wurde zum Metropoliten von Tschkondidi (Westgeorgien) geweiht. 1918 erfolgte die nationale Unabhängigkeit Georgiens, und obschon das sowjetische Russland diese 1920 – nach einigen anderen Staaten – anerkannte, dauerte die Freude darüber nicht lange, da schon im Februar 1921 die Rote Armee Georgien besetzte und die Unabhängigkeit damit faktisch beendete.

Nach acht Monaten sowjetischer Okkupation wurde Metropolit Ambrosius auf dem Dritten Kirchenkonzil in Georgien zum Nachfolger des verstorbenen georgischen Katholikos Leonid gewählt. Kurz darauf stand der Katholikos vor einer schwierigen Situation für seine Kirche

und seine Heimat: Die Kommunisten entzogen der Kirche ihren eigen-
ständigen Rechtsstatus, verfolgten den Klerus, schlossen Kirchen und
Klöster und konfiszierten den Kirchenbesitz. Ganze georgisch besiedel-
te Regionen wurden den Nachbarstaaten geschenkt, auf dem Territorium des georgischen Staates wurden autonome Regionen geschaffen,
und die georgische Sprache sowie Kultur wurden erneut verdrängt. Ambrosius jedoch wollte nicht dabei zuschauen, sondern nutzte die Möglichkeit, der internationalen Gemeinschaft darüber zu berichten und
um Hilfe für die Unabhängigkeit Georgiens zu bitten.

Vom 10. April bis zum 19. Mai 1922 tagte die Konferenz von Genua, die es sich zur Aufgabe gemacht hatte, nach dem Ersten Weltkrieg
das internationale Finanz- und Wirtschaftssystem wiederherzustellen.
Ambrosius schrieb folgendes Memorandum an die Teilnehmer dieser
Konferenz:

An die zivilisierte Menschheit, repräsentiert auf der Konferenz von Genua,
sendet am 7. Februar des Jahres 1922 in der Liebe des Herrn seinen Gruß der
Diener Gottes Ambrosius, geistlicher Hirte und Katholikos von ganz Georgien.

Schon in vorchristlichen Zeiten haben die kartwelischen [georgischen]
Stämme am Fuß des Kaukasus, zwischen dem Schwarzen und dem Kaspischen
Meer einen mit einem kleinen Territorium, aber mit starkem Willen und krea-
tiven Fähigkeiten gesegneten Staat gegründet. Dieser Staat ist in der Geschichte unter dem Namen Georgien bekannt. Georgien war Jahrhunderte lang der
einzige Träger der christlichen Kultur und des europäischen Humanismus in
Vorderasien.

Am Ende des 18. Jahrhunderts, geschwächt von den Kriegen gegen die äußeren Feinde, bat die georgische Nation das gleichgläubige Russland freiwillig
um Unterstützung. Dies geschah in der Hoffnung, dass dadurch Georgien seine
politische und nationale Existenz sichern könne, was auch in einem politischen
Vertrag festgehalten wurde, der 1783 zwischen dem georgischen König Erekle II.
und der russischen Kaiserin Katharina II. geschlossen wurde. Jedoch litt meine enttäuschte Heimat dann leider 117 Jahre lang unter heftiger Despotie und
unerträglicher Unterdrückung seitens der russischen Verwaltung. Deshalb hat
die georgische Nation kurz nach dem Zerfall der künstlichen Einheit des russischen Imperiums 1917 ihre Unabhängigkeit erklärt und mit dem Wiederaufbau
ihres politischen, nationalen und kulturellen Lebens begonnen. Trotz größerer
Hindernisse, die durch innere und äußere Feinde bereitet worden waren, hat
die georgische Nation solche Fähigkeiten und Bestrebungen gezeigt, eine eigene
nationale Identität und Staatsform zu entwickeln, dass das zivilisierte Europa
sie schon nach drei Jahren als Staat anerkannte und Georgien einen Platz unter
den unabhängigen, souveränen politischen Einheiten zuwies. Eindeutig konnte

Russland, früher Herrscher über Georgien und Unterdrücker der kleinen Nationen, dies nicht tolerieren. Es schickte ein Okkupationsheer an die georgischen Grenzen und erlegte am 25. Februar 1921 nach einem kurzen Krieg dem ausgebluteten Georgien wieder ein schweres und schändliches Joch der Sklaverei auf, das schlimmste, das Georgien in seiner langen Geschichte hat erdulden müssen. Die Besatzer versuchen zwar, sowohl im Inland als auch im Ausland alle davon zu überzeugen, dass sie die Georgier befreit und glücklich gemacht haben, aber wie „glücklich" sich die georgische Nation wirklich fühlt, weiß ich als ihr geistlicher Vater und heutzutage einzig wahrer Hirte am besten, denn ich halte die spirituellen Fäden der nationalen Hoffnungen in der Hand und höre direkt ihr Seufzen und Klagen. Mutig und ohne jede Übertreibung sage ich, dass die Versuchungen, denen die georgische Nation ausgesetzt ist, sie zwangsläufig zu ihrem physischen Aussterben und einer seelischen Verwilderung und Verwesung bringen! Der Nation wird das Territorium weggenommen, das durch das Blut und die Gebeine der Vorfahren geheiligt ist. Es wird Eindringlingen aus fremden Ländern überlassen. Dem verarmten Volk wird die mit seinem eigenen Blut und Schweiß erworbene Nahrung aus dem Mund genommen und mit unvorstellbarer Geschwindigkeit ins Ausland gebracht. Die Muttersprache wird missachtet und abgeschafft; die von den Vorfahren geschaffene nationale Kultur wird geschändet; und zuletzt wird das Allerheiligste – das religiöse Gefühl – entweiht. Unter einem Banner der Gewissensfreiheit wird dem Volk verboten, seine religiösen Bedürfnisse zu befriedigen. Sein Klerus wird rücksichtslos verfolgt; seine Kirche, dieser älteste Faktor des nationalstaatlichen Aufstiegs und seiner Stärke, wird all ihrer Rechte beraubt, so dass sie keine Erlaubnis mehr hat, mit eigener Arbeit, Fleiß und Fähigkeiten ihre Existenz zu sichern. Um es in wenige Worte zu fassen: Die Nation seufzt, die Nation klagt, sie kann aber ihre Stimme nicht erheben. Unter diesen Umständen halte ich es für meine Pflicht als Oberhirte, der zivilisierten Menschheit Folgendes zu sagen: Ich, als Vertreter der Kirche, fange nicht an, die verschiedenen Formen des politischen Lebens zu deuten und zu reglementieren, aber ich kann für meine Nation nicht darauf verzichten, politische Rahmenbedingungen zu fordern, die ihre irdische und geistige Entwicklung unterstützen. Deshalb verlange ich:

1. Das russische Okkupationsheer soll sich unverzüglich hinter die Grenzen Georgiens zurückziehen, und das georgische Territorium soll vor Übergriffen, Gewalttätigkeit und Raub durch Fremde geschützt werden.
2. Die georgische Nation soll die Möglichkeit bekommen, selbst, ohne fremden Druck und Diktat, ihr Leben so zu organisieren, wie sie es will, und solche Formen des sozialen und politischen Lebens zu entwickeln, die ihrem Geist, ihrem Ziel, ihren Sitten und Gebräuchen und der nationalen Kultur entsprechen.

Ich hege starke Hoffnungen, dass die hochgeachtete Konferenz, die sich zum Ziel gesetzt hat, die großen Probleme der Menschheit zu klären und auf der Welt Gerechtigkeit und Freiheit zu schaffen, die elementare Bitte des kleinen Georgien, heute von mir ausgesprochen, nicht ignoriert und das Land aus den Klauen der Gewalt und vor schändlicher Sklaverei rettet.

Gott segne Sie und Ihre edlen Bestrebungen und Taten.

Ihr ergebener Ambrosius, Katholikos von ganz Georgien

Vor allem wegen dieses Memorandums wurden Katholikos Ambrosius und die Mitglieder des Patriarchatrates 1923 festgenommen. Ihnen wurde vom 10. bis 19. März 1924 ein öffentlicher Schauprozess gemacht. Der Patriarch wurde einer Verschwörung mit dem Westen, des Verbergens historischer Kirchenschätze, der Unregelmäßigkeit in der Führung der Kirchenbücher und des Widerstands gegen die Regierung beschuldigt. Hierüber schrieben alle wichtigen sowjetischen Zeitungen, in Georgien ebenso wie in Russland. In der durch die Kommunisten beeinflussten Berichterstattung verlangten die „Volksmassen" die Todesstrafe für alle Gefangenen, selbst für deren Anwälte. Ambrosius übernahm die alleinige Verantwortung für die Kirchenleitung, bekannte sich aber nicht für schuldig. In seinem Abschlussplädoyer versuchte er, alle seine Absichten, Worte und Taten logisch und präzise zu erläutern, und argumentierte, dass sie im Einklang mit seiner Pflicht als Katholikos und den Traditionen der Georgischen Orthodoxen Apostolischen Kirche stünden:

Als Erstes finde ich es notwendig zu sagen, dass wir – Priester nach der christlichen Lehre – verpflichtet sind, dem Träger der staatlichen Gewalt zu gehorchen, denn im Römerbrief 13,1 steht: „Jeder leiste den Trägern der staatlichen Gewalt den schuldigen Gehorsam. Denn es gibt keine staatliche Gewalt, die nicht von Gott stammt; jede ist von Gott eingesetzt." Wir sollen für sie beten (1 Tim 2,2) und über das Oberhaupt des Volkes nicht abfällig reden (Apg 23,5). Das bedeutet aber nicht, dass wir ihre Taten nicht mit einem kritischen Auge betrachten und ihre Fehler nicht bemerken sollten. Ich werde in meinen Ausführungen über diese Fehler der Regierung sprechen, und wenn ich dabei etwas Unkorrektes sage, deuten Sie es als ungewollt und *lapsus linguae*, aber keinesfalls als böse Absicht. […]

Die Religion hat ihren Ursprung nicht im Staat und wird nicht vom Staat geschaffen. Sie hat eine eigene, unabhängige Grundlage für ihre Existenz. Deswegen sind Kirche und Staat zwei unterschiedliche Institutionen mit unterschiedlichen Handlungsfeldern. Sie sollten ihren Zweck unabhängig voneinander erfüllen. Das Motto der Evangelien ist: „Gebt dem Kaiser, was dem Kaiser gehört, und Gott, was Gott gehört!" Der Staat sollte sich in das innere Leben der Kirche nicht einmischen, vor allem dann nicht, wenn beide voneinander getrennt sind. Auch wenn der Kirche alle Rechte einer juristischen Person geraubt werden, bleibt ihr immer noch ein Freiraum, ein Winkel, ihr Allerheiligstes, in das der Staat nicht eindringen sollte. Das ist ihr eigenes religiöses Leben, das den göttlichen Gesetzen gehorcht. Wenn einer der Diener Gottes diesen Gesetzen widerspricht, wird er zum Verräter des Glaubens. Deswegen sollen wir in solchen Situationen Gott mehr gehorchen als den Menschen (Apg 5,29). Diese Normen des kirchlichen Lebens, ein solcher Umgang zwischen der Kirche und dem Staat, ist in allen christlichen Ländern etabliert, und wir haben nicht erwartet, dass unsere Regierung dies nicht akzeptieren würde. [...]

Mich zu beschuldigen, ich hätte vom Verstecken der Kunstschätze[3] aus den Kirchen von Mtzcheta und Sioni gewusst, begreife ich als Missverständnis, denn in dieser Zeit war ich in Sochumi, und die Schätze wurden ohne mein Wissen versteckt. Weder aus meinen noch aus den Vernehmungen der anderen lässt sich schlussfolgern, dass ich davon bis zu ihrer Wiederentdeckung gewusst habe. Wie und woraus diese Anklage entstanden ist, weiß ich nicht. Aber selbst wenn ich an dem Verstecken mitgewirkt hätte, würde ich mich nicht schuldig fühlen, weil der Klerus für den Schutz des Kircheneigentums sorgen muss und seit jeher während Unruhen und feindlicher Invasion Kirchenschätze auf diese Art geschützt wurden. Nur dadurch sind sie erhalten geblieben. Als die Schätze nach Kutaisi gebracht wurden, waren sie nicht Eigentum der Regierung. Es geschah zur Zeit der Vorgängerregierung, als die Kirche noch das Eigentumsrecht besaß. Selbst wenn die Kirche nicht die Eigentümerin gewesen wäre, wäre der Klerus verpflichtet gewesen, für das Kircheneigentum zu sorgen. [...]

Der zentrale Anklagepunkt gegen mich ist, wie aus den Protokollen zu sehen und aus dem Wort des Staatsanwalts zu vernehmen war, Konterrevolution. Sie schlussfolgern, dass ich konterrevolutionär tätig gewesen sei, weil ich einen Brief an die Konferenz von Genua geschickt habe. Ich verstehe nur nicht, was daran konterrevolutionär ist. Könnte es die hauptsächliche Idee vom Selbstbestimmungsrecht der Völker sein? Es wurde aber nicht von mir erfunden. Der letzte Weltkrieg hat der Menschheit viel Unheil gebracht, aber er hat auch eine Fahne erhoben, auf der mit großen Buchstaben geschrieben steht: „Selbstbestimmungsrecht für die kleinen Nationen". Dieses Motto war so spannend, herrlich und gut, dass sich die Regierung das zu eigen machen sollte. Es ist klar, dass dieses Motto vom Leben selbst entworfen wurde und dass es die Sozialisten als Erste übernommen hatten. Im Zuge der zweiten sowjetischen Internationale haben Stalin und ihr Anführer Kautsky[4] dieses

3 Als die Sowjetregierung von den Kirchen verlangte, Kirchengut herauszugeben, um im Ausland Lebensmittel kaufen zu können, versteckten die Kirchen vor allem die geweihten Gegenstände (Ikonen, Kelche).
4 Karl Johann Kautsky war einer der einflussreichsten Theoretiker des Sozialismus und Anführer der zweiten Internationale, die 1889 in Paris gegründet wurde.

Motto auf rein kulturelle Autonomie herabgestuft; die politische und wirtschaftliche Seite wurde wieder den herrschenden Nationen überlassen. Diese Idee der Autonomie wurde von der sowjetischen Regierung zum Endziel der politischen Unabhängigkeit deklariert. Genau dieses Recht auf Selbstbestimmung verlangt, dass jede Nation ihr Leben so gestaltet, wie es ihr richtig dünkt. Wenn die Erweiterung des Selbstbestimmungsrechts der Nationen bis zur völligen Unabhängigkeit und Stalins Worte dazu wahr sind, sollte die Abschaffung dieses Rechts und der Unabhängigkeit als Verbrechen aufgefasst werden. Nichts anderes habe ich gesagt. Ich gehöre zu keiner Partei und für mich ist es gleich, welche Partei regiert, Macht hat und ihre Diktatur etabliert. Es geht mich nichts an. Aber ich glaube und finde es erstrebenswert, dass die Regierung auf dem Willen und der Selbstbestimmung der Nationen basieren sollte. Der Wille der Nation ist das Gesetz für mich. Eine auf diesem Willen basierende Form der Verwaltung ist wichtig für die nationale Einheit und kulturelle Entwicklung. […]

Die aktuelle Situation der Sowjetunion wird vom ganzen bürgerlichen Europa und den anderen Staaten nicht gewollt und als gefährlich aufgefasst; nach dieser Auffassung wäre auch eine Intervention dieser Staaten gerechtfertigt. Eine Intervention ist immer ein Eingriff und sollte immer verdammt werden. Wir können nicht unsere Interventionen rechtfertigen und die der anderen ablehnen. So viel zum einen. Zweitens muss ich aber sagen, dass man die Freiheit selbst niemals verdammen sollte. Sie ist immer wünschenswert. Es gab kein Volk, das sich an ihr nicht erfreut, sie nicht gesucht und ihr Erlangen nicht als Glück aufgefasst hätte. Es kann sein, dass die ehemalige georgische Regierung die Freiheit nicht richtig angewandt hat, aber die Freiheit ist hier nicht zu tadeln. Während die imperialistischen Truppen zur Zeit der vorherigen Regierung frei durch Georgien marschieren konnten, soll sich die neue Regierung nun ihrer Freiheit bewusst werden und sie so verwirklichen, wie es sein sollte. […]

Die Konferenz von Genua war meiner Meinung nach eine Versammlung der Repräsentanten der Staaten für friedliche Verhandlungen, eine Versammlung, die sich zum Ziel gesetzt hatte, die Probleme der kleinen Nationen zu behandeln, und deswegen dachte ich, dass jeder das Recht hätte, sich an sie zu wenden und seine eigene Meinung zu sagen. Ich wollte nicht den Einmarsch fremder Mächte in Georgien, und das wäre auch lächerlich, denn ich wandte mich gegen die Intervention. Ich wusste auch, dass dort unser Vertreter anwesend war, der sicher die Souveränität und die Freiheit unseres Landes verteidigen würde. Ihn galt es zu unterstützen. In dieser Situation hätte mein Brief ihm den Kampf für die Unabhängigkeit Georgiens erleichtern sollen. […]

Um Anklage gegen mich erheben zu können, wurde mir zur Last gelegt, dass ich etwas über die Truppen gesagt habe. Ich sprach doch von der Intervention, die durch die Armee geschieht. Wie könnte ich nichts darüber sagen? Einmarsch und Verbleiben von Truppen für lange Zeit zeigt dem Volk, dass die Besatzung schon vollendet ist. Es ist sehr einfach zu beweisen, dass die Rote Armee Georgien besetzt hat. Das sagte schon Radek auf der Konferenz von Berlin, das schrieb F. Macharadze in seinem geheimen Bericht, und so steht es auch in dem Buch von Trotzki „Zwischen Imperialismus und Revolution". All das beweist, dass es nicht dem Willen des Volkes entsprechend geschehen ist. Wenn die Truppen nach dem Willen des Volkes einmarschiert wären, wäre nicht so viel Blut vergossen worden, und wäre es auch nicht notwendig, die Truppen so lange hier zu halten. Sie werden hier gehalten, weil die Besatzer nicht auf die Solidarität des Volkes hoffen. [...]

Hatte ich denn als Geistlicher nicht das Recht, solche Fragen zu stellen, wie sie sich in meinem Brief finden? Mir wird gesagt, ich hätte meine Rechte überschritten und mich in die Politik eingemischt. Ich weiß nicht, ob ich nach sowjetischen Ansichten noch irgendwelche bürgerlichen Rechte besitze, aber es ist wahr, dass wir immer versuchen, nach dem Motto „Gebt dem Kaiser, was dem Kaiser gehört, und Gott, was Gott gehört" zu leben. Deswegen mischen wir uns nicht in die staatliche Struktur und Verwaltung ein, leugnen nicht die Regierung, leisten keinen Widerstand gegen sie und so weiter. Das soll aber nicht bedeuten, dass wir schweigen und gar nichts sagen sollten, wenn Ungerechtigkeit, Plünderung durch fremde Kräfte, Bedrängnis und fehlerhafte Haltung dem Volk gegenüber herrschen; das würde insgesamt dem Volk nicht dienen, seine Interessen nicht verteidigen und den Grund seiner Trauer in der Welt verschweigen. [...]

Nein, es ist kein Recht, sondern mehr eine Pflicht, und sie nicht zu erfüllen, würde mich als meiner Position unwürdig darstellen – verantwortlich Gott, der Kirche und der Nation gegenüber. Trotz allem war mein Brief wirklich ein kirchlicher Akt, und wenn er äußerlich einen politischen Charakter angenommen hat, ist das auch verständlich, denn eine andere politische Haltung, eine Veränderung der Einstellung gibt uns die Möglichkeit, uns die Perspektiven der Kirche für die Zukunft vorzustellen. [...]

Da die Haltung der Regierung bezüglich der religiösen Fragen äußerst negativ war und wir die gleichen Ergebnisse erwarteten, suchte ich als Haupt der Kirche die Möglichkeit, die Interessen der Kirche zu verteidigen. Aus diesem Grund habe ich mich an die Konferenz von Genua gewandt. Hier stellt sich die Frage, ob das Haupt der Kirche das Recht dazu hat, neben der Freiheit der Kirche auch über die Freiheit der Nation zu sprechen. Und wenn ja, würde es dann als Einmischung in die Politik definiert? Meiner Meinung nach gibt uns die christliche Lehre dieses Recht. Sie lehrt uns, dass Gott den Menschen nach seinem eigenen Abbild, sich ähnlich, geschaffen hat. Dieses Abbild und seine Ähnlichkeit werden in seinen seelischen Eigenschaften sichtbar. Unter ihnen ist die Freiheit die wichtigste Eigenschaft. Der Apostel Paulus sagt, dass wir zur Freiheit berufen sind. Christus hat uns mit dieser Freiheit gesegnet, und wir sollten sie sorgfältig bewahren. Da wir einmal befreit worden sind, sollen wir uns nicht von Neuem das Joch der Knechtschaft auflegen (Gal 5,1–13). Sie könnten erwidern, dass der Apostel über die individuelle und religiöse Freiheit spricht und nicht über die Freiheit des Volkes. Aber derjenige, der tiefer in diese Worte des Apostels blickt, begreift, dass hier die kollektiven Individuen, also die Nationen und ihre weltlichen Beziehungen, impliziert sind. Das verdeutlicht uns der Apostel, wenn er sagt, dass wir die Freiheit nicht als Deckmantel für das Böse nehmen sollen (1 Petr 2,16), nicht als Vorwand für das Fleisch, sondern einander in Liebe dienen sollen, und er sagt ja auch: „Wenn ihr einander beißt und verschlingt, dann gebt acht, dass ihr euch nicht gegenseitig umbringt" (Gal 5,13–15). Damit wird es offensichtlich – wegen der Unstimmigkeit, Rivalität und des Kampfes könntet ihr aussterben. Natürlich geht es hier um die menschliche Gesellschaft und die Beziehung zwischen den Völkern. Deswegen hatte ich, wenn ich in meinem Brief über die Freiheit der Nation sprach, aus der Bibel das Recht dazu, und wir, der Klerus, können diese Pflichten nicht vernachlässigen. [...]

Warum haben sie den zentralen Punkt des Memorandums nicht verstanden? Er ist nicht geschrieben worden, um die aktuelle Regierung zu verleugnen, sondern, im Gegenteil, dazu verfasst worden, diese Regierung, die Souveränität der Nation und die Freiheit der Kirche zu verteidigen. [...]

Andererseits, wie könnte man die Frage des menschlichen Lebens behandeln, ohne dass es politisch gedeutet wird? Denn die Mitglieder der Kirche sind gleichzeitig Mitglieder des Staates. Deswegen kann jede unserer Handlungen und jedes Wort politisch interpretiert werden, wenn der Wille dazu vorhanden ist. [...]

Ist es denn überhaupt notwendig, etwas über den Zustand der Kirche zu sagen? Jeder von uns, der auf das Leben des Volkes achtet, sieht deutlich die Wirklichkeit des kirchlichen Lebens. Derjenige aber, der ein wenig die Geschichte kennt und etwas davon gelernt hat, weiß, dass eine solche Verfolgung, die bei uns stattgefunden hat, beispiellos ist, wenn wir von den Verfolgungen der ersten christlichen Jahrhunderte absehen, als die Gläubigen gezwungen waren, sich in den Katakomben zu verstecken, um die eigenen religiösen Pflichten zu erfüllen. [...]

Sowohl mein Kampf für die nationalen Interessen und die Verteidigung der Freiheit als auch das Urteil, das ich von diesem Obersten Gerichtshof bekomme, finden ihren Platz in den Herzen aller Georgier, die noch nicht die Liebe zum Glauben und zur Heimat verloren haben. Auch dafür würde ich mich glücklich schätzen. Als gläubiger Christ sage ich: „Der Wille Gottes geschehe!", und wende mich an euch mit den Worten Christi: „Ihr Frauen von Jerusalem, weint nicht über mich; weint über euch und eure Kinder!" (Lk 23,28)

Das Gericht verurteilte Ambrosius zu sieben Jahren, neun Monaten und 23 Tagen Freiheitsstrafe und der Beschlagnahmung seines Eigentums. Ambrosius reagierte auf das Urteil mit einem Satz, der seine Überzeugungen noch einmal zusammenfasste: „Meine Seele gehört Gott, mein Herz meinem Land. Sie, meine Henker, mögen mit meinem Körper tun, was Sie wollen."

Durch die jahrelange Haft war seine Gesundheit stark angegriffen. 1925 wurde er zum Sterben vorzeitig aus der Haft entlassen, weil der Gefängnisarzt erklärte, ihm blieben nur noch wenige Stunden zu leben. Katholikos Ambrosius überlebte jedoch und übernahm erneut die Leitung der Kirche. Der Kampf des kommunistischen Regimes gegen ihn hörte nicht auf, und am 29. März 1927 starb er an den Folgen der Haft. 1995, als Georgien wieder ein unabhängiger Staat war, wurde Ambrosius I. (Khelaia) von der Synode der Georgischen Orthodoxen Apostolischen Kirche heiliggesprochen und erhielt den Ehrennamen Ambrosius der Bekenner.

Der Beitrag wurde zusammengestellt und aus dem Georgischen übersetzt von Maia Damenia.

Ikone, die nach seiner Heiligsprechung angefertigt wurde

208

Diesem Beitrag liegen folgende Werke zugrunde:

Z. Abašidze, Art. Amvrosij [Ambrosius], in: Pravoslavnaja ènciklopedija [Orthodoxe Enzyklopädie], auf: http://www.pravenc.ru/text/114372.html [Abruf am 08.01.2014].

K. Alibegashvili, Tsminda ambrosi agmsareblis bibliografia [Bibliographie des Heiligen Ambrosius des Bekenners], Tiflis 2012.

P. Bornasconi/G. Zanelli, La conferenza di Genova. Cronache e documenti, Bologna 1922.

E. Bubulashvili, Saqarthvelos samoziqulo eklesia [Die Georgische Apostolische Kirche], Tiflis 2008.

D. Darsalia (Hrsg.), Tsminda agmsarebeli ambrosi (Khelaia) komunisturi marthlmsadzhulebis tsinasche [Der Heilige Ambrosius der Bekenner (Khelaia) vor dem kommunistischen Gericht], Tiflis 2011.

A. Djaparidze, Saqarthvelos samoziqulo eklesiis istoria [Geschichte der Georgischen Apostolischen Kirche]. Bd. 4, Tiflis 2003.

J. Gamakharia, Tsminda agmsarebeli ambrosi (Khelaia) 150-e tslisthavisthvis [Der Heilige Ambrosius der Bekenner (Khelaia). Zum 150. Geburtstag], Tiflis 2012.

J. Gamakharia (Hrsg.), Tsminda agmsarebeli ambrosi (Khelaia) da apkhazethi [Der Heilige Ambrosius der Bekenner und Abchasien], Tiflis 2006.

R. Janin, The Separated Eastern Churches, Piscataway/NJ 2004.

D. M. Lang, A Modern History of Georgia, London 1962.

Z. Mačitadze, Svjatoj Amvrosij Ispovednik, Katolikos-Patriarch vsej Gruzii [Heiliger Ambrosius der Bekenner, der Katholikos-Patriarch ganz Georgiens], auf: http://www.pravoslavie.ru/orthodoxchurches/41420.htm [Abruf am 08.01.2014].

R. Metreveli (Hrsg.), Saqarthvelos katholikos-patriarqebi [Die Katholikos-Patriarchen von Georgien], Tiflis 2000.

N. Papuashvili, Die Georgische Orthodoxe Kirche zwischen zwei Weltkriegen, auf: http://tobias-lib.uni-tuebingen.de/volltexte/2011/5447/pdf/ekles.deutsch.pdf [Abruf am 08.01.2014].

G. Peradse, Ambrosius I.: Katholikos-Patriarch von Georgien, in: Der Orient 9 (1927) 61.

Beschluss des Senats der Vereinigten Staaten von Amerika unter der Nummer 110 vom 19. April 1989 zur Unterstützung der Freiheit im sowjetisch besetzten Georgien, in: Congressional Records 101st Congress (1989–1990), Senate Resolution 110 – Supporting Freedom in Soviet-occupied Georgia, S4446, auf: http://thomas.loc.gov/cgi-bin/query/F?r101:1:./temp/~r101FdvGAw:e0: [Abruf am 11.07.2014]

B. Stasiewski, The Orthodox Church in Georgia, in: E. Iserloh/J. Glazik/
H. Jedin, Reformation and Counter Reformation (History of the Church V)
(Übersetzung von: Handbuch der Kirchengeschichte IV, ²1967 durch
A. Biggs/P. W. Becker), London 1980, 478f., hier 478.

L. Tchantouridze, Russia Annexes Georgia. Georgian Patrarch's Letter to the
1922 Genoa Conference, in: The Canadian Journal of Orthodox Christia-
nity. Volume III, No 3, Fall 2008, 67–73, auf: http://www.cjoc.ca/pdf/Vol-
3-F-2%20Russia%20Annexes%20Georgia.pdf [Abruf am 25.06.2014].

Im Folgenden die Zitate in der Reihenfolge ihres Vorkommens:

„den dornigen Weg ...", aus: J. Gamakharia, Tsminda [...] 150-e tslisthavisthvis,
28.

„An die zivilisierte Menschheit ...", aus: J. Gamakharia, Tsminda [...] 150-e
tslisthavisthvis, 360f.

„Als Erstes ...", aus: J. Gamakharia, Tsminda [...] 150-e tslisthavisthvis, 472–
493.

„Meine Seele ...", aus: D. M. Lang, History, 241.

Rando Paršić OP

„Wohl bekomm's, Unverbesserlicher!"

Rando Paršić wurde am 1. November 1912 im heutigen Kroatien geboren. Gemeinsam mit einem seiner Brüder trat er als Junge dem Knabenseminar der Dominikaner in Bol bei. Nach dem Abitur ging er 1930 ins Noviziat des Ordens in Dubrovnik und wurde am 19. Juli 1936 zum Priester geweiht. Er arbeitete zunächst als Präfekt für die Seminaristen in Bol und kam schließlich in das Kloster Sv. Križ in Gruž, einem Stadtteil von Dubrovnik.

Weil er in der kroatischen Heimatwehr gegen die Kommunisten gekämpft hatte, wurde Paršić nach der Einnahme Dubrovniks im Oktober 1944 zum ersten Mal verhaftet.

Zwischen 1944 und 1957 war er mehrfach und über mehrere Jahre in unterschiedlichen Gefängnissen in ganz Kroatien in Haft. Auch nach seiner ersten Haftentlassung wurde er weiterhin von der Geheimpolizei beobachtet und unter anderem wegen seiner Predigttätigkeit mehrfach verhört.

Rando Paršić starb am 11. Oktober 2004.

Rando Paršić (l.) 1996

2011 veröffentlichte sein Ordensbruder Frano Prcela Paršić' „Verbotene Erinnerung" („Zabranjeno sjećanje"). In diesem Buch schildert Paršić in eindrücklicher Weise die Erfahrungen der Haft, die Brutalität der Verfolger und das Schicksal der Häftlinge. Der folgende Beitrag ist ein Kapitel aus diesem Buch. Es berichtet von Paršić' Erfahrungen der Inhaftierung und des Lebens auf der Gefängnisinsel Goli Otok. Das Kapitel setzt ein, als er, noch auf eine Nachricht seines Rechtsanwalts wegen seiner erneuten Verurteilung wartend, die Aufforderung erhält, sich zum Haftantritt zu melden.

Goli Otok

Den „Bescheid" erhielt ich am 25. Juni 1957. Ich sollte mich binnen drei Tagen beim Sekretariat für innere Angelegenheiten, also der Polizeibehörde, melden. Am 28. Juni 1957 verließ ich die Gemeinde Resnik. Ich fuhr mit dem Moped ins Dominikanerkloster nach Zagreb, damit mich von dort jemand in den Stadtteil Zrinjevac begleiten konnte. Ich meldete mich um 8 Uhr und berief mich auf den Bescheid, mit dem mir befohlen worden war, mich zu melden, um eine sechsmonatige Haftstrafe anzutreten. Sie empfingen mich, als ob alles völlig normal wäre, ein ordentlicher Besuch und eine normale Anmeldung, auch wenn hier ein Leben (mein Leben) nicht mehr nach seiner eigenen Lebensuhr verlaufen sollte, sondern diese so klingeln musste, wie sie sie aufziehen würden.

Wie gewöhnlich finde ich niemanden, der mir hätte sagen können, wohin und an wen ich mich wenden sollte. Ich höre nur ein: „Sie werden es sehen, nehmen Sie Ihre Sachen und folgen Sie mir." Ich gehe in das Zimmer, einen kleinen Raum. Da sind schon drei, wir schauen uns an und schweigen. Aus Erfahrung weiß ich, dass das Schweigen die sicherste Schule der Vernunft ist. Selbst wenn ich sie fragen würde, würde ich auf Granit beißen, aber keine Leidensgenossen finden.

Im Morgengrauen hören wir: „Aufstehen, fertig machen! Los geht's!" Wenn ich nur wüsste, wohin es geht. Aber selbst wenn ich es herausfände, was würde es mir nutzen? Meine sechsmonatige Strafe hat schon begonnen. Ich sagte mir, dass das Vernünftigste sei, sich Gott anzuvertrauen, denn er hat mir auch bisher im Dschungel von Bösem und Angst geholfen und mich ins Freie geführt. Nur ihn erreichen unsere Bitten und Hilferufe.

Wir brechen auf. Sie fahren uns fünf. Wer sind sie? Das hat Zeit, ich werde es herausfinden, wenn wir in dasselbe Gefängnis kommen.

NARODNA REPUBLIKA HRVATSKA
DRŽAVNI SEKRETARIJAT ZA UNUTRAŠNJE POSLOVE
II/3-BROJ:27937/1957.

PREDMET:PARŠIĆ Dragutin - odgoda
nastupa kazne - rješenje
na žalbu.-

Zagreb, dne 31.V.1957.

Rješavajući pravodobno uloženu žalbu Paršić Dragutina,
svećenika iz Zagreba, protiv rješenja SUP NOG Zagreb od 3o.IV.
1957.br.37838/57, kojim mu je odbijena molba za odgodu nastupa
kazne zatvora, - na osnovu čl.3o Zakona o izvršenju kazni, mjera sigurnosti i odgojno-popravnih mjera, donosi se slijedeće

R J E Š E N J E

Žalba se kao neosnovana odbija.-

O B R A Z L O Ž E N J E

Žalitelj je osudjen na 6 mjeseci zatvora, koju je kaznu
prema pozivu prvostepenog organa trebao nastupiti 25.IV.1957.god.
Protiv prvostepenog rješenja, osudjeni je uložio žalbu u
kojoj traži, da mu se radi uredjenja poslova u vezi sa njegovom
službom, te što je podnesao molbu za ulaganje zahtjeva za zaštitu
zakonitosti, odgodi nastup gornje kazne.
Nakon što je razmotrena žalba kao i raspravni spis našlo
se, da je prvostepeni organ kod rješavanja molbe pravilno ocjenio
navode žalitelja, koje i u žalbi iznosi, te da je pobijano rješenje u smislu čl.3o već spomenutog zakona pravilno. Valjalo je
prema tome riješiti kao u dispozitivu.-

Taksa po Tbr.5 Zakona o taksama od Din.9o.-naplaćena je
i na žalbi poništena.-

OVO RJEŠENJE DOSTAVLJA SE:

1. PARŠIĆ Dragutinu iz Zagreba time, da u roku od 3 dana
po primitku ovog rješenja ima nastupiti kaznu zatvora.-

2. SUP NOG - Zagreb.-

SMRT FAŠIZMU - SLOBODA NARODU!

DRŽAVNI PODSEKRETAR:
Zmazek Josip, v.r.

TOČNOST PREPISA, OVJERAVA:
NAČELNIK ODJELA:

(Manolić Josip)

Der Bescheid mit der Aufforderung zum Haftantritt

Während der Reise frage ich weder nach Namen noch nach dem Grund der Verurteilung. Das Klügste ist: nicht fragen! Wir fahren in einem geschlossenen Auto der Miliz. Es dringt kaum Luft durch die zwei Fensterchen über den Sitzen. Wir sprechen nicht, jeder geht seinen Gedanken nach, jeder trägt seine Sorgen, seine Schmerzen. Die Stunden vergehen und erst nach Mittag ahnen wir, dass wir am Meer ankommen. Wo? Wir hören: „Aussteigen!" Offensichtlich ist es ein Städtchen, das ich nicht kenne. Ich erfahre, dass es Bakar ist.

Bei der Ankunft in Bakar werde ich vielleicht das Rätsel lösen können, wo ich meine sechsmonatige Haftstrafe verbringen werde. Bakar ist nirgends als Strafanstalt beschrieben oder bekannt. Vielleicht verbringen wir hier nur ein paar Tage. Ich höre im Flüsterton von den Gefangenen, die bei mir sind, dass schon vor uns Gefangene aus Bakar weggebracht wurden. Wohin? Wir erfahren nur, dass sie viele verschiedene Gefangene hierher bringen, sie sammeln und dann ins Gefängnis bringen – angeblich auf die Insel Rab. Dafür spricht, dass einige vom Gericht in die Strafanstalt Rab geschickt wurden.

Tage und Nächte vergehen, aber nirgends lässt sich herausfinden, wohin wir nach dem Aufenthalt in Bakar gebracht werden. Und als ich es am wenigsten erhoffe, höre ich eine Unterhaltung, das Geflüster von zweien, dass man aus Bakar in ein Gefängnis auf einer Insel in der Nähe von Rab kommt, wo vor allem Kommunisten eingesperrt waren – die sogenannten *informbirovci*, Anhänger des „Kominform", also Kritiker Titos und Anhänger Stalins. Zuerst dachte ich, dass sie das sagen, damit jemand es hört, sich in ihr Gespräch einmischt und so in eine Falle gerät. Deshalb schwieg ich und dachte für mich darüber nach, was ich gehört hatte, obwohl ich nicht glaubte, dass man mich von Bakar aus in diese Schlangengrube werfen würde, auf eine Insel, wo man Kommunisten bestrafte. Mich, der ich verfolgt, eingesperrt und verurteilt wurde, nicht weil ich Kommunist war, sondern als Gegner des Kommunismus. Wahrlich, es fiel mir schwer zu glauben, was ich da gehört hatte.

Die Zeit vergeht langsam, jeder Tag gleicht dem vorigen. Die sonnigen Tage im Juni, ein heißer Juli, und wir bewegen uns nicht aus der Stadt Bakar. Aber auch das hat ein Ende. Eines frühen Morgens klingt der scharfe Befehl: „Aufstehen! Fertig machen!"

Schnell waren wir fertig, tranken eilig unseren Tee aus und aßen ein Stückchen Brot. Sie treiben zum Aufbruch. Wir sind zwölf an der Zahl. Wir sind überzeugt, dass man uns mit dem Schiff irgendwohin bringt, wenn es stimmt, dass die Kommandantur auf der Insel Rab ist. Wir sehen ein größeres Milizauto, steigen ein und setzen uns auf die rechts und links angebrachten Bänke. Wir fahren. Die Fahrt ist angenehm, denn noch hat die Sommersonne nicht mit Macht für Hitze gesorgt. Dann erst werden wir die Last des geschlossenen Raums spüren, vor allem ich, denn ich vertrage Schiffs- und Autofahrten nicht gut. Deshalb habe ich mich kurz nach dem Einstieg in das Auto unter den Sitzen ausgestreckt, um die Fahrt leichter zu ertragen. Bald schon ist einigen wegen der Reise schlecht geworden, denn die Fahrer haben den Befehl, Ansiedlungen auszuweichen und abseits der Hauptstraßen zu fahren. Wir sind eingeschlossen, nur zwei Fensterchen bringen uns Luft. Ich frage mich, wohin man uns fährt. Sicher nicht zurück nach Zagreb. Plötzlich brechen das Rütteln und das Motorengeräusch ab. Die Tür öffnet sich, damit wir aussteigen. Sie zeigen uns, wo wir uns hinsetzen sollen und wo man sich „erleichtern" kann. Aber alles unter strenger Bewachung. Ich sehe mich um, alles ist Einöde, Steine, nur wenige Kiefern, wenig Grün. Wir sind weit weg von jeder Ansiedlung, weg von den Augen der Menschen, denn wir sind ja Gefangene, Verurteilte. Hier verbrachten wir schweigend eine halbe Stunde. Wieder geht es ins Auto. Sie schließen und versperren die Türen. Wieder weiter und weiter. Wohin? Wir wissen es nicht, aber fühlen, hören, dass um uns Alltag, Verkehr, Stimmen sind. Das Dröhnen des Motors verstummt. Sie schließen auf. Der scharfe Befehl lautet: „Rasch, schnell über die Treppe!" Wir sind auf der Straße, vor uns ein steinernes Gebäude. Mein Mitgefangener flüstert mir zu, dass die Straße „Via Roma" heißt. Da befindet sich das Gefängnis in Rijeka. Unsere Einsicht unterbricht ein Befehl: „Rein da!" Wir sehen vor uns eine nicht sehr große Tür. Kaum bin auch ich hindurchgegangen, stehe ich nach ein paar Schritten wie in einem Grab. Was ist das? Der dunkle Raum erstreckt sich eher in die Höhe als in die Breite. Ein eiskalter Ort. Auf allen Seiten rinnt an den Wänden kaltes, eisiges Wasser hinab. Nach der Fahrt, nach der Sommerhitze und dem Schwitzen im geschlossenen Auto kommen wir in einen Eisschrank. Muss ich auch das erleben, um wirklich behaupten zu können, dass unsere Peiniger weder Seele noch Herz haben? In diesem Eisraum verbrachten wir etwa zwanzig Minuten. Kann es denn sein, dass man auch auf diesem Weg Menschen peinigen darf, ungeachtet dessen, dass sie schon verurteilt sind?

Sie fahren uns weiter. Wohin? An die Küste. Vor uns liegt ein Boot, man sieht seinen Namen: „Punat". Oh weh, wie es schon von außen aussieht! Unwillkürlich stellst du dir vor, wie es erst innen aussehen wird. Die Verurteilten sind nicht immer schmerzlos an Bord der „Punat" gelangt, sondern man hat sie durch die Luke des Frachtraums des im Hafen liegenden Schiffs geworfen. Wir steigen hinab ins Innere des Schiffs, damit wir nicht sehen können, wohin man uns fährt. Wir sind jetzt etwa

25 oder 30 Gefangene an Bord. Das Meer ist still und ruhig. Vom Meer wird mir nicht übel werden, es gibt keine Wellen, obwohl die Maschine des Schiffs eher stöhnt, als regelmäßig atmet. Wir sind angekommen. Wir sehen die Küste noch nicht, an der wir angekommen sind, denn wir dürfen nicht aussteigen, bevor sie nicht unsere Reisedokumente überprüft haben, besser gesagt – unsere Urteile. Wir müssen einer nach dem anderen aussteigen. Endlich sind wir an der frischen Luft, im Tageslicht. Das Festland liegt vor uns und wir fragen uns, wo wir sind. Einer von der Schiffsbesatzung sagt: Goli Otok!

Das „Willkommen" der Mitgefangenen

Es war der 7. Juli. Das ist also die Insel, das Gefängnis, über das man nicht einmal zu flüstern gewagt hat, in der ungeheuren Angst, dass dich die Herren dieser Insel und der Menschen hören könnten. Unwillkürlich schaust du die öde Insel an, die voll ist mit Leben. An jedem sichtbaren Platz sind Menschen. Ein unglaubliches Bild. Berechtigterweise denkt man, dass man im Fernsehen ein afrikanisches Land sieht. Warum? Alle Verurteilten sind schwarz von der Sonne, mit nackten Rücken, ohne Hemd, manche auch barfuß. Einige schieben Karren, einige andere Steine, wieder andere graben.

Plötzlich, wie auf einen unhörbaren Befehl, legen alle ihre Arbeit beiseite und laufen und laufen. Sie stehen in gerader Linie, im Spalier. Die Mitte ist passierbar, damit wir vom Boot aus an Land gelangen können. Auf einen Befehl hin verlassen wir rasch einer nach dem anderen das Boot. Kaum haben die Ersten die Reihen erreicht, hallt ein Schrei: „Uaaa… Bande!" Erst da erkennen wir, dass jeder in der Reihe entweder eine Rute oder einen Stock in der Hand hat, und sie schlagen und prügeln uns Neuankömmlinge unbarmherzig. Es gibt kein Zurück, wir müssen vorwärts durch den Willkommensgruß. Ich gestehe, dass ich die fünfzig oder sechzig Meter mit nur zwei, drei Schlägen überwand. Warum? Ich kannte dieses „Freundschaftswillkommen". So haben in der Zeit des „Kominform" die „Revisionisten der Position des Kominform" die Neuankömmlinge geschlagen und durch das „Schlagen des Feindes" haben sie Tito und der Partei ihre Ergebenheit erwiesen. Ich hatte schon Ähnliches in milderer Form erlebt, aber es gibt welche, die das zum ersten Mal mitmachen und aus dem Spalier nach den Schlägen mit blutigen Köpfen herauskommen, nicht zu reden von Schlägen auf den Rücken, die Beine und überall sonst. Wenn einer Mitgefühl hat und uns nicht schlägt oder nur scheinbar zuschlägt, stoßen ihn seine Genossen zwischen die Reihen und prügeln ihn wie auch uns Verurteilte. So behandeln sich also wahre „Genossen" untereinander! So böse, so unmenschlich können nur Verängstigte sein. Gefangene prügeln Gefangene! Als ich schon in den Verliesen von Goli Otok war, hat mein Anwalt die Bestätigung bekommen, dass mein Urteil „gesetzmäßig" ergangen ist.

„Fallschirmspringer-Übungen"

Nach den Prügeln zum Willkommen steigen wir den Berg hinauf, wo es keine festen Gebäude gibt, wie wir sie an der rechten und linken Seite der Insel sehen. Während wir, Gesunde und Verletzte, emporsteigen, überlege ich, dass man Goli Otok tatsächlich „Gulag" nennen könnte, auch wenn der Gulag für Stalins Gegner war, Goli Otok aber für die von Tito. Um uns herum Bretterbuden, es gibt keine Pflanzen, sondern nur Wildnis und steinigen Boden.

Wer hat diese Adriainsel ausgewählt, damit sie zur Hölle wird? Das ist bekannt – Tito, der sogenannte Kroate, der Serbe Ranković, der Montenegriner Đilas und der Slowene Kardelj. Dort kerkerten sie 1948, im Jahr des Konflikts zwischen der Sowjetunion und Jugoslawien, zwischen Stalin und Tito, die Anhänger der Moskauer kommunistischen Seite ein. Die jugoslawischen Größen schlossen ihre „Genossen" aus und ließen sie auf einer steinigen Insel Gefängnisgebäude errichten. Die meisten Gefangenen zu Beginn waren Serben und Montenegriner. Die Entscheidungen fällte Belgrad.

Während ich nachdenke, finden wir uns vor einer Baracke ein, einer Bretterbude. Müde stehen wir in der sengenden Sonne, die beißt, sticht, brennt. Über eine halbe Stunde warten wir stehend. Einige Wächter erscheinen; jeder nähert sich seinem Opfer, um zu prüfen, ob es irgendetwas Unerlaubtes dabei hat. Auch zu mir kommt ein Wächter und befiehlt mir, Hemd, Hose und Socken auszuziehen, so dass ich ganz nackt bin. Das gilt auch für die anderen Sträflinge. Was für eine Erniedrigung! Da erinnere ich mich, dass in meiner Tasche mein Rosenkranz ist. Was soll ich tun? Wenn sie ihn finden, spotten sie, zerreißen oder zerstören ihn. Schnell ziehe ich den Rosenkranz aus der Tasche. Ich drücke ihn in meiner Hand zusammen und lasse ihn auf die Erde fallen, wo ich ihn mit meinen nackten Füßen bedecke. So habe ich den Rosenkranz behalten, den ich auch nach meinem Weggang von Goli Otok aufgehoben habe. Dank sei dir, Himmelskönigin! „Diesen Schatz tragen wir in zerbrechlichen Gefäßen; so wird deutlich, dass das Übermaß der Kraft von Gott und nicht von uns kommt." (2 Kor 4,7)

Wehe! Die Nacht kommt. Du hoffst, dich zu erholen nach der Jagd durch diese wilden Tiger in Menschengestalt. Aber die Nacht gehört den Wanzen. Im Dunkeln (es gibt keine Beleuchtung) beginnen ihre „Fallschirmspringer-Übungen". Sie fallen von der Decke, kommen aus den Brettern des Betts. Sie krabbeln überall. Der Morgen kommt, und du hast kein Auge zugemacht. Das ist das „Willkommen" auf Goli Otok. So ging es zwanzig Tage.

Wir gehen nirgends hin, arbeiten nicht, außer dass wir in der Sommersonne um die Bretterbude Steine versetzen, sie tragen, ablegen und am nächsten Tag an ihren vorigen Platz zurücktragen. Vor allem wollen sie uns ermüden. Ein Vorgeschmack auf das, was uns erwartet, wenn wir die Hütte verlassen.

Der Tag des Aufbruchs kommt. Wir machen uns auf den Weg und gehen über die Wege, die die Anhänger des Kominform gebahnt haben, die Genossen der Genossen.

Beurteilung: „Unverbesserlich"

Die zwanzig Tage Sklaverei in Gesellschaft der „Fallschirmspringer" sind zu Ende. Es beginnt der Eintritt in den sogenannten „Draht". Alle Haftunterkünfte sind mit Draht umgeben. Man geht durch die Haupttür, und dann geht jeder Häftling in die ihm zugewiesene Abteilung. Ich bin der ersten Abteilung zugeordnet, erstes Gebäude am Eingang zum Draht. Die anderen Gebäude betritt man über Stufen, weil man die Abteilungen übereinander gebaut hat. Ich betrete mit noch fünf anderen die erste Abteilung. Die anderen? Jedem ist eine Ecke zugewiesen worden, als Schlafplatz. Hölzerne Pritschen auf drei Etagen. Unter dich legst du deine Decke; wenn du keine hast, bekommst du sie in der Verwaltung. Am Ankunftstag gehen wir nicht zur Arbeit. Wir bringen alles in Ordnung, räumen auf, erst morgen soll die harte Arbeit beginnen. Was? Ein großes Fragezeichen. Alles zeigt sich, wenn der Tanz beginnt.

Ich bin überrascht, als sie mich gegen 10 Uhr aufrufen, mich sofort beim Stubenältesten der ersten Abteilung zu melden. Er hat eine eigene Kammer und er ist schon längere Zeit hier. Er gehört zu den weniger schwer Verurteilten – einer vom Kominform. Er war Serbe. Ich meldete mich. Er sah auf eine Liste und fragte mich, wo ich bisher inhaftiert war. Mich wundert, dass er nicht fragt, warum und für wie lange ich verurteilt bin. Das steht bestimmt in dem Schriftstück. Noch etwas erschreckt mich ein wenig. Der Stubenälteste begleitet mich persönlich. Wir gehen Richtung Küste. Er führt mich in ein Gebäude. Ein markantes Steinge-

bäude fällt ins Auge, daneben ein luxuriöses Restaurant, bestimmt für die Chefs, nicht für uns Gefangene. Man führt mich in das Gebäude. Ich folge der ungeschriebenen Regel und warte. Endlich fordert mich ein Wächter auf, ihm zu folgen. Er klopft, die Tür öffnet sich. Er grüßt den Mann militärisch, der am Tisch sitzt. Das ist bestimmt der „Chef der Insel"! Auf Aufforderung trete ich ein und grüße: „Guten Tag!" Er antwortet: „Hallo, guten Tag! Setzen Sie sich." Ich setze mich und grüble in mir, was hier passiert und was ich hören werde. Er fragt, wie die Fahrt gewesen sei, ob man menschlich mit uns umgegangen sei, ob es etwas gebe, über das ich mich beschweren wolle, seit ich auf der Insel angekommen bin. Meine Antworten waren ohne Klage oder Beschwerde, denn das Verhalten unserer Begleiter war korrekt. Nach der normalen Befragung sagte mir der Direktor noch, er habe mich nicht gerufen, um mich darüber zu befragen. Ich würde gleich erfahren, worum es sich handele. Dennoch wolle er mich fragen, da ich die Strafe auf dieser Insel absitze, ob ich wissen wolle, wie meine Beurteilung im Begleitbrief laute. „Warum nicht?", sagte ich offen und ehrlich. „Ich weiß, warum ich verurteilt wurde, aber meine Beurteilung zu erfahren – da bin ich wirklich neugierig." Der Direktor befriedigt meine Neugier, nimmt das beschriebene Papier und liest laut, ein einziges Wort: „Unverbesserlich!"
Auf meinem Gesicht konnte er die Überraschung sehen. Ich schwieg. Er sagte, dass ich in den sechs Monaten sicher beweisen könne, dass das Geschriebene nicht stimmt. Ich sagte: „Ich hoffe es nicht nur, sondern bin sicher." Ich wollte gehen, aber er hielt mich mit den Worten auf, dass in dem Schreiben steht, mein Beruf sei Priester. (Er sprach das Wort serbisch aus, und ich wusste sofort, welcher Nationalität er war.) „Hören Sie mir deshalb gut zu: Sie dürfen, solange Sie hier sind, niemandem, wirklich niemandem sagen, was Sie von Beruf sind, dass Sie Priester sind!" – „Und was soll ich sagen, wenn mich jemand fragt?" – „Sagen Sie, dass Sie Lehrer sind." – „Gut, ich werde gehorchen!" Wir gehen wieder zur ersten Abteilung. Der Anfang einer sechsmonatigen Strafe mit Fragezeichen. Ich wünsche mir selbst: „Wohl bekomm's, Unverbesserlicher!" Wer hat mir wohl diesen Ehrentitel verliehen?

Fliesen für den Export

Am nächsten Morgen frühes Aufstehen und gemeinsame Gymnastik, morgendliche Übungen auf dem Hof vor den Gefängnisräumen. Es dauert etwa zehn Minuten, obwohl wir uns den ganzen Tag lang noch werden anstrengen müssen. Wir frühstücken vor der Arbeit mit Tee

und Kaffee gefärbtes Wasser. Das Brot, das ich am liebsten sofort auf-
gegessen hätte, muss ich bis nach dem Mittagessen aufbewahren, am
Arbeitsplatz. Wir gehen zu Fuß zu dem Platz, wo auch ich arbeiten werde. Wir gehen schweigend. Wir singen keine Kampflieder, wie es unsere
Vorgänger mussten, glücklich, dass sie für eine bessere Zukunft arbeiteten. Im Gehen hört man nicht einmal ein leises Gespräch, denn wir
kennen uns noch nicht gut. Nach zwanzig Minuten erreichen wir ein Werkstattgebäude. Mir
wird Arbeit in der Zementfabrik zugeteilt, in der Fertigung von Küchenfliesen aus Keramik. Mir ist sofort klar, dass mich einzig interessiert, wie Fliesen hergestellt werden, und kein bisschen, was mir das im
Leben nutzen würde. Besser das, als in einem Raum eingeschlossen zu
sein, in dem du verfaulst und immer nur hörst: „Ruhe!" Das ist das Zeichen dafür, dass irgendein hohes Tier die Abteilung inspiziert und jeden
mit der gleichen Frage belästigt: „Woher kommst du? Warum wurdest
du verurteilt?" Eine langweilige und provozierende Frage ohne Zweck
und ohne Vorteil nach der Antwort.

Ich arbeite also im Zementwerk. Wir stellten Fliesen her, die für den
Export nach Amerika vorgesehen sind. Wenn die Fliesen verpackt wurden, schlug man, wenn der Wachmann nicht hinsah, mit einem kleinen
Hammer auf die mittlere Fliese und beschädigte sie so. Die Zeit verging.
Die Fliesen wurden nach Amerika verschickt und kamen zurück, weil
sie beschädigt waren. Der Täter wurde nicht gefunden. Der Wächter
wurde versetzt und durch einen neuen ersetzt.

Ich betrachte verstohlen den Aufseher der Arbeit. Er ist hoch gewachsen und sicher jenseits der fünfzig. Er weist die Arbeit zu. Ich achte
auf den Dialekt, den er spricht, in dem er befiehlt. Also, noch ein Serbe
in Befehlsposition. Wie benimmt er sich? Ich hoffe, er ist kein Schrei-
hals. Mir und einem Leidensgenossen namens Matija befiehlt er, das nö-
tige Material für die Herstellung von Küchenfliesen anzumischen. Das
ist nicht schwer, aber wir schlucken viel Staub, der zum Husten reizt.
Nach und nach werden Matija und ich Freunde und die Freundschaft
bleibt während und nach der Arbeit bestehen.

Sobald es Abend wird und die Arbeit beendet ist, gehen wir immer
zu je zweien zurück in unsere Unterkunft. Wie gut es wäre, sich jetzt
unter einem Wasserstrahl zu waschen und nach der Arbeit den Staub
abzuspülen! Wir wagen es, das dem Stubenältesten vorzuschlagen. Er
erfüllte uns den Wunsch. Danke, Gott, dass hier nicht nur die Dunkelheit des Geistes wohnt, sondern auch ein wenig Licht. Seltsam. Und
ich dachte, ebenso wie mein Freund Matija, wehe uns Nachfolgern der
einstigen Hölle auf dieser Insel! Alles ist mir fremd, anders als in den

Vorjahren. Ich erlebte eine Freundschaft mit einem Gefangenen, der Makedonier war, von dem ich viel erfahren habe, viele traurige Ereignisse, Unglücksfälle und Schicksale. Er war ein Büßer des Kominform.

Der Tod stand uns immer vor Augen

Um die regelmäßige Ernährung kümmerte sich die Gefängnisverwaltung, aber Fleisch war auf dieser abgelegenen Insel fast unmöglich zu beschaffen. Um die Fleischversorgung für die zahlreichen gefangenen Anhänger des Kominform zu sichern, hatten sie eine Herde Schafe angesiedelt, die Tag und Nacht herumliefen und Gras fraßen. Auf abgezäunten Flächen wurden Schweine gemästet. Wenn Fleisch gebraucht wurde, verteilten sich beinahe hundert Gefangene auf dem Gelände und kreisten nach und nach die Schafe ein. Wenn sie sie gefangen hatten, nahmen sie sie lebendig auf die Schultern und trugen sie zum Schlachten, damit die Gefangenen zu essen hatten.

Eines Tages gehörte auch ich zu den Jägern der Schafe. Hinter mir jagte der besagte Makedonier. Unterwegs deckte er mir viele Geheimnisse dieser „Kominform-Zeiten" auf, die ich niemals erfahren und noch weniger mit meinen eigenen Augen gesehen hätte. Während wir gingen, blieb mein Blick über dem Meer und jenseits des Meeres hängen: Wie schön! Goli Otok und der Berg Velebit. Der Velebit, felsig und bewaldet. Am liebsten hätte ich losgesungen: „Du Fee vom Velebit!"

Während meine Augen von der Schönheit zehrten, wies mich mein Begleiter auf die Meeresbucht unten hin. Er begann mir von jener Zeit zu erzählen, als auch sein Leben wertlos war. Die tiefe Bucht erinnert daran, wo seine Genossinnen Dynamit legten, um Steine für den Bau zu brechen. Die einzigen Arbeiter waren weibliche Strafgefangene. Jeden Tag von morgens bis zum späten Abend, bei Sonne und Regen, in Schweiß und Blut.

Mein Freund kannte Griechenland und den Mythos von Sisyphus nicht. Während wir Schafe fangen, erzähle ich ihm die Geschichte aus der griechischen Mythologie. Sisyphus war ein besungener König in Korinth, Sohn des Windgottes Äolus, weswegen er Zugang zum Tisch der Götter hatte. Aber er nutzte seine Position aus und verriet den Menschen göttliche Geheimnisse; deswegen wurde er bestraft, mit beiden Armen einen großen Stein zu bewegen. Er strengte Arme und Beine an, schob den Stein auf den Hügel, und als er ihn auf den Gipfel drücken wollte, zog das Gewicht den Stein wieder zurück, den Berg hinunter. Er strengte sich wieder und wieder an und schob, geriet ins Schwitzen…

Nun, das nennt man eine Sisyphusarbeit, ermüdend und fruchtlos, schwer und vergeblich, eine Arbeit ohne Sinn und Ziel. Er hörte mir zu, und das Einzige, was er sagte, war: „So war es auch mit den Genossinnen. Kaum hatten sie mit viel Anstrengung den Stein bis oben auf die Klippe gebracht, rollte er wieder herunter in die Bucht." Wie der Volksmund sagt: Zubinden, aufbinden, zubinden, aufbinden ... Wie viele von ihnen sind verunglückt, invalide geworden, wurden verletzt oder haben ihr Leben verloren! Wirklich, wahre Kameradschaft der Genossen gegenüber den Genossinnen!

Ich will nicht lügen, dass ich mich vor dem Tod nicht gefürchtet hätte. Er stand mir ununterbrochen vor Augen. Vielleicht habe ich mich noch mehr vor der Art des Todes und vor Qualen gefürchtet. Wenn du fast jeden Tag Zeuge von Erschießungen bist, von Sterben, dann freundest du dich mit dem Gedanken an, dass du nicht weit davon entfernt bist, dass sie dich auch aufrufen.

Ich bin ein Mensch; ist es denn ungewöhnlich, dass ich wie Christus sage: „Vater, wenn es möglich ist, lass diesen Kelch an mir vorübergehen!"? Und weiter: „Aber nicht, wie ich es will, dein Wille geschehe." Das sind die unvermeidlichen Ausrufe, wenn du so viele weinende Augen gesehen hast: „Mein Gott, warum hast du mich verlassen?" Aber auch: „Vater, rechne ihnen diese Sünde nicht an." Soll denn Christi Gebet auf Golgota nicht auch von den Nachfolgern seines Leidens gebetet werden?

Ich habe schon einige Male gesagt, dass ich meine Peiniger und Folterer nicht anklagen und nicht mit dem Finger auf sie zeigen werde. Ihre Unmenschlichkeit überlasse ich Gottes Erbarmen!

Unser Dank gilt Frano Prcela für die Genehmigung, dieses Kapitel in deutscher Sprache zu veröffentlichen.

Aus dem Kroatischen übersetzt von Ruth Kubina.

Władysław Bartoszewski

„Es lohnt sich, anständig zu sein. "

Was für ein Leben: Vierzig Jahre verfolgt, immer wieder der Freiheit beraubt, Häftling in Auschwitz, Teilnehmer am Warschauer Aufstand, Verfolgter der polnischen Kommunisten. Ein Vorkämpfer der Versöhnung, Diplomat, Außenminister, Staatssekretär, Historiker, Journalist und Autor, ein Mann, dessen Lebensgeschichte geprägt ist durch die großen geschichtlichen Entwicklungen des 20. Jahrhunderts: Władysław Bartoszewski. Am 19. Februar 2014 wurde er 92 Jahre alt und er ist auch in diesem hohen Alter noch politisch aktiv.

„Ein schwieriges, aber kein langweiliges Leben" – so lautet der Titel eines seiner Bücher. Ein Blick auf diese Lebensgeschichte zeigt, was das bedeutet. Dabei lässt sich das Leben Bartoszewskis nur in der Gesamtschau auf die unterschiedlichen Lebensphasen vielleicht einigermaßen begreifen. Sein Widerstand gegen die Nationalsozialisten und der gegen den Kommunismus sind dabei nicht voneinander zu trennen.

Władysław Bartoszewski wurde am 19. Februar 1922 in Warschau geboren. Sein Vater war Angestellter bei der Bank von Polen. Seine Mutter entstammte einer verarmten Gutsbesitzerfamilie. Sich selbst bezeichnete Bartoszewski als einen „durchschnittlichen polnischen Knaben, in einer durchschnittlichen Familie lebend, weder im Wohlstand noch im Elend".

Seine Schullaufbahn begann er 1930 auf dem privaten katholischen Stanisław-Kostka-Gymnasium. Seinen Kindheitstraum, einmal Geograph zu werden, konnte er jedoch nicht verwirklichen.

Das „durchschnittliche" Leben endete am 1. September 1939 mit dem Beginn des Zweiten Weltkrieges. Mit erst siebzehn Jahren arbeitete Bartoszewski als Sanitätshelfer in Warschau. Bereits am 22. September wurde er während einer SS-Razzia festgenommen und kam nach Auschwitz. Dort verbrachte er ein halbes Jahr als politischer Häftling Nr. 4427 und machte intensiv die Erfahrung der Grausamkeit der menschlichen Natur. Später gefragt, ob ihm der Glaube im Leben geholfen habe, erinnerte sich Bartoszewski vor allem an die prägenden Eindrücke seiner Jugend in Auschwitz:

Ich kann mir jetzt, im Rückblick auf meine Erfahrungen von vielen Jahren, nicht vorstellen, wie ich ohne meinen Kinder- und Jugendglauben in vielen Situationen zurechtgekommen wäre. Die schwierigen Situationen in meinem Leben entstanden für mich nicht wegen eigener Entscheidungen, sondern mich traf das Schicksal der Generation, der ich angehöre. Diese Generation, die während des Krieges und der Besatzung reif geworden ist. Meine erste „reife" Konfrontation mit der Erfahrung des Glaubens war sehr schwierig. Früher, als Schüler einer katholischen Schule bis hin zum Abitur, hatte ich keine Probleme mit dem Glauben oder Bekennen. Auch der traditionelle Kirchenbesuch gehörte dazu. Aber der Krieg kam, und mit achtzehn Jahren war ich im deutschen NS-Konzentrationslager Auschwitz. Ich erlebte dort – ganz ehrlich – einen Schock, der durch den Kontakt mit Armut, Angst, Schwächen und mangelnder Vorbereitung auf die harten Bedingungen einfach über mich hereinbrach. [...]

Ich hatte keinen Kontakt zu Geistlichen und nicht unmittelbar mit ihnen zu tun, als mein Glaube auf die erste Probe gestellt wurde. Heute bin ich sehr dankbar, dass ich es geschafft habe, aus der Krise herauszufinden, die aus Verzweiflung und Unfähigkeit entstanden war. Mein Glaube war damals noch eher traditionell als aus eigener Überzeugung.

Es machte mir Angst, als mir bewusst wurde, dass Gott das Böse zuließ. Bis zum heutigen Tag spiegeln die Philosophen und Theologen der verschiedenen Religionen das Problem von Auschwitz. Die letzten zwei Päpste kommentierten sogar bei einem Besuch in Auschwitz die damaligen Geschehnisse. Ich begleitete sie beide. Ich war in Auschwitz mit Johannes Paul II. und später auch mit Benedikt XVI. Ich hörte ihre Reden. Wenn sogar diese Berühmtheiten mit solch schwierigen Fragen konfrontiert wurden und die Antworten sehr mager ausfielen, wie konnte dann ein erst achtzehnjähriger Junge eine klare Antwort finden und daran auch glauben?

Am wichtigsten war für mich, dass ich genug Glauben in mir hatte, um nach dem KZ zur Beichte zu gehen. Wie ich es gelernt hatte, ging ich zu einem Priester, und der Priester sagte zu mir, dass ich, wenn ich zur Beichte komme, an Gott glaube, und dass ich, wenn ich an Gott glaube, auch glauben muss, dass Gott nicht nur existiert, sondern auch gerecht und fair ist und mich liebt. Es sei nicht so schlimm, sagte er, dass ich den Glauben nicht in Einklang mit meinen eigenen Erfahrungen bringen könne. Er kenne auch als Priester nicht die Pläne Gottes, er sei auch nur ein Mensch. Aber wir könnten trotzdem versuchen, es gemeinsam herauszufinden, ermutigte er mich; wir könnten gemeinsam prüfen, was der Plan Gottes sein könnte, wenn er mir trotz allem mein Leben geschenkt hat. „Denke darüber nach: Wenn du überlebt hast, erfüllt das einen bestimmten Zweck", sagte er zu mir. „Warum wurdest du gerettet?" Dieser damals wenig bekannte Priester, der auch nicht aus der Diözese Warschau kam, sondern aus der fernen Diözese Pinsk im Osten, der Priester Jan Zieja, wurde später ein bekannter Mann. Bis zum heutigen Tag wird sein Ruf der Heiligkeit gepflegt. Wie ich gehört habe, werden auch verschiedene Anstrengungen für den Seligsprechungsprozess unternommen. Dieser Mann sagte mir direkt, dass ich eine Aufgabe Gottes zu erfüllen habe. Ich nahm seine Erklärung an. Es war einfach leichter, mit dem Gedanken zu leben, dass ich eine Aufgabe habe, etwas, an das ich glauben kann. Ich wurde so erzogen, den Geistlichen zu gehorchen und an die Kirche zu glauben. Wenn mir also der Priester versicherte, dass ich eine Aufgabe zu erledigen hatte, vertraute ich seinen Worten.

Es waren vor allem zwei Menschen, die dem jungen Bartoszewski halfen, das Lager zu überleben und an seinen Erfahrungen nicht zu zerbrechen. Neben dem oben erwähnten Priester Jan Zieja war es der Lagerarzt Jan Nowak, der Bartoszewski den Auftrag zur „moralischen Notwendigkeit der Erinnerung" gab und der später im Konzentrationslager Majdanek starb. Ihm und den Bemühungen internationaler Organisationen wie dem Roten Kreuz verdankte Bartoszewski sein Leben. Jahre später erinnerte er sich an die Begegnung mit Nowak:

„Doktor, nicht umsonst haben Sie sich damals bemüht, mein Leben zu retten", habe ich gesagt. – „Nun, wenn du lebst, dann weißt du, was zu tun ist." – „Ich weiß nicht, was zu tun ist", staunte ich. „Merke dir: Erinnern und Wissen."

In eine ähnliche Richtung ging auch der Appell, den Jan Zieja an ihn richtete. Bartoszewski, damals geheimer Student an der Warschauer Universität, weil ihm das Studium offiziell verboten war, lernte ihn nach seiner Entlassung aus dem KZ kennen. Zieja forderte ihn auf, sein Wissen zu nutzen:

Jammere nicht und denke nicht über dein Leiden nach. Denke dran, du bist da raus und hast ein Geschenk erhalten. Ein Geschenk des Wissens. Du triffst dich mit Freunden und Kollegen, und die wissen es nicht … Du bist ein Student, und so soll es auch sein, aber das Wissen, das du bekommen hast, musst du nutzen.

In seinen Erinnerungen wird deutlich, welche Bedeutung die Begegnung mit Zieja für Bartoszewski hatte:

Damals leitete er viele Exerzitien und sammelte um sich eine Menge von Leuten, vor allem Studenten und Intellektuelle. Er wurde mein Beichtvater und zeigte mir den Weg des Lebens. Er glaubte, dass es, wenn ich aus der Hölle von Auschwitz entkommen bin, Gottes Wille war, dass ich, statt an Gott zu verzweifeln, der eine solche Grausamkeit zuließ, dem Bösen, das ich noch besser als andere kennengelernt hatte, widerstehen statt erliegen sollte. Deshalb sollte ich tun, was am wichtigsten war – die Menschen retten.

Wieder in Freiheit, begann Bartoszewski, sich im Untergrund zu enga-
gieren. Er arbeitete zunächst vor allem im Hauptquartier des Büros für
Information und Propaganda. Unter anderem beschrieb er, seinem Auftrag durch den Priester Zieja gemäß, seine Erlebnisse und Erfahrungen
aus Auschwitz für andere. Bartoszewski war sich dessen bewusst, dass
ihn dieser Einsatz unter den Nazis in Lebensgefahr brachte, aber das
stärkte eher seinen Willen, sich gegen die Besatzer zu wenden: „Wenn
für alles die Todesstrafe droht, dann will ich wissen, dass ich für eine
gute Sache sterbe."

Im Sommer 1942 wurde er in der katholischen Untergrundorgani-
sation „Front Odrodzenia Polski" (Front für die Wiedergeburt Polens)
tätig, die von der hochbegabten Schriftstellerin Zofia Kossak-Szczucka
geleitet wurde. Dort bekam er die Möglichkeit, bekannte Historiker, Ju-
risten und Publizisten zu treffen und mit ihnen zusammenzuarbeiten,
was wichtig für seinen weiteren Lebensverlauf sein sollte:

Ich hatte das Glück, Menschen zu treffen, die mich inspiriert haben, die großen
Einfluss auf mich hatten. Dazu gehörte unter anderem die berühmte katholische
Schriftstellerin Zofia Kossak-Szczucka. Es war eine Gemeinschaft von Menschen,
die meist viel älter als ich waren und die in den Kategorien der moralischen Verantwortung für heute und morgen dachten; die überlegt haben, wie unsere Beziehungen mit den Nachbarn in der Zukunft aussehen sollten.

In der zweiten Augusthälfte 1942 trat Bartoszewski zudem der Polnischen Heimatarmee[1] bei. Außerdem wurde er im Rat für die Unterstützung der Juden „Żegota" tätig. Dieses Engagement wurde zu einem
der wichtigsten Momente im Leben von Władysław Bartoszewski. Die
Zusammensetzung des Rates bestand aus polnischen und jüdischen politischen Organisationen. Bis Anfang 1945 war Żegota die einzige Institution, die im nazibesetzten Europa die Juden vor der Vernichtung
zu retten versuchte. Man geht heute davon aus, dass zwischen 1500 und
4000 Menschen Żegota ihr Leben zu verdanken haben. Im Rahmen dieser Tätigkeit übermittelte Bartoszewski unter anderem Informationen
über den nationalsozialistischen Terror und die Situation der Juden an
die polnische Exilregierung in London.

Diesen alltäglichen Tagesablauf unterbrach erst der Warschauer Aufstand am
1. August 1944. Während der 63 Tage des Aufstands war ich einfacher Soldat der

---

1   Die Polnische Heimatarmee war eine Militärorganisation im besetzten Polen und zur
    Zeit des Zweiten Weltkrieges die größte militärische Widerstandsorganisation in Eu-
    ropa.

Heimatarmee, diente in einer der Funkstationen, redigierte eine der hundert Zeitschriften der Aufständischen, die in jenen Teilen Warschaus herausgegeben wurden, aus denen man die Okkupanten vertrieben hatte. Die tragische Einsamkeit
und die Unterdrückung des Aufstands, den jähen Untergang der Stadt und der
bald 200 000 Einwohner empfanden wir damals als Erschütterung unseres Glaubens an den Sinn des Lebens, als Niederlage jeglicher Hoffnung, als allerpersön-
lichste Niederlage. Unter den Ruinen ließen wir unsere Nahen und Nächsten zurück, unsere Altersgenossen und Freunde. Angesichts des Todes dieser unzähligen
Jungen, Frohen, das Leben Liebenden schien uns unsere eigene zufällige Errettung
fast beschämend.

Diese Erfahrung beschäftigt Bartoszewski bis ins hohe Alter. Immer
wieder fragt er sich: „Habe ich wirklich genug getan? Was, wenn ich
noch ein oder zwei Leben mehr hätte retten können und es nicht geschafft habe?"

Die Erinnerung an die, die im Krieg ermordet wurden, an den polnischen Widerstand und den Kampf, die Unmenschlichkeit, die Vielzahl
der ermordeten Juden – all das wurde für Bartoszewski zu einer un-
vergesslichen und prägenden Lebenserfahrung. Trotzdem verleitete ihn
seine Erfahrung nicht zu Hass- oder Rachewünschen gegenüber den
Deutschen. Im Gegenteil, er setzte sich schon früh für Versöhnung ein:

In dieser Zeit erreichten uns drei Predigten des Bischofs Clemens von Galen. Aus
unserer Sicht waren sie sehr zurückhaltend, beinhalteten jedoch die richtige Le-
bensmoral und deren Wertschätzung, die viel wichtiger waren als das „Führerprin-
zip", so zum Beispiel die Hassbewältigung als Handlungsprinzip, Solidarität und
Nächstenliebe. Sie waren gegen die Euthanasie gerichtet, die man gegen Kranke
und Behinderte anwandte.

Diese Predigten haben viele in Westfalen beeindruckt und wurden sogar von
den Protestanten akzeptiert. Alle Nazis hassten den Bischof. Sie wollten ihn eigentlich festnehmen, aber wegen seiner Bekanntheit hätte das ihrem Ruf geschadet. Diese Predigten haben wir vervielfältigt und unter den Studenten verteilt. Es war mein
erster Versuch, den Menschen zu zeigen, dass es „andere Deutsche" gibt. [...]
Ich tat das, obwohl von den Händen der Deutschen viele mir nahestehende Menschen getötet worden waren. Jeden Tag begegnete ich Auswirkungen der Bestialität
der Menschen, die eine Uniform trugen. In dieser Umgebung, mit der ich zu tun
hatte, hat man über Probleme des Hasses und der Rache gesprochen. Ich erinnere
mich an ein Gedicht von Leonia Jabłonkówna, einer jüdisch-katholischen Regisseu-
rin, Kritikerin, Schriftstellerin und Dichterin, die ein Gebet für die Opfer, auch für
die unschuldigen Toten der massiven alliierten Bombenangriffe auf deutsche Städte,
geschrieben hatte. Dieses Gedicht wurde in unserer Tiefgarage in einer katholischen

Zeitschrift gedruckt, natürlich anonym, und löste Diskussionen und auch scharfe Opposition aus, vor allem aus den nationalistischen rechten Kreisen. Es war ein Gedicht, das die primitive Befriedigung über diese Bombenangriffe zeigte, aber darauf hinwies, dass nirgendwo stand, dass ihre Opfer auch Frauen und Kinder waren. So etwas verursacht eine moralische Betäubung, die manchmal schlimmer sein kann als aktive böse Handlungen. Menschen, die Böses tun, ändern sich manchmal, aber es ist schwieriger, jemanden zur Umkehr zu bewegen, wenn ihm das Böse gleichgültig bleibt, wenn er glaubt, „das ist nicht mein Problem". Ich habe in meinem jugendlichen Trotz oft gefragt: „Ist es wirklich nicht mein Problem? Kann ich wirklich nichts tun?" Und dann habe ich versucht, wenigstens irgendetwas zu tun.

Bartoszewski lernte in dieser Zeit, wie wichtig es ist, Verantwortung für das eigene Tun zu übernehmen und nicht dessen Konsequenzen zu ignorieren. Der einzig verlässliche Richter war dabei das eigene Gewissen. Statt Rache und Vergeltung waren Verständigung und Vergebung Ziele seines Handelns:

Nach dem Krieg arbeitete ich für die PSL [Polnische Volkspartei], die einzige legale Opposition der neuen Parteien, der es wichtig war, gute Kontakte zu den Nachbarn zu haben, ohne von Moskau abhängig zu sein. Die Zeitschrift „Tygodnik Powszechny", die gerade neu herauskam, spielte eine große Rolle für die Polen, denn dort wurden ständig die Konsequenzen des Hasses dargestellt. Das beeinflusste mich sehr. Zur gleichen Zeit habe ich erfahren, dass der Priester Zieja in den sowjetischen Besatzungszonen in Deutschland (heutiges Polen) Frauenhäuser eröffnete. Dort brachte er polnische und deutsche Frauen unter, zum größten Teil Vergewaltigungsopfer, ganz junge, verlassene und hilflose Frauen. Geholfen hat dem Priester Frau A. Urbanowicz, eine Frau, die ihren Mann im KZ verloren hat und ihre Tochter in Auschwitz, und die selbst mit der ältesten Tochter im Widerstand tätig war. Sie, die vor allen anderen das „Recht" zu hassen gehabt hätte, wählte aber nicht die Rache, sondern die Hilfe für die unglücklichen Deutschen.

Die neue kommunistische Regierung brachte kein Verständnis für Bartoszewskis Handeln auf. Vor allem die politischen Entscheidungen, die er getroffen hatte, ließen keine Illusionen darüber aufkommen, was er zu erwarten hatte. Bartoszewskis Aktivitäten in den Kreisen katholischer Intellektueller brachten mit sich, dass die kommunistische Regierung ihn für einen Oppositionellen hielt. Die Regierung, so befand dagegen Bartoszewski, trete alle Grundrechte mit Füßen, die sogar in der Verfassung der Volksrepublik Polen und in einer ganzen Reihe von Völkerrechtsakten festgelegt waren, welche auch die Regierung seines Landes unterzeichnet hatte.

Nach dem Ende des Krieges arbeitete Władysław Bartoszewski als Journalist in Warschau und war bis 1946 Mitarbeiter der Untersuchungskommission für NS-Verbrechen in Polen. Er engagierte sich für Maßnahmen, die seiner Meinung nach der Gesellschaft dienten, aber nicht zu den primären Aktivitäten der kommunistischen Regierung gehörten. Darunter fielen der Wiederaufbau Warschaus, die Bewirtschaftung der ehemaligen deutschen Gebiete, die Verfolgung und Dokumentation deutscher Verbrechen und die Rettung von Kulturgütern. Wie viele Kriegsteilnehmer lehnte er es ab, in den Strukturen des Repressionsapparates beim Sicherheitsdienst, bei der Miliz, bei der Freiwilligen Reserve der Volksmiliz und beim KGB, bei der Zensur oder in der Kommunistischen Partei tätig zu sein. Bartoszewskis Verbindungen zur Polnischen Volkspartei brachten ihm mehrere Gefängnisaufenthalte ein, zuerst ohne gerichtliche Verurteilung. Dann jedoch bekam er offiziell eine achtjährige Gefängnisstrafe. Davon musste er insgesamt sechs Jahre und sieben Monate verbüßen. Als Mitglied der einzigen oppositionellen Tageszeitung im Nachkriegspolen wurde er von 1946 bis 1948 wegen angeblicher Spionage in Haft genommen und von 1949 bis 1954 erneut von den kommunistischen Behörden inhaftiert.

Ziemlich bald wurde ich von den kommunistischen Sicherheitsbehörden festgenommen, und so begann mein Gefängnisleben, das sechseinhalb Jahre dauerte. Es war mal wieder ein besonderes Erlebnis, vor allem weil mir die Probleme und Dilemmata, die das tägliche Brot der Menschen waren, die im kommunistischen System „in Freiheit" lebten, völlig fremd blieben. Im Gefängnis war alles viel einfacher – man konnte entweder ein anständiger Mensch sein oder mit den Folterknechten zusammenarbeiten, einen anderen Weg für einen politischen Gefangenen gab es nicht. In diesem Gefängnis hatte ich die Gelegenheit, in Kontakt mit vielen sehr wertvollen und interessanten Menschen zu treten, ich lernte ständig von ihnen.

War es aber nicht erschreckend für den Freiheitskämpfer Bartoszewski, so bald nach dem Ende des Krieges und der deutschen Besatzung im befreiten Polen direkt wieder inhaftiert zu werden? Er selbst antwortete später einmal lakonisch: „Etwa zehn Prozent aller erwachsenen Polen wurden in den polnischen kommunistischen Gefängnissen inhaftiert, also so ein starker Schock war es nicht."
Gab es Momente in diesen schwierigen Jahren, in denen er den Glauben an sich und die Mitmenschen, den Glauben an Gott verlor?

Es gab diese Momente, aber ich versuchte sie so schnell wie möglich zu vertreiben. Ich hatte Momente einer Glaubenskrise. Ich erinnere mich, wie ich einmal, als ich bei der Polnischen Heimatarmee einen Eid ablegen sollte, gefragt wurde, welches Pseudonym ich annehmen wollte. Ich antwortete, ich wolle „Theophilus" heißen. Theophilus ist der Held des Romans „Himmel in Flammen" von Jan Parandowski, der eine Krise des Glaubens und der Weltsicht durchmacht. Ich fragte mich, wie Gott das alles zulassen konnte. Aber [...] ich hatte außerordentliches Glück im Leben, denn in schwierigen Zeiten traf ich die richtigen Leute ...

Über diese Menschen schrieb Bartoszewski in seinen Büchern „Frühling im Herbst", „Unter Zeitgenossen" und „Mein Umfeld ist widerspenstig. Erinnerungen eines Journalisten und Gefangenen":

Es wurde mir gegeben, viele prominente Leute kennenzulernen. Natürlich ist dies nicht mein Verdienst [...]. Ein Mensch kann einem anderen den Glauben wegnehmen, kann ihm aber auch helfen, ihn wiederzufinden. In meinem Leben haben mich viele Menschen gebildet, mich beeinflusst. Ich schreibe über sie: Stefan Kisielewski, Zofia Lewinówna, Marek Edelman, Jan Józef Lipski, Aleksander Kamiński, Paweł Jasienica. Ich hatte Glück im Leben. Ich schreibe über sie, weil ich möchte, dass die nächste Generation sich an diese Menschen erinnert und über sie Bescheid weiß.

Sie alle waren für Bartoszewski

Menschen, die viel mehr Erfahrung hatten als ich, aus der Generation meiner Eltern. Sie hatten aus ihrem Glauben eine aktive Haltung entwickelt. Ich fand viele Vorbilder, auch wenn ich das erst nach Jahren verstanden habe. In diesem Sinne hat der Glaube mir unglaublich geholfen. Ich weiß nicht, wie mein Leben sonst verlaufen wäre mit all meinen Fehlern, Mängeln und Sünden.

Dabei gab es neben vielen Priestern besonders auch Laien, die für Bartoszewski wichtig wurden,

Laien in einem besonderen Sinne, stille Anhänger des Glaubens, die mir manchmal Zeichen für mein persönliches Leben und die Einstellung gegenüber einer Situation, in der sie sich befanden, zurückgespiegelt haben. Nicht alle von ihnen haben bekannte Namen. Unter ihnen waren Rechtsanwälte, Wissenschaftler, Pädagogen, Menschen unterschiedlicher Berufe. Es waren auch ehemalige Häftlinge, die – glaube ich – in erster Linie ihren Glauben gelebt haben und durch die tiefe Gabe des Gewissens sensibilisiert waren. Ich sah, wie sie gebetet haben. Schweigend beobachtete ich, wie sie auf verschiedene Situationen reagiert haben. Sie waren die Menschen, denen der Glaube helfen konnte und die vielleicht auf diesem Weg erleuchtet wurden.

Für viele Menschen, die ich traf, ging es nicht darum, mir zu helfen, sondern anderen in meiner Gegenwart zu helfen. […] Der intensive Kontakt mit ihnen und die Selbstverständlichkeit, mit der ich von ihnen aufgenommen wurde, banden mich stark in das katholische Umfeld ein. […] So wusste ich, dass es Menschen guten Willens gab.

Ich wusste grundsätzlich, dass es geheime Aktivisten im Untergrund gab. Als ich älter wurde, traf ich mich mit diesen Menschen. Da konnte ich sehen, wie sehr sie sich in ihrer Haltung von vielen anderen getauften Katholiken unterschieden. Zu diesen Menschen gehörte der mir bereits seit dem Krieg bekannte, im Dezember 1912 geborene Jerzy Turowicz – damals ein relativ junger Mann in der Blüte des Lebens, attraktiv, energisch, mit dem ich in späteren Jahren nicht nur eine nähere Bekanntschaft hatte, sondern – so wage ich zu sagen – mit dem auch das gegenseitige Vertrauen wuchs, so dass eine tiefe Freundschaft entstand, die bis zum Ende seines Lebens anhielt.

Mit Gottes Segen habe ich diese ungewöhnlichen Personen getroffen, denn natürlich hätte mein Leben anders verlaufen können. Ich hätte diese Menschen auf meinem Weg nicht treffen müssen, ich hätte andere Menschen treffen können, gute oder böse, die aber nicht gläubig gewesen wären und die Nächstenliebe praktiziert hätten. […]

Die Werte, die mich die Glaubenserziehung lehrte, sind auf meinem späteren Lebensweg wichtig geblieben. Das Gebot der Nächstenliebe und die Tugenden Glaube, Hoffnung und Liebe sowie die Bergpredigt waren insgesamt eine Reihe von „praktischen Grundlagen" für einen jungen Mann, der selbst überhaupt nicht wusste, was aus seinen Werten in seinem späteren Leben werden würde. Exakt diese Werte begleiteten mich ständig, in allen Situationen, in denen ich nicht immer aus eigener Überzeugung gehandelt habe.

Sein Umgang mit Klerikern, die ihm vertraut waren und denen er vertraute, verhalf Bartoszewski auch dazu, seinen Kontakt zur katholischen Kirche in Polen zu intensivieren.

Nach der endgültigen Entlassung aus der Haft arbeitete Bartoszewski wieder als Journalist und reiste 1965 auf einer Studienreise erstmalig nach Deutschland. In den folgenden Jahren wurde er zu einer der Führungsfiguren der oppositionellen polnischen Intelligenz.

Nach Stalins Tod wurde Bartoszewski rehabilitiert. Ihm wurde attestiert, er sei „unschuldig verhaftet" worden. Aber noch immer war sein Leidensweg nicht beendet: Bartoszewski lehrte an der Katholischen Universität Lublin und schrieb für die bereits oben erwähnte katholische Wochenzeitung „Tygodnik Powszechny". Das war legal, aber er lotete auch hier die Grenzen des Erlaubten immer weiter aus, belieferte Radio Free Europe mit Materialien und hielt im Rahmen der Oppo-

232

sitionsbewegung in den Siebziger- und Achtzigerjahren Vorlesungen in den „Fliegenden Universitäten", im Untergrund organisierten Studienseminaren. Deshalb fiel er 1970 und dann noch einmal 1978 der Polizei erneut in die Hände. Und wieder gab es Vernehmungen. Die Zusammenarbeit mit Radio Free Europe brachte ihm den Vorwurf feindlicher Aktionen gegen die Polnische Volksrepublik ein.

Von 1972 bis 1982 war Bartoszewski gewählter Generalsekretär des polnischen PEN, danach Gastprofessor für polnische Zeitgeschichte an der Katholischen Universität Lublin. Er selbst sagte zu diesem Teil seines Lebens: „Am 16. Oktober 1978 ist [...] ein Pole Papst geworden. Und das hat unser Land und unser Leben am meisten verändert."

Władysław Bartoszewski 2004

Die Ereignisse in Polen 1989 haben wir gesehen als Kontinuität eines Prozesses, der für uns Polen am 16. Oktober 1978 mit der Wahl des Krakauer Kardinals Karol Woityła zum Papst angefangen hat. Natürlich haben wir „gewusst", dass nicht alles so bleiben wird, wie es bisher gewesen ist. Wir haben gewusst, dass der Papst keine Revolution machen wird. Er war kein Revolutionär im üblichen Alltagssinn, aber im Denken schon. So habe ich gewusst: Es wird nichts so bleiben, wie es ist. Ich erinnere an seinen ersten Aufruf „Habt keine Angst, habt keine Angst!" bei der Amtseinführung in Rom. Dann an seine Reise nach Polen im Juni 1979, neun Monate nach der Wahl. Ich war dabei, als Journalist des katholischen Wochenblattes „Tygodnik Powszechny". Ich war in Deutschland, ich war in Krakau, ich war in Auschwitz – mit ihm. Ich habe ihn genau beobachtet bei seinen Aktionen, in seiner Umgebung, sowohl im Vatikan als auch in Polen.

Man soll nicht übertreiben: Aber in Polen, das katholisch geprägt war, hat die Mehrzahl der Leute aus diesem Grund [also wegen des Glaubens] „Nein" zu Kommunismus und Atheismus gesagt. Diese Motivation hat bei uns eine viel stärkere Rolle gespielt als beispielsweise in der DDR. Teilweise war es in Litauen, teilweise in der Slowakei ähnlich. Insgesamt aber war das eine Erscheinung, die sich mit der in den anderen Ländern nicht vergleichen lässt.

Das war neben der ersten päpstlichen Reise nach Polen 1979 auch möglich geworden durch die 1980 erfolgte Gründung der Solidarność-Bewegung, der ersten freien Gewerkschaft in einem kommunistischen Land. Mit großer Hilfe vieler Europäer, mit geistiger, aber auch materieller Hilfe der beiden großen Kirchen in Deutschland, die 1980, 1981, 1982 und in den weiteren Jahren dem polnischen Volk geholfen haben[,] […] kamen wir dann voran.

In den Folgejahren war Bartoszewski Gastprofessor an der Ludwig-Maximilians-Universität in München, an der Katholischen Universität Eichstätt und an der Universität Augsburg. Nach der Wende dann, von 1990 bis 1995 war er polnischer Botschafter in Wien, von Präsident Lech Wałęsa ernannt. Am 28. April 1995 hielt er eine vielbeachtete Rede vor dem Deutschen Bundestag im Rahmen einer Feierstunde zum 50. Jahrestag des Kriegsendes; überhaupt war er der erste polnische Politiker, der vor einem deutschen Parlament sprach. 1995 übernahm Bartoszewski in der Regierung von Józef Oleksy das Amt des Außenministers, trat bald darauf jedoch zurück. Von 2000 bis September 2001 war er erneut Außenminister Polens in der Regierung von Jerzy Buzek.

Im Rückblick auf sein Leben vereinen sich Tatkraft und Realismus, wenn Bartoszewski sich selbst als „utopischen Realisten" bezeichnet:

Mein Traum ist die glücklich vereinte Menschheit, ein Jahrhundert ohne Krieg. Jeder muss frei von Angst leben können. Ich sehe aber auch die Stolpersteine auf diesem Weg. Ich bin sozusagen ein utopischer Realist.

234

Die Bilanz dieses bewegten Lebens fällt positiv aus:

Ich bin alt und ich freue mich, dass ich mein Leben nach dem Prinzip ausrichten konnte: „Es lohnt sich, anständig zu sein". Und ich wünsche dir [...], in diesem Sinne handeln zu können, um sich im Spiegel ohne Scham in die Augen schauen zu können, aber auch anderen Menschen, in der Familie und im Freundeskreis. Und die jungen Leute können damit rechnen, dass sie auf Verständnis stoßen und Freunde finden. Materiell lohnt es sich zwar nicht immer, anständig zu sein, aber moralisch, in Bezug auf wichtige Werte, lohnt sich das allemal für jeden Menschen, sowohl für einen gebrechlichen Menschen als auch für einen Kriminellen. Und das war auch mein Prinzip, nach dem ich immer handelte, sowohl in der Gefangenschaft als auch danach, als ich in die Freiheit entlassen wurde.

Der Beitrag wurde von Agnieszka Pągowska zusammengestellt, die auch die Dokumente aus dem Polnischen übersetzt hat.

Diesem Beitrag liegen folgende Werke zugrunde:

M. Albus, Gespräch mit Władysław Bartoszewski, in: OWEP 2 (2009); abrufbar unter: http://www.owep.de/artikel/53/gespraech-mit-wladyslaw-bartoszewski [Abruf am 25.06.2014].

W. Bartoszewski, Historia dla przyszłości [Eine Geschichte für die Zukunft], in: Gazeta Wyborcza 101 [Wahlzeitung] (1995); abrufbar unter: http://wladyslawbartoszewski.blox.pl/2006/11/Historia-dla-przyszlosci.html [Abruf am 08.07.2014].

Rede von Professor Władysław Bartoszewski, Träger des Heine-Preises 1996 der Landeshauptstadt Düsseldorf, auf: http://heinrich-heine.com/reden/rede1.htm [Abruf am 16.07.2014].

W. Bartoszewski, Warto być przyzwoitym [Es lohnt sich, anständig zu sein], Posen 2005.

W. Bartoszewski, Życie trudne, lecz nie nudne [Ein schwieriges, aber kein langweiliges Leben], Krakau 2010.

W. Bartoszewski, To, co najważniejsze [Das, was am wichtigsten ist], Warschau 2012.

W. Bartoszewski, Kim chcę zostać i dlaczego [Wer ich werden will und warum], in: Moje Pisemko [Mein Briefchen] (30. April 1934), veröffentlicht in: M. Komar/W. Bartoszewski, Mimo wszystko, Warschau 2013, 49.

B. Cöllen, Es lohnt sich, anständig zu sein. Interview mit Władysław Bartoszewski, auf: http://dw.de/p/144tQ [Abruf am 25.06.2014].

235

H. Gabski, Władysław Bartoszewski, historyk czasu teraźniejszego [Władysław Bartoszewski, Historiker der Gegenwart], Lublin 2008.

M. Komar/W. Bartoszewski, Mimo wszystko. Wywiadu rzeki księga druga [Trotz allem. Der zweite Band des Interviews], Warschau 2008.

M. Komar/W. Bartoszewski, Wywiad rzeka [Ein Interview], Warschau 2006.

J. Nizinkiewicz, Bartoszewski: siedziałem w mieszkaniu i wyłem jak ranny zwierz [Bartoszewski: Ich saß im Haus und heulte wie ein verwundetes Tier], am 19. Februar 2012 auf: http://wiadomosci.onet.pl/tylko-w-onecie/bartoszewski-siedzialem-w-mieszkaniu-i-wylem-jak-ranny-zwierz/fgmt1 [Abruf am 14.07.2014].

Film: Słownik Władysława Bartoszewskiego, Odc. 2 „Wiara", z bp. Tadeuszem Pieronkiem [Das Wörterbuch des Władysław Bartoszewski, Teil 2 „Glaube", mit Bischof Tadeusz Pieronek], auf: http://vod.tvp.pl/audycje/publicystyka/slownik-Władysława-bartoszewskiego/wideo/odc-2-wiara-z-bp-tadeuszem-pieronkiem/6947983 [Abruf am 25.06.2014].

S. Wilkanowicz, Od wrogości do współpracy. Rozmowa z Władysławem Bartoszewskim [Von der Feindseligkeit zur Zusammenarbeit. Ein Gespräch mit Władysław Bartoszewski], in: Euro-Dialog 1 (1997), abrufbar unter: http://www.instesw.ebox.lublin.pl/ed/1/bartoszewski.html.po [Abruf am 30.06.2014].

D. Zaborek, Lista Bartoszewskiego [Bartoszewskis Liste], in: Gazeta Wyborcza 147 (27.06.2005), abrufbar unter: http://wladyslawbartoszewski.blox.pl/2006/11/Lista-Bartoszewskiego-IV.html [Abruf am 07.07.2014].

Im Folgenden die Zitate in der Reihenfolge ihres Vorkommens:

„Ein schwieriges …", aus: W. Bartoszewski, Życie trudne.

„durchschnittlichen polnischen Knaben …", aus: M. Komar/W. Bartoszewski, Mimo wszystko, 11.

„Ich kann mir …", aus: Film „Słownik", 00'20".

„Doktor, nicht umsonst …", aus: H. Gabski, Władysław Bartoszewski, 11.

„Jammere nicht …", aus: D. Zaborek, Lista.

„Damals leitete …", aus: S. Wilkanowicz, Od wrogości.

„Wenn für alles …", aus: M. Komar/W. Bartoszewski, Wywiad rzeka, 71.

„Ich hatte das Glück …", aus: S. Wilkanowicz, Od wrogości.

„Diesen alltäglichen Tagesablauf …", aus: Rede von Professor Władysław Bartoszewski.

„Habe ich wirklich …", aus: M. Komar/W. Bartoszewski, Wywiad rzeka, 93.

„In dieser Zeit …", aus: S. Wilkanowicz, Od wrogości.

„Ich tat das …", aus: S. Wilkanowicz, Od wrogości.

„Nach dem Krieg …", aus: S. Wilkanowicz, Od wrogości.

„Ziemlich bald …", aus: S. Wilkanowicz, Od wrogości.

„Etwa zehn Prozent …", aus: J. Nizinkiewicz, Bartoszewski.

„Es gab diese Momente …", aus: J.Nizinkiewicz, Bartoszewski.

„Es wurde mir gegeben …", aus: J. Nizinkiewicz, Bartoszewski.

„Menschen, die viel mehr Erfahrung hatten …", aus: W. Bartoszewski, To, co najważniejsze.

„Laien in einem besonderen Sinne …", aus: Film „Słownik", 03'30".

„Am 16. Oktober 1978 …", aus: W. Bartoszewski, Warto, 118.

„Die Ereignisse in Polen …", aus: M. Albus, Gespräch.

„Mein Traum …", aus: M. Albus, Gespräch.

„Ich bin alt …", aus: B. Cöllen, Interview.

Daniel Zele

„Warum müssen die Menschen
so miteinander kämpfen?"

Daniel Zele war 1996 als junger Mann zum ersten Mal zu Besuch in Deutschland. Nach Abschluss des Priesterseminars im rumänischen Oradea (Großwardein) kam er 2003 nach Münster, wo er zunächst mit Unterstützung eines Renovabis-Stipendiums einen Deutschkurs absolvierte und ab 2005 an der Philosophisch-Theologischen Hochschule sein Studium fortsetzte. Er ist Kaplan der Pfarrei Liebfrauen-Überwasser in Münster, wo er mit seiner Frau und seinen beiden Kindern lebt, und ist als Seelsorger für die rumänischsprachigen griechisch-katholischen Christen im Bistum Münster tätig.

Ich wurde am 6. Oktober 1977 im Nordwesten Rumäniens geboren, an der Grenze zur Ukraine und zu Ungarn. Von meinem Elternhaus aus sind es noch höchstens fünf Kilometer bis zur ukrainischen Grenze. In unserem Dorf bin ich in die Grundschule gegangen, die bei uns bis zur achten Klasse dauert. Danach wechselte ich aufs Gymnasium des Priesterseminars in Oradea, ganz im Westen an der Grenze zu Ungarn.

Damals war es in der Gegend, in der wir wohnten, sehr wichtig, immer genau zu wissen, welchen politischen Standpunkt der Polizist und der Schulleiter einnahmen, denn sie haben sozusagen das Dorf geleitet. Wenn man zum Beispiel den Polizisten auf der Straße nicht grüßte, konnte er einen zu sich zitieren und schlagen. Als Mensch hatte man in diesem System keine Rechte und konnte sich nicht wehren. Und wer es doch versuchte, riskierte nur, von da an jeden Tag vorgeladen und gequält zu werden. Man konnte sich auch nicht beschweren, weil es niemanden gab, an den man sich hätte wenden können.

Meine Eltern waren gläubige Menschen, griechisch-katholische Christen, aber da diese Kirche im sozialistischen Rumänien verboten war, mussten sie sich auch uns Kindern gegenüber oft zurückhalten und vorsichtig sein mit dem, was sie sagten. Aber ich bewundere meine Eltern für ihre Haltung. Mein Vater hörte zum Beispiel immer Radio Free Europe und Radio Vatikan. Er hatte extra ein kleines Radio, mit dem er Gottesdienste hören konnte. Manchmal tat er das sogar draußen, in der Öffentlichkeit. Aber ich glaube, das lag auch daran, dass er in den Jahren kurz vor der Wende, an die ich mich erinnern kann, schon längst keine Angst mehr hatte. Er ist zum Beispiel auch nie in die Kommunistische Partei eingetreten. Natürlich stand er deshalb immer unter einem hohen Druck. Uns war immer klar, dass man ihn wegen dieses Verhaltens – etwa laut den Gottesdienst zu hören – von heute auf morgen hätte verhaften können. Er selbst hat nie viel darüber gesprochen, dass man Druck auf ihn ausübte, aber nach der Wende hat er sich riesig gefreut. Trotzdem blieb er auch dann vorsichtig. Man wusste ja zuerst nicht, ob das alte Regime nicht doch noch einmal zurückkehren würde.

Ich kann mich nicht erinnern, dass meine Eltern uns in eine bewusste Entscheidung für oder gegen ein Glaubensleben einbezogen hätten. Das Gebet war ihnen einfach wichtig, egal, was das für Konsequenzen haben würde. Gebetet haben wir immer. Trotzdem war stets klar, dass das gefährlich werden konnte: Nicolae Ceaușescu hat damals viele Menschen zum Bau am Donaukanal gezwungen, seit den Siebzigern, glaube ich. Sie wurden zum Arbeiten dorthin geschickt und viele sind dort gestorben. Das war auch in den letzten Jahren des Regimes noch so, als der Druck wegen der wachsenden Unruhen eher noch stärker wurde. Deshalb haben wir Kinder auch immer darauf geachtet, was wir sagten und mit wem wir redeten. Denn wir wussten ja nicht: War der Nachbar oder die Nachbarin ein Spitzel? Es gab sogar Fälle, in denen ein Ehepartner den anderen ausspioniert hat.

Weihnachten konnten wir einigermaßen ungestört feiern. Da hatten viele Menschen sogar frei. Das Regime versuchte zwar immer, das Weihnachtsfest umzudeuten und nicht die Geburt Jesu zu feiern. So brachte zum Beispiel nicht das Christkind die Geschenke, sondern eine Art Weihnachtsmann. Aber wenigstens in unserer Gegend war es möglich, in die Kirche zu gehen. Es gab dort eine römisch-katholische Gemeinde, in der nach Möglichkeit auch Religionsunterricht für die Kinder erteilt wurde. Allerdings fiel der Unterricht häufig aus, weil der Priester Schwierigkeiten hatte und dann nicht kommen konnte. Und natürlich wurde genau beobachtet, wer am Unterricht teilnimmt und sich wie beteiligt.

Als dann meine Erstkommunion bevorstand, fuhr ich mit meinem Vater sechzig Kilometer mit dem Zug zu einem Priester, der auch der Securitate, dem rumänischen Geheimdienst, bekannt war. Er war viele Jahre im Gefängnis gewesen, unter anderem, weil er Gottesdienste in seinem Wohnhaus feierte. Als er in den Achtzigerjahren wieder in Freiheit war, feierte er erneut Gottesdienste. Allerdings durfte er die Stadt nicht verlassen, so dass wir uns zu ihm auf den Weg machten. Natürlich durften nicht auffällig viele Menschen auf einmal zu ihm kommen. Also trafen sich immer drei oder vier Familien bei ihm, mit denen er dann Gottesdienst feierte. Dort habe ich mein erstes Beichtgespräch geführt und die Erstkommunion empfangen. Das war alles sehr einfach gehalten, weil es natürlich schon sehr gefährlich war. Wir fuhren morgens zum Gottesdienst und danach wieder heim. Die Freiheit, die Erstkommunionkinder heute haben, gab es nicht. Als Kind habe ich eher unbewusst dem zugestimmt, was meine Eltern für richtig hielten. Im Nachhinein finde ich es gut, schon allein deswegen, weil es keine andere Möglichkeit gab. Aber so, wie meine jüngeren Geschwister oder die Kinder heute festlich angezogen zur Erstkommunion gehen können, mit einer großen Feier im Anschluss, war das bei mir nicht möglich. Trotzdem war es schön und sehr aufregend für mich.

Die Katechese erhielten wir zu Hause. Mein Vater las uns, vor allem sonntags, viel aus der Bibel vor. In der ersten Klasse musste ich schon das Vaterunser auswendig lernen, später das „Gegrüßet seist du, Maria", den Psalm 50 usw. In dieser Hinsicht wurde in unserer Familie schon einiges verlangt. Aber auf der anderen Seite stand eben auch immer die Angst, über vieles öffentlich nicht reden zu dürfen.

Als ich in der siebten Klasse war – das war 1989, bevor der Kommunismus in Osteuropa zusammenbrach –, bekamen wir einen neuen Schuldirektor, der direkt aus Bukarest kam. Zu dieser Zeit gab es schon sehr viel Unruhe im Land, so dass Ceaușescu immer wieder treue Gefolgsleute in alle Regionen des Landes schickte, um dort für Ruhe zu sorgen. Das ging natürlich am besten, indem man möglichst alle Menschen unter Kontrolle brachte. So kam damals dieser neue Direktor an unsere Schule und merkte, dass wir gemeinsam mit einigen Lehrern in die Kirche gingen. Die orthodoxe Kirche war damals schon einigermaßen toleriert, aber die katholische Kirche hatte immer noch mit großen Schwierigkeiten zu kämpfen. Es gab zu dieser Zeit in Rumänien zwar eine römisch-katholische Kirche, aber die griechisch-katholische Kirche, der wir angehörten, war verboten. Trotzdem gaben uns einige Lehrer an Feiertagen manchmal frei, damit wir in die Kirche gehen konnten. Eines Tages fand dann eine Versammlung mit allen Lehrern und Schülern und dem neuen Direktor statt, bei der er uns verbot, in die Kirche zu gehen. Er argumentierte, dass Beten nichts bringen würde und wir uns einmal umschauen und anerkennen sollten, dass alles, was wir hatten, nicht von Gott käme, sondern Frucht unserer Arbeit wäre, ohne die es nichts zu essen gäbe. Ein Sonntag in der Kirche sei außerdem ein verlorener Arbeitstag. Damals hatten wir sechs Tage die Woche Unterricht, also auch an Samstagen; nur der Sonntag war ein freier Tag, was aber auch nicht für alle Menschen galt. Wer eine Festanstellung hatte, arbeitete oft in drei Schichten, auch sonntags. Nach der

Schulversammlung gingen wir zurück in unsere Klassenräume und die Lehrerin sagte: „Macht euch keine Sorgen, wir gehen auch mit, ihr dürft weiter in die Kirche gehen." Viele Lehrer kamen bei uns aus dem Ort, deshalb waren sie es so gewohnt und solidarisch mit uns. Sie haben sich vielleicht nie so ganz an die Regeln gehalten. Als wir dann also auch weiterhin zur Kirche gegangen sind, kam eines Tages die Securitate zu uns nach Hause und übte auf unsere Eltern Druck aus. Uns Kindern haben in der Schule andere Lehrer Probleme bereitet. Wenn wir (gläubigen) Kinder unsere Hausaufgaben vorlegten, waren die nie gut genug, und der Direktor konnte sein Recht nutzen, uns Schüler so richtig zu schlagen. Er sagte uns immer wieder, er habe uns nun einmal verboten, in die Kirche zu gehen. Außerdem war er bemüht, vor allem solche Lehrer neu einzustellen, die seine antikirchliche Haltung teilten. So gab es in der Schule immer zwei Parteien.

Hinzu kam, dass man nie sicher sein konnte, wer etwas weitersagte. Es gab auch unter unseren Mitschülern immer wieder Kinder, die zum Beispiel mit Süßigkeiten dazu verlockt werden konnten zu berichten: Was passiert in der Schule, was sagen die Lehrer, wer verhält sich wie, was erzählen die anderen Kinder von zu Hause?

Das ging über ein paar Monate so. Es herrschten schon sehr viel Druck und Unruhe. Unsere Eltern sagten zu Hause: „Ja, du darfst weiterhin in die Kirche gehen, wir gehen auch, aber rede öffentlich nicht so viel darüber." Es war durchaus gefährlich. In der Schule wurden wir immer gefragt: „Was sagen denn eure Eltern dazu?" Ich glaube, wenn ich gefragt wurde, habe ich manchmal auch selbst zugegeben, dass bei uns zu Hause gebetet wurde. Diese ganze Situation empfand ich damals schon als sehr extrem.

Daniel Zele 1996

Mein Vater erzählte immer, ihm sei klar gewesen, dass der Kommunismus sich nicht ewig halten würde. Selbst die Bischöfe und Priester, die in der kommunistischen Zeit im Gefängnis waren und von denen manche sogar getötet wurden, hatten immer gesagt, wir müssten kämpfen, denn das System würde nicht lange Bestand haben. Aber letztlich hat es natürlich doch lange gedauert. Ungefähr in der Mitte der Achtzigerjahre wurde dann in Radio Vatikan und anderen westlichen Quellen immer stärker appelliert: Kämpft für euch, bald ist es geschafft. Das glaubte auch mein Vater. Dann kam die Wende, und wir sagten uns: Jetzt haben wir die Freiheit. Aber Freiheit, wie wir sie erwartet hatten, war es eigentlich nicht. Denn es entstanden neue Probleme, als die katholischen Kirchen im Land sagten: Jetzt können wir endlich wieder in unsere Kirchen gehen. Endlich dürfen wir wieder in Freiheit beten. Das stellte sich nämlich als nicht so leicht heraus. Mein Vater gehörte zu einer der drei Familien im Dorf, die sagten: Nun bringen wir unseren katholischen Pfarrer in die Kirche, die Kirche haben wir als Gemeinde gemeinsam aufgebaut (das war früher eine rein orthodoxe Gemeinde), wir haben uns am Bau beteiligt und nun möchten wir hier beten. Wir bringen unseren katholischen Priester mit und müssen gar nicht direkt in die Kirche gehen, aber wir wollen den Garten der Kirche zum Beten nutzen. Und dann begann eine Zeit, die für mich persönlich sogar schlimmer war als vor 1989, weil ich ganz direkt darunter zu leiden hatte: Wir waren nur vier Kinder in der Klasse, die katholisch waren, und wurden richtig gemobbt. Ich kann mich noch gut erinnern, dass ich einige Male weinte, weil ein solcher Druck auf uns ausgeübt wurde und immer alle anderen gegen uns waren. Einige sprachen nicht einmal mehr mit uns, selbst Kinder, mit denen wir vorher befreundet gewesen waren. Auf einmal hatte sich alles geändert.

Erst waren es wenige, aber dann kamen immer mehr, die sagten: Wir waren früher griechisch-katholisch, wir gehörten zur unierten Kirche, und jetzt möchten wir wieder diesem Ritus entsprechend beten. In dem ganzen Gebiet, in dem viele nach der Union katholisch geworden waren, war es sehr unruhig. Ich erinnere mich noch gut, dass es Schlägereien und manchmal sogar Tote gab. Die orthodoxe Kirche bis hinauf zum Patriarchen vertrat damals die Ansicht: Wer nicht orthodox ist, der ist auch kein Rumäne. Damit standen wir plötzlich auf der anderen Seite und sollten keine Rumänen mehr sein, sondern Ungarn, wie die anderen Katholiken in der Region. Und das nur deshalb, weil wir zur katholischen Kirche gehörten. Man machte uns die Verbindung mit dem Papst zum Vorwurf. Plötzlich kämpfte das Volk gegeneinander, das sich noch kurz zuvor gemeinsam gegen die Kommunisten gewehrt hatte.

Bis zur Wende waren die Angehörigen der verschiedenen Konfessionen eigentlich friedlich miteinander umgegangen. Natürlich gab es immer diesen Gedanken gegen die griechischen Katholiken: Die sollen zurückkommen zur Orthodoxie, die sollen sich wieder zur Orthodoxie bekehren. Es gab zwar die Spaltung des Ritus, aber erst, als Moskau nach dem Zweiten Weltkrieg an Macht gewann, setzte sich die Idee durch:

Die unierte Kirche muss weg. Da waren den Kommunisten die Orthodoxen immer noch lieber als die griechisch-katholischen Christen. Auch viele Orthodoxe hatten unter den Kommunisten zu leiden, aber es gab eben auch einen großen Teil, der mit dem System kollaboriert hatte. Der orthodoxe Metropolit Corneanu aus Timişoara (Temeschwar) hat sich zum Beispiel öffentlich dazu bekannt, während des Kommunismus immer wieder Informationen an die staatlichen Stellen weitergegeben zu haben.

Diese Konflikte sind auf jeden Fall eine Erfahrung, die für mich bis heute unvergesslich ist. Es ist wie eine Trauer, die sich bei mir durchhält und seit damals verfolgt. Plötzlich waren Menschen, die bis dahin meine Freunde gewesen waren, gegen mich und ich hatte immer Angst zuzugeben, dass ich katholisch bin, weil ich nicht wusste, ob man mich dafür schlagen würde. Ich werde das nie vergessen. Es gab so ein oder zwei Jahre, in denen wir sagten: Wir sind frei, der Kommunismus ist besiegt. Aber dann gab es keine Gesetze mehr. Die Polizei kümmerte sich um nichts mehr, jeder konnte tun, was er wollte. Natürlich gab es auch schon vorher schwierige Zeiten, aber von dem, was ich persönlich erlebt habe, habe ich darunter besonders gelitten.

Ich glaube, dass ich das, was ich heute bin, meiner Lebensgeschichte verdanke. Und ich hoffe, dass mein Glaube zukünftig so stark bleibt. In den schwierigen Zeiten habe ich gespürt: da ist jemand, der mit mir geht. Für mich und meine ganze Familie war die Zugehörigkeit zur katholischen Kirche eine ganz wichtige Orientierung.

Aufgezeichnet am 14. Mai 2014 von Ruth Kubina.

Natalija Nykolyn

„[...] wenn ich noch einmal leben und
noch einmal all die Albträume erfahren müsste,
die ich in meiner Jugend erfahren habe,
dann würde ich genauso handeln.“

Natalija Nykolyn wurde am 30. Juni 1928 als Tochter des Gymnasiallehrers Iwan Pacholkiw im heutigen Iwano-Frankiwsk[1] (Ukraine) geboren. Das Gebiet, das bis zum Ende des Ersten Weltkrieges zu Österreich gehörte, war dann nach einem schweren kriegerischen Konflikt an Polen gekommen; 1941 geriet es erstmals, 1944 dann bis zu deren Ende an die Sowjetunion.

Natalija Nykolyn besuchte eine Grundschule, die von Schwestern des Basilianerordens geleitet wurde, und später ein Gymnasium in ihrer Heimatstadt. 1945 nahm sie ihr Slawistikstudium an der Staatsuniversität in Lwiw (Lemberg) auf. Im fünften Studienjahr, unmittelbar vor ihrem Studienabschluss, wurde sie gemeinsam mit einer Freundin, Wira Wolosjanska, von der Universität ausgeschlossen. Der Grund war, dass sie bei einer Versammlung bekannt hatten, griechisch-katholische Gläubige zu sein und den Papst anzuerkennen.

Nachdem Natalija Nykolyn aus der Universität ausgeschlossen worden war, verlor infolgedessen auch ihr Vater seine Arbeit und wurde gemeinsam mit seiner Frau und einem Sohn im April 1951 nach Sibirien verbannt. Die Familie kehrte 1956 aus der Verbannung zurück.

Da Natalija Nykolyn mehrere slawische Sprachen sowie Deutsch, Englisch und Französisch beherrschte, konnte sie ihr Geld teilweise mit Übersetzungen verdienen. Eine akademische Zukunft war für sie wegen ihres Bekenntnisses zum Glauben, von dem sie nie abwich, jedoch unmöglich.

Erzählen Sie uns etwas über sich und Ihre Familie.

Ich wurde 1928 in Iwano-Frankiwsk geboren. Wir waren drei Kinder in der Familie – zwei Brüder und ich. Meine Eltern haben die Entwicklung meiner Persönlichkeit stark beeinflusst. Ich besuchte eine Basilianerinnen-Schule; mein Vater arbeitete zuerst am Priesterseminar und an ei-

---

1 Die Stadt Iwano-Frankiwsk trug in ihrer Geschichte mehrere Namen. Sie hieß abwechselnd Stanislaw oder Stanislawiw, seit 1962 aber Iwano-Frankiwsk. Für eine bessere Lesbarkeit wird im Folgenden der heutige Name verwendet.

Natalija Nykolyn

nem Gymnasium. Meine Schule und der dazugehörige Kindergarten, den ich zuvor besucht hatte, waren ebenfalls sehr wichtig für meine Entwicklung und die Verwurzelung meines Glaubens.

Am meisten hat mich aber mein Vater geprägt. Auch wenn er eigentlich kein praktizierender Katholik war, hatte er als Dorfkind einen tief verwurzelten Glauben sowie klare moralische Prinzipien und eine einfache, aber feine Unterscheidung zwischen Gut und Böse entwickelt. Das hatte er uns beigebracht, seit wir Kinder waren, und damit wuchsen wir auf.

Mein Vater, der im Dorf Synjakowi bei Tschortkiw im Gebiet von Ternopil geboren wurde, studierte Philosophie. Sein Studium hatte er an einer polnischen Universität begonnen, aber nachdem die ukrainischen Studenten das Studium dort boykottiert hatten, wechselte er an eine ukrainische Untergrund-Universität. Dort hat er meine Mutter kennengelernt, die ebenfalls an dieser Universität studierte.

Weil mein Vater später auch nicht mehr an der Untergrund-Universität studieren konnte, nahm er ein Philosophie- und Philologiestudium an der Masaryk-Universität in Brno (Brünn, Tschechoslowakei) auf. Ende der 1920er-Jahre, als mein älterer Bruder und ich schon geboren waren, kehrte er zurück und schloss sein Studium an der Kasimir-Universität in Lwiw ab. Wie bereits erwähnt, praktizierte mein Vater seinen Glauben nicht öffentlich. Aber auch wenn ich ihn vielleicht nie kniend beten sah, hatte er doch diesen festen und echten Glauben und konnte ihn an uns weitergeben. Vielleicht sogar mehr als unsere Mutter, obwohl die Mutter naturgemäß der nächste Mensch für ihre Kinder ist.

Ich möchte noch kurz erwähnen, dass mein Vater im Bürgerkrieg nach dem Ersten Weltkrieg in der Ukrainischen Galizischen Armee diente und im „Todesviereck"[2] war. Dort erkrankte er schwer an Typhus. Als ich zehn Jahre alt war, schenkte mir mein Papa ein Poesiealbum. Damals hatten viele Mädchen ein solches Album und die erste handschriftliche Eintragung meines Vaters lautete: „Gott und die Ukraine über alles." Das waren seine beiden wichtigsten Lebenselemente. Nach seiner Rückkehr aus der Ukrainischen Galizischen Armee saß mein Vater im Gefängnis in Tschortkiw. Wegen seiner Zugehörigkeit zur Armee war er vom polnischen Staatsgymnasium als „unzuverlässig" entlassen worden.

In meiner Kindheit hat mich außerdem der angehende Priester Wolodymyr Didytsch stark beeinflusst. Er ist der Sohn der Schwester meines Vaters, also mein Cousin, der in Lwiw an der Theologischen Akademie studierte und aufgrund der Tatsache, dass er Mitglied einer ukrainischen nationalistischen Organisation war, stark verfolgt wurde. Die Ferien durfte er nie zu Hause verbringen, denn jedes Mal, wenn er nach Hause kam, tauchte ein Wachtmeister auf und zwang ihn zur Abreise. Deshalb blieb er in den Ferien immer bei uns. Mich beeindruckte, dass er sehr national orientiert und gleichzeitig ein Mensch mit tiefem Glauben und einer priesterlichen Berufung war. Er war bis an sein Lebensende ein würdiger und vorbildlicher Priester. Wenn er während der Ferien bei uns war, kümmerte er sich um die Bibliothek meines Vaters. Und weil er so oft bei uns war und so viel Spannendes zu erzählen hatte, blieb ich stark mit ihm verbunden, auch als ich dann nach Lwiw zum Studium ging ...

2 Auf der einen Seite lauerten die Bolschewiki, auf der anderen Seite der Militäranführer Denikin, auf der nächsten Seite der Typhus und schließlich auf der vierten Seite die Polen.

Wann war das?

Das war 1945, direkt nach Kriegsende. Mein Cousin, der am 12. Juni 1938 vom Metropoliten Andrej Scheptyzkyj die Priesterweihe empfangen hatte, war inzwischen Priester in Peremyschljany, wurde aber von dort abberufen. Am Nikolaustag hatte der NKWD (Volkskommissariat für innere Angelegenheiten) ihn nach Lwiw bestellt, um ihn zu verhaften. Denn der NKWD besaß Listen mit denjenigen Personen, die früher als unzuverlässig galten. Auf dieser Liste stand auch er, weil er als Mitglied der nationalistischen Vereinigung von den Polen verfolgt worden war.

Sie sagten, dass Ihr Cousin an der Lwiwer Theologischen Akademie studiert hat und vom Metropoliten Andrej geweiht wurde. Hat er Ihnen etwas über ihn erzählt?

Er hat viel über Metropolit Andrej und auch über Kardinal Jossyf Slipyj und dessen Verhältnis zu den Studenten erzählt. Metropolit Andrej war für ihn eine heilige und sehr gutherzige Person. Er meinte, dass jedes seiner Worte, jede seiner Handlungen und jede seiner Lehren, die er während seiner Besuche an die Studierenden richtete, eine enorme Güte ausstrahlten. Meine Mutter, die auf das Basilianer-Gymnasium in Lwiw gegangen war, hatte das Glück, beim Metropoliten eine Beichte abzulegen. Von dieser Beichte hat sie mir Folgendes erzählt: „Was für eine Sünde ich beichtete, verrate ich nicht. Der Metropolit sagte: ‚Kind, es ist doch keine Sünde, du hast doch nichts Schlechtes gewünscht.' Und so ging es weiter. Ich wusste später nicht mehr, was ich noch sagen sollte, denn der Metropolit versuchte die ganze Zeit, mich zu rechtfertigen und mir zu erklären, dass eine Handlung erst dann zur Sünde wird, wenn man sie mit der bewussten Absicht ausführt, Schaden anzurichten."

Sie erwähnten gerade Jossyf Slipyj. Hat er Ihnen auch etwas über ihn erzählt?

Über Jossyf Slipyj hat er erzählt, dass er sehr streng und unbeliebt unter den Studenten gewesen sei. Er war sehr anspruchsvoll und hatte rigorose Verhaltensvorstellungen. Er war nicht so offen wie der Metropolit. Er war ein äußerst ehrlicher, kluger und intelligenter Mensch, ein echter Geistlicher und Intellektueller würden wir jetzt sagen, aber im Umgang mit Studenten und ihm Nahestehenden, sogar mit den Geistlichen, war er sehr streng. Dies stieß die Menschen ab, und sie verschlossen sich innerlich vor ihm. So hat es Vater Wolodymyr erzählt.

Erzählen Sie mehr über Ihren Vater nach seiner Rückkehr von der Galizischen Armee. Hat er Ihnen über Kämpfe, das Leben dort oder von Schwierigkeiten erzählt, die er durchgemacht hat?

Am meisten hat er über den Moment erzählt, als die Ukrainische Galizische Armee sich im „Todesviereck" befand. Das ist alles ... Mein Vater war in Schmerynka, als er an Typhus erkrankte, und er erzählte, dass es kein Krankenhaus, sondern nur riesige Räume gab, die mit Stroh ausgelegt waren, auf dem ein Kämpfer der Ukrainischen Galizischen Armee neben dem anderen lag. Es war zudem sehr häufig so, dass die Lebenden und die Toten nebeneinander lagen. Mein Vater hätte damals den Typhus beinahe nicht überlebt.

Später hatte das, wie gesagt, große Auswirkungen auf das Leben meines Vaters, aber keineswegs beeinflusste es seine Liebe zur Ukraine. Nachdem er vom staatlichen Gymnasium entlassen worden war, unterrichtete er bei den Basilianerinnen. Als die Bolschewiki kamen, wurde er Inspektor des regionalen Bildungsministeriums, denn er kannte sich sehr gut mit dem Schulsystem aus. Außerdem arbeitete mein Vater an der Pädagogischen Hochschule, unterrichtete und arbeitete in der Aufsichtsbehörde. Beim regionalen Ministerium war er schließlich bis zu meinem öffentlichen Bekenntnis an der Universität tätig. Dann sagte man ihm, er dürfe nicht mehr arbeiten.

Erzählen Sie uns etwas über Ihre Brüder!

Mein älterer Bruder Swjatoslaw wurde am 4. Oktober 1925 geboren. Er besuchte während der Zeit der polnischen Herrschaft die ersten Klassen eines Gymnasiums. Als die Bolschewiki kamen, wechselte er in eine Schule für Jungen. Dann folgten andere Zeiten. 1944, vor dem Einmarsch der Bolschewiki nach Iwano-Frankiwsk, war mein Bruder Swjatoslaw am 28. März 1944 dem ukrainischen Widerstand beigetreten. Er hatte das Gymnasium in Iwano-Frankiwsk abgeschlossen und war ein besonders begabter Mathematiker. Noch am Gymnasium studierte er höhere Mathematik und die Lehrer, die meinen Vater kannten, sagten mehrmals: „Natalija lernt gut, aber Ihr älterer Sohn ist wirklich begabt, vor ihm liegt eine große Zukunft als Wissenschaftler." Damals schien es aber wichtiger, vor allem die Ukraine zu verteidigen. Deshalb habe ich tiefen Respekt vor meinen Eltern, die damit einverstanden waren, dass mein Bruder in die Widerstandsarmee ging. Er trat dort ein und kam ums Leben.

Der jüngere Bruder Andrij kam am 30. Oktober 1933 zur Welt. Direkt nach dem Abschluss der 10. Klasse wurde er gemeinsam mit meinen Eltern deportiert. Er war schon sehr reif und hatte ein nationales Bewusstsein, denn obwohl er noch klein war, wusste er die Wahrheit über seinen Bruder und dass keiner davon erfahren durfte. Es war unser Familiengeheimnis und wir haben eine Geschichte erfunden, Swjatoslaw sei nach Deutschland geschickt worden. Damals wurden viele dorthin deportiert, vor allem diejenigen, die der SS nicht beigetreten sind. Die meisten wurden weggeschickt, wenn sie nicht den Partisanen beigetreten sind. Daher war unsere erfundene Version glaubwürdig und wir konnten sie erzählen.

Wissen Sie etwas über das weitere Schicksal Ihres älteren Bruders?

Inzwischen ja, weil mein jüngerer Bruder Andrij, der hier in Lwiw beim Symphonieorchester arbeitet, über die ganzen Jahre hinweg, als die Ukraine schon unabhängig war, versucht hat, dem Schicksal unseres Bruders auf die Spur zu kommen. Es ist ihm gelungen, und jetzt wissen wir, dass er Sotnik (Leutnant) war und am Kampf zwischen den Dörfern Tschorni und Bili Oslawy im Landkreis Nadwirna teilgenommen hat. Als er dort die Nachhut einer Kampftruppe bildete, wurde er bei Tschorni Oslawy schwer verletzt und starb. Zusammen mit sechs Soldaten, die ebenfalls in diesem Kampf starben, ist er neben der Kirche in Tschorni Oslawy beerdigt.

Was können sie uns über Ihre Mutter erzählen?

Meine Mutter wurde 1896 geboren. Sie hieß Serafyma. Serafyma Tschutschman aus Busk, in der Nähe von Lwiw. Sie besuchte das von den Basilianerinnen betreute Gymnasium. Danach studierte sie an der Universität, wo sie meinen Vater kennengelernt hat. Ihr Studium konnte sie jedoch in den Wirren der Nachkriegszeit und des ukrainisch-polnischen Krieges nicht abschließen.

Meine Mutter wurde durch Vater Dserowytsch, den Leiter des Basilianer-Gymnasiums, sowie durch die Persönlichkeit des Metropoliten Andrej geprägt, der häufig das Gymnasium besuchte, weil er es gegründet hatte. Die Oberin des Basilianerordens war sehr gutherzig. Ich erinnere mich gerade nicht an ihren Namen, obwohl meine Mutter viel über sie erzählte, unter anderem, dass sie einen sehr guten Umgang mit den Gymnasialschülerinnen pflegte. Einmal hat mir meine Mutter erzählt, dass die Schülerinnen wegen der Beerdigung des berühmten Schriftstellers Iwan Franko gegen die Vorschriften verstießen. Die Teilnahme an der Beerdigung von

Iwan Franko war ihnen nämlich untersagt, aber, so erzählte sie: „Wir sind alle aus dem Fenster gesprungen und konnten so bei der Beerdigung sein."

Nun zurück zu Ihnen. Wie haben Sie Ihre Studienzeit erlebt?

Es war gleich nach dem Krieg, noch 1945. Weil ich die 10. Klasse mit Auszeichnung beendet hatte, musste ich keine Aufnahmeprüfung an der Universität ablegen. Ich habe mich für das Studium der ukrainischen Philologie beworben, denn mein Vater war Ukrainist und Historiker. Später aber, als wir mit dem Vater nach Lwiw gezogen waren, stellte sich heraus, dass es dort eine Abteilung für slawische Philologie gab, deren „Seele" Professor Swjenzizkyj war. Mein Vater hat ihn hoch geschätzt, denn meine Eltern hatten beide bei ihm studiert. Sie erinnerten sich sehr gut an ihn, und meine Mutter war sogar entfernt mit ihm verwandt. Daraufhin habe ich mich dort einschreiben lassen und studierte in der Abteilung für slawische Philologie weiter, wo es zwei Gruppen gab, die Polonisten und die Bohemisten. Da ich die polnische Sprache schon sehr gut beherrschte, habe ich mich für die tschechische Abteilung entschieden.

Unsere studentische Gemeinschaft war sehr vielfältig, auch im Hinblick auf das Alter. Der älteste Student war 1913 geboren, und ich war die jüngste, geboren 1928. Wir haben ihn „Papi" genannt. Interessant ist, dass nur drei Studentinnen aus Galizien kamen. Eigentlich waren wir zu viert, aber Marijka wurde später verhaftet. Vier Studentinnen und noch einer, der einzige Junge namens Bogdan Kuryljak.

Die meisten kamen aus dem Osten der Ukraine und aus Russland. Schon während einer der ersten Lektionen gab es einen Zwischenfall. Ein Student namens Grigorjew trat auf und behauptete, dass die ukrainische Sprache als solche gar nicht existiere und ein russischer Dialekt sei. Ich stand auf, um ihm zu widersprechen. Ich konnte es nicht so gut wissenschaftlich begründen, aber ich wusste, dass einige russische Linguisten versuchten, diese Theorie durchzusetzen, aber sogar in der sowjetischen Sprachwissenschaft war diese Theorie umstritten. Ich erinnere mich, dass der Dozent Schylo (so hieß er, glaube ich) sich wunderte und meine Ansichten begriff, aber damit war die Diskussion zu Ende.

Wir hatten sehr gute Dozenten, wie z.B. Professor Puschkar, der bei uns Tschechisch unterrichtete und alle anderen Fächer, die mit dem Tschechischen zu tun hatten, unter anderem tschechische Dialektologie. Professor Puschkar war ein typischer Dozent im höheren Alter, aber er war ein äußerst ehrlicher Mensch und hatte ein gutes psychologisches

Gespür, um andere einzuschätzen. Er versuchte immer, uns in schwierigen Situationen zu unterstützen; oft half er uns ganz konkret. Einmal hustete ich sehr stark und der Professor meinte, ich solle bei ihm vorbeikommen. Er gab mir Honig und sagte: „Natalija, iss unbedingt diesen Honig, damit dein Husten vorbeigeht."

Eine andere sehr interessante Persönlichkeit war Professor Masljak, der sich von allen anderen unterschied. Er war Dichter, Literat und Wissenschaftler von europäischem Rang – vielleicht nicht nur ein Wissenschaftler, sondern auch ein europäisch denkender Mensch. Eine Zeit lang hatte er kommunistische Ansichten, arbeitete bei der Zeitschrift „Wikna" mit und emigrierte in die Tschechoslowakei, weil die Polen ihn wegen seiner kommunistischen Ansichten verfolgten. In Prag haben ihn dann die Bolschewiki auf der Straße geschnappt, ins Auto und dann ins Flugzeug gesetzt und nach Lwiw gebracht. Dort bekam er eine Stelle als Lehrkraft für Slawistik an der Philologischen Fakultät. Er hat bei uns tschechische Literatur unterrichtet. Das machte er auf eine sehr offene Art, d.h. nicht allein bezogen auf die tschechische Literatur, wie es der Lehrplan vorsah. Bevor wir über eine Epoche gesprochen haben, gab er uns immer Erläuterungen zu den gesamteuropäischen literarischen Strömungen und zum Stand der Literatur. Erst danach ging er zur tschechischen Literatur und den Schriftstellern über. Er mochte es, wie er es nannte, „spitzfindige Fragen" zu stellen. Es waren unerwartete Fragen, die wir beantworten sollten. Das gelang uns nicht immer. Wir hörten ihm mit großer Aufmerksamkeit zu und er brachte uns viel bei. Manchmal wies er uns mit lauter Stimme zurecht: „Esst Fisch, esst Fisch, Fisch hat Phosphor, dann denkt euer Gehirn besser." Ich habe viele lustige Erinnerungen an ihn.

Dass wir aus der Universität ausgeschlossen wurden, erwies sich für alle unsere Freunde unter den Studenten und für unsere Professoren als Prüfstein. Professor Puschkar verstand und unterstützte uns. Ganz zu schweigen von Professor Swjenzizkyj, der sich unseretwegen sogar selbst in Schwierigkeiten brachte, als er uns bei der Versammlung verteidigte. Professor Masljak dagegen hat sich sehr geärgert: „Wozu hast du das angestellt? Warum hast du das gesagt?"

Sie haben noch gar nichts über die Ursache Ihres Ausschlusses erzählt.

Ja, ich habe es nicht erzählt, denn es scheint mir, dass … So vergingen eben die Jahre, die schrecklichen Jahre mit vielen Verhaftungen. Den größten Schrecken erweckte die Aufforderung, sich in der Personalabteilung der Uni zu melden. Dann war klar: Du bist gescheitert. Das war dein Ende. In der Personalabteilung waren natürlich die Mitarbeiter des KGB, und von dort wurde man ins Gefängnis in der Lonzkyj-Straße oder an andere, ähnliche Orte gebracht, denn in Lwiw gab es viele kleine Häuser mit NKWD-Zellen, wo man dann hinkam. Einmal wollten Wira und ich unseren gemeinsamen Freund abholen, der zur Personalabteilung bestellt worden war. Wir haben gesehen, dass er von zwei Personen weggeführt wurde, und wir wollten wissen, in welcher Abteilung er landen wird.

Natalija Nykolyn und ihre Freundin Wira

So wurde auch unsere Freundin Marijka Gryziw verhaftet. Insgesamt gab es viele Verhaftungen bei uns im Slawistik-Institut. Auch Jankiw und noch ein paar andere wurden festgenommen. Dann kam dieses unglückselige Jahr 1949, das Jahr des Mordes an dem regimetreuen Schriftsteller Jaroslaw Halan. Nach diesem Mord begannen massive Repressionen gegenüber der Intelligenz und der Studentenschaft. Viele wurden festgenommen und deportiert. In einer Nacht des Jahres 1949 fand die größte Verschleppung statt. Es war am Verfassungstag, am 5. Dezember. In der Nacht vom 4. auf den 5. Dezember gab es die größte Deportation in Lwiw, der viele Studenten, aber auch sehr viele Priester, darunter auch Vater Wolodymyr Didytsch, zum Opfer fielen.

Von einem Ereignis möchte ich noch erzählen, welches mein Leben und das meiner Freundin Wira geprägt hat. Wir waren damals im fünften Studienjahr der Slawischen Philologie, hatten schon die Themen unserer Diplomarbeiten formuliert und arbeiteten an ihnen. Es blieb nur noch ein Prüfungssemester übrig, danach die Verteidigung der Diplomarbeiten und die Staatsprüfungen. Doch nachdem Halan ermordet

worden war, fanden in allen Hochschulen in Lwiw Studentenversamm-
lungen statt, bei denen die „Unzuverlässigen" ermittelt und danach ausgeschlossen wurden. Dies fand planmäßig und systematisch in allen
Fachrichtungen statt. Unser fünfter Jahrgang der Slawistik war auch
dran. Es gab einen Verdacht, dass Halan vom Sohn eines Geistlichen
getötet wurde. In Folge der nun verschärften Maßnahmen beobachtete
man auch uns Studenten.

Ich glaube, dass ich, wenn ich die Albträume unserer Jugendzeit
noch einmal erleben müsste, wieder genauso handeln würde. Ich bin
sicher, mein Vater würde das Gleiche tun, obwohl er drei Tage und
drei Nächte oder sogar länger psychisch gefoltert wurde. Man hat ihm
versprochen, dass wir in Ruhe gelassen werden und dass wir unser
Studium zu Ende bringen dürften, wenn er kooperativ ist. Ansonsten
drohten sie, uns zu vernichten. Mein Vater wusste das und hat trotzdem die Zusammenarbeit verweigert. Sofort danach wurden meine Eltern und der jüngere Bruder verbannt. Man hat mich nicht deportiert,
denn zu diesem Zeitpunkt war ich schon verheiratet und hatte einen
anderen Familiennamen. Nur das hat mich gerettet. Anders konnten
wir damals nicht vorgehen, nichts anderes ist uns in den Sinn gekommen, obwohl wir auch wussten, welche Folgen das mit sich bringt und
dass unsere Eltern alle Konsequenzen würden tragen müssen. Mein
Vater wurde zum Parteikomitee gerufen, und man fragte ihn: „Was hat
denn Ihre Tochter dort angestellt?" – und mein Vater wurde von der
Arbeit entlassen.

Danach unterrichtete mein Vater an der Abendschule. Nur dort
konnte er Arbeit finden. Die Ursachen für die Verbannung meiner Eltern waren die Beherbergung des Abtes Bachtalowskyj und meine Aussage an der Universität. Ich meine aber, dass gerade darin die Ehrlichkeit
einer Person besteht. Es gibt manchmal Extremsituationen, in denen du
entweder ein ehrlicher Mensch bis an dein Lebensende bleibst oder zu
einem Abtrünnigen um einer Karriere oder eines besseren Lebens willen wirst. Wir konnten einfach nichts anderes wählen.

Wohin wurden Ihre Eltern verbannt?

Sie wurden am 26. April 1951 deportiert. Zuerst waren sie in einem
Durchgangslager in Broschniw. Dahin habe ich ihnen ein Paket gebracht, und man hat mich verhaftet, denn ich stand auf der Liste. Man
hat mich eine Nacht lang festgehalten, bis mein Name überprüft worden
war, ob ich wirklich verheiratet war usw. Danach, im Herbst 1951, ich
glaube am Feiertag Maria Schutz (14. Oktober), wurden sie nach Omsk

in Sibirien verschleppt, wo sie in Frachtkähne umsteigen mussten. Weiter ging es den Fluss Irtysch hinunter. Sie sollten sogar bis zur Mündung des Irtysch gebracht werden, aber dann kam der Winter, und man hat sie in der Taiga bei Schnee und Eis hinausgeworfen und ihnen gesagt: „Ihr werdet hier sterben, also grabt euch Höhlen zum Wohnen." Sie lebten unter sehr schwierigen Bedingungen im Gebiet von Tjumen, in Tobolsk, genauer in der Nähe der Tatarensiedlung Nadzy. Mit der Zeit wurde bekannt, dass mein Vater über Deutschkenntnisse verfügte, so dass meine Familie nach Tobolsk ziehen durfte. Das war Ende 1955. Mein Vater unterrichtete dort an einer deutsch-tatarischen Schule. Meinem Bruder, der Geiger war, wurde sogar erlaubt, in Omsk an einer Musikhochschule zu studieren. 1956 kamen sie zurück. Mit der Wiederanmeldung in der Ukraine gab es jedoch große Schwierigkeiten, denn nach Iwano-Frankiwsk durften sie nicht zurückkehren. Unser Haus wurde uns weggenommen, und auch alle anderen Besitztümer wurden beschlagnahmt. Wir selbst hatten praktisch keine Rechte, weil man uns als Verfolgte nicht registrieren wollte. Hier war die Rente sehr niedrig, aber Vater war von ihr abhängig. Wenn du bei uns nicht registriert warst, dann hast du einfach nicht existiert. Sie kehrten, wie gesagt, im Juni 1956 zurück, ähnlich wie viele andere zu Beginn der Chruschtschow-Ära. Erst am Nikolaustag, am 19. Dezember [nach dem julianischen Kalender], hat mein Vater eine Erlaubnis zur Registrierung bekommen. Ich sage immer, das war ein großes Geschenk für mich.

Wie ging es dann mit Ihnen weiter?

Vor der Rückkehr meiner Eltern aus Sibirien arbeitete ich nicht, weil wir inzwischen Kinder hatten, die ich zu Hause versorgte. Im Herbst 1956 konnte ich dann eine Arbeit in einem regionalen Archiv aufnehmen. Dort habe ich aber nur kurz gearbeitet, denn schon im Mai 1957 hat mich die Archivleiterin Halyna Sylwestriwna Sysonenko (die mir sehr freundlich gesonnen war) zu sich gerufen. Sie sagte mir, dass in der Leitung – das Archiv unterlag damals dem Ministerium für innere Angelegenheiten – entschieden worden sei, dass ich dort nicht mehr arbeiten könne. Sie empfahl mir, eine Kündigung mit Verweis auf meine familiäre Lage zu schreiben. Das tat ich. Aufgrund der schlechten Wohnsituation hatten wir damals begonnen, ein Haus zu bauen. Ich arbeitete an Übersetzungen, die unter einem fremden Namen veröffentlicht wurden. Ich bekam dafür nur einen Teil des Honorars, und diese andere Person war offiziell angestellt.

Waren das wissenschaftliche oder literarische Übersetzungen?

Es waren ein Buch und eine wissenschaftliche Arbeit in Philosophie. Das gab mir die Möglichkeit, unseren Hausbau finanziell zu unterstützen. Als wir in unser eigenes Haus umgezogen waren, nahm ich immer noch keine Arbeit auf, denn ich wollte möglichst viel Zeit mit meinen Kindern verbringen. Wir hatten natürlich finanzielle Schwierigkeiten, weil nur mein Mann Geld verdiente. Mein Vater bekam als Aussiedler den niedrigsten Rentensatz in Höhe von 51 Rubel. Aber ich wollte nicht versäumen, den Kindern ein Fundament für ihr Leben mitzugeben. Erst als mein jüngster Sohn die erste Klasse beendet hatte, ging ich wieder arbeiten. Es schien mir, dass die Kinder nun so weit waren. Selbstverständlich hatte ich überhaupt nicht mit einer Lehrtätigkeit gerechnet. Ich arbeitete als Mitarbeiterin für Didaktik an der Universität. Es war nur ein Nebenjob, eine technische und absolut ermüdende Tätigkeit, die mir kein inneres Vergnügen brachte, ganz im Gegenteil … Ich war einmal beim Prorektor, dem jetzt schon verstorbenen Rohatschenko, und fragte nach einer Unterrichtstätigkeit, wenigstens für ein paar Stunden am Institut für Geschichte (nicht am meinem), um Polnisch, Tschechisch oder Bulgarisch zu unterrichten. Er schaute mich schief an und sagte: „Natalija Iwaniwna, meinen Sie, man hätte hier schon vergessen, wer Sie sind? Wenn Sie hier sein und ein bisschen Geld verdienen möchten, bleiben Sie, wo Sie jetzt sind. Sie werden niemals eine Lehrtätigkeit bei uns an der Universität bekommen."

Später arbeitete ich in einem Offsetmaschinen-Laboratorium, einige Zeit habe ich es sogar geleitet. Ich wurde aber dennoch immer beaufsichtigt. Ich blieb dann noch bis 1991, bis ich in den Ruhestand trat.

Eigentlich habe ich jetzt genug gesagt. Aber ich möchte noch kurz etwas über den Einfluss der Schule sagen, auf den man sich heute wieder stärker besinnen sollte. Dabei meine ich den geistlichen Einfluss, nicht die Orientierung an Konsum oder materiellen Besitztümern. Damals waren wir klein, aber man hat uns immer auf die Sache Gottes und auf die Sache des Vaterlands aufmerksam gemacht. Am schönsten bleiben in meinen Erinnerungen die Ausflüge. Auch wenn wir nicht weit weg von Iwano-Frankiwsk gefahren sind, gab uns Kindern die Beschäftigung mit der Natur statt im Klassenzimmer sehr viel. Solche Lektionen, oder wie man heutzutage sagt, Unterrichtsstunden, mit einem Gebet am Anfang und einer Ikone in jedem Klassenraum haben uns Kinder über die alltäglichen, materiellen Dinge hinausgeführt. Auch die Güte der Schwestern beeinflusste uns. Ich erinnere mich, dass wir alle am Muttertag für unsere Mütter kleine Geschenke stickten. Ich habe meine Serviette nicht zu Ende gestickt. Ich weinte sehr heftig in der Nacht, denn am nächsten Tag sollten wir unseren Müttern die Geschenke überreichen, und meine Serviette war noch nicht fertig. Ich war krank, aber trotzdem ging ich an diesem Tag zur Schule. Ich war meiner Erzieherin, Schwester Myroslawa, unglaublich dankbar, denn sie hatte die Serviette zu Ende gestickt, gewaschen, gebügelt und mir gegeben, damit ich sie meiner Mutter schenken konnte. Es ist eine Geschichte aus meiner Kindheit, die eine Fähigkeit zeigt: für jemanden nicht schlafen zu gehen, sondern ein Opfer zu bringen, die Fähigkeit, sich einem anderen Menschen zu widmen, die heutzutage vielen jungen Menschen fehlt.

Haben Sie in all den Jahren jemals darauf gehofft, dass die Ukrainische Griechisch-Katholische Kirche legalisiert wird?

Ja, ich habe darauf gehofft. Innerlich hatte ich irgendwie das Gefühl, dass Gott diese Leiden der Priester und der Bischöfe nicht so einfach nur beobachten kann. Das Wichtige, was ich in dieser Katakombenzeit gesehen habe, war, dass es Berufungen von Mönchen und Priestern sowie ein Theologisches Seminar in den Katakomben gab. Deswegen glaubte man an die Veränderungen. Wir glaubten daran, dass sich etwas in der Kirche genau wie im politischen System Europas und der ganzen Welt ändern wird.

Was waren Ihrer Meinung nach die negativen Folgen dieser Katakombenzeit für die Ukrainische Griechisch-Katholische Kirche?

Es ist eine schwierige Frage, auf die ich keine schnelle Antwort geben kann, denn ich habe irgendwie die ganze Zeit nur das Positive vor Augen und muss jetzt nach dem Negativen suchen. Negatives gibt es eigentlich immer, denn im Leben gibt es nichts Positives ohne Negatives. Vielleicht wäre es die Tatsache, dass die Menschen sich abgewöhnt haben, ihre Ansichten öffentlich zu vertreten und sich daran gewöhnten, ihre Ansichten zu verbergen.

Vielleicht nicht in der Kirche selbst, aber generell als Folge davon, dass sich die Kirche in den Katakomben befand. Und es hat sich in den Menschen eine Doppelzüngigkeit gebildet; den Kindern wurde schon seit ihren jüngsten Jahren das Lügen beigebracht. Man durfte nicht in der Schule davon erfahren, was zu Hause passierte. Dies bezieht sich aber nicht auf die Kirche selbst.

Was bestimmte und charakterisierte die griechisch-katholische Katakomben-Kirche? Wie würden Sie das Wesen der griechisch-katholischen Untergrundbewegung beschreiben?

Es fällt mir schwer, mit ein paar Sätzen ihr Wesen darzustellen, aber ich denke, dass das Wesen der griechisch-katholischen Untergrundbewegung und ihre Bedeutung für die Geschichte unserer Kirche darin bestehen, dass es die Kirche trotz der schrecklichen Verfolgungen des roten Totalitarismus geschafft hat, so viele Jahre lang zu überleben. Sie hat überlebt und ihre Hierarchie und Gläubigen behalten.

Was denken Sie, warum Gott eine so lange Verfolgung der Kirche zugelassen hat?

Es ist sehr schwierig, die Pläne Gottes zu verstehen. Der Mensch darf wahrscheinlich gar nicht über diese Pläne urteilen, aber ich als Gläubige glaube daran, dass die göttliche Vorsehung das Schicksal bestimmter Menschen und Völker regiert. Unser Volk sollte wahrscheinlich diesen Zeitabschnitt erfahren. Metropolit Andrej hat vor seinem Tod diese schrecklichen Verfolgungen, aber auch den Aufschwung unserer Kirche vorausgesagt. Darin bestehen möglicherweise Vorsehung und Barmherzigkeit Gottes.

Was würden Sie als den schwierigsten Moment Ihres Lebens bezeichnen?

Der dramatischste und schwierigste Moment war wahrscheinlich an diesem zweiten Versammlungstag an der Universität, an dem es schon deutlich wurde, dass ich alle meine Lebens- und Wissenschaftspläne aufgeben muss. Am gleichen Tag fuhr vom Hauptbahnhof in Lwiw ein Zug mit deportierten Menschen ab. Unter ihnen waren fünf mir besonders wichtige und teure Menschen, die ich für immer verloren habe.

Wie kommt es, dass einige Kirchenvertreter ihr Leben riskiert haben, während andere einfach so weiterlebten?

Ohne dass ich den Klerus beleidigen will, meine ich, dass es vom Geistlichen in einer bestimmten Gemeinde abhängig war. Wenn der Pfarrer würdig war, ein Vorbild, bei dem Worte und Taten übereinstimmten, nicht habsüchtig und seine Kinder auch ein Vorbild für das Dorf oder die Stadt waren, in denen er arbeitete, dann haben die Menschen und die gesamte Kirche überlebt. Wir wissen alle, dass es auch Pfarrer gab, die nicht immer als ein Vorbild galten. Solche Gemeinden und solche kirchlichen Umgebungen unterwerfen sich schneller unterschiedlichen Versuchungen. Es ist meine persönliche Meinung, und ich kann nicht sagen, ob sie richtig ist.

Wie kommt es, dass einige Menschen sich auf Kompromisse in religiösen Fragen einließen, aber Menschen wie Sie und Ihre Freundin Wira das nicht taten?

Ich denke, ob ein Mensch in einer wichtigen Frage einen Kompromiss eingeht, ist von seiner psychologischen Struktur abhängig. Es gibt vielleicht stärkere Menschen, die einen Kompromiss eingehen und durchhalten können, die sich ihm für ein höheres Ziel unterwerfen. Wenn es um das Vaterland oder die Kirche geht, kann ich das verstehen. Ich werde aber nie in meinem Leben einen Kompromiss aus Eigennutz anerkennen. Das ist kein Kompromiss für mich, sondern einfach eine Unehrlichkeit.

Wie sollte Ihrer Meinung nach ein Christ die menschliche Würde und die menschlichen, von Gott gegebenen Rechte verteidigen?

Er muss sich nach den Gesetzen Gottes richten. Wenn ein Mensch den Gesetzen Gottes folgt und nach ihnen lebt, dann kann ihm niemand in seiner Umgebung eine moralische Sünde vorwerfen. Ein Mensch muss vor allem das haben, was Kant als die zwei größten Wunder bezeichnet hat – einen Sternenhimmel über uns und das moralische Gesetz in uns. Wenn ein Mensch diesem moralischen Gesetz folgt, dann unterstützt er auch Gottes Gesetz, kämpft dafür und strebt ihm nach.

Ein ausführliches Gespräch mit Natalija Nykolyn führte Lidija Hubitsch, es wurde von Khrystyna Bey aus dem Ukrainischen übersetzt. Für diesen Band wurde es in Auszügen verwendet und von Andrea Claaßen bearbeitet.

Miloslav Vlk

„Beugt euch also in Demut
unter die mächtige Hand Gottes […]"
(1 Petr 5,6)

Ich kann Ihnen versichern, dass diese Epoche die gesegnetste meines ganzen priesterlichen Lebens war. Ich habe viele Gnaden empfangen, Licht und inneren Frieden. Ich war überhaupt nicht frustriert. Im Gegenteil, ich habe verstanden, dass ich gerade so mein priesterliches Leben leben konnte. Wann immer Verzweiflung drohte, gewann ich Gnade aus der Kraft, die vom Kreuz kommt. Mich in den Armen des gekreuzigten Christus zu wissen, war für mich eine unerschöpfliche Quelle der Kraft. In diesem Sinne habe ich die Erfahrung gemacht, immer mehr zum Priester zu werden.

Miloslav Kardinal Vlk 2007

Erzbischof Miloslav Vlk schrieb dies 1994 über eine Epoche seines Lebens, die auf den ersten Blick mit seinem Amt als Priester wohl am wenigsten zu tun hat: Die Jahre als Fensterputzer, in denen er – von offizieller Seite vom priesterlichen Dienst ausgeschlossen – als einfacher Bürger Scheiben und Schaufenster in der Innenstadt von Prag putzte.

Sieben Jahre lang kam ich so kreuz und quer durch Prag, in der Hitze heißer Sommer wie bei minus 10°C in manchen Wintern, und tat diese Hilfsarbeit. Der Glaube an die Liebe Gottes war meine einzige Kraft. Es war dieses Licht, das mich besser verstehen ließ, was ich bis dahin höchstens theoretisch wusste: Das Kreuz ist untrennbar verbunden mit dem Leben Christi, von seiner Menschwerdung bis zu seiner Unterwerfung unter den Willen des Vaters. Es ist wie der Gipfel seines Lebens. Ich verstand, dass es auch integraler Bestandteil meines Lebens werden musste. Vorher predigte ich das Reich Gottes. Jetzt trat durch diese Arbeit, die ich mir nicht ausgesucht hatte, die mich isolierte und demütigte, das Kreuz in mein Leben. Im Glauben an die göttliche Liebe sagte ich „Ja" zu diesem Kreuz, wissend, dass es so sein sollte, für den Augenblick und die Zeit, die es dauern würde.

Miloslav Vlk war 46 Jahre alt und seit zehn Jahren Priester, als er 1978 aus politischen Gründen zur Aufgabe des Priesteramtes gezwungen wurde. Was brachte ihn dazu, seine Situation so zu verstehen, dass gerade beim Fensterputzen in den winterlich kalten Straßen Prags das Kreuz Christi, die Tiefe des Priesterseins sichtbar wurde? – Ein Blick auf seine Lebensgeschichte kann darüber vielleicht einige Auskunft geben:

Milo oder Mila, wie er als Kind genannt wurde, wurde 1932 im kleinen Dorf Líšnice südlich von Prag geboren. Er lebte dort zusammen mit seiner Mutter und den Großeltern, bis seine Mutter 1938 heiratete und sie auf den Bauernhof ihres Mannes in Záluží, etwa zwanzig Kilometer entfernt, umzogen. Hier half der junge Miloslav täglich bei der Arbeit auf dem Hof mit, entweder morgens früh vor der Schule oder am späten Nachmittag nach der Rückkehr. Die Erfahrung, dass der eigenen Hände Arbeit den Lebensunterhalt sichert und jeden Einsatz braucht, sollte ihm auch in späterer Zeit nützlich bleiben.

Wir hatten damals drei oder vier Hektar Land, die viel Arbeit bedeuteten. Ich war dort jeden Tag, auch während der Ferien. Ich war dazu erzogen worden, immer zu arbeiten und niemals Zeit zu verlieren. […] Als mein Vater 1944 ins Krankenhaus musste, habe ich alle Parzellen ganz allein bearbeitet, mit der ganzen Energie meiner zwölf Jahre. Meine Eltern haben mich auch zur Verantwortung in der Armut erzogen. […] Ich habe gelernt, mit ganz wenig auszukommen und mich nicht mit dem Gedanken daran aufzuhalten, was andere haben konnten.

Miloslav lernte also, hart zu arbeiten und mit wenig auszukommen, hatte aber in jungen Jahren einen großen Traum: Er wollte Pilot werden. Flog ein Flugzeug über das Gelände des elterlichen Bauernhofs, riefen die kleinen Schwestern: „Flugzeug, Flugzeug, warte auf unseren Mila!" Als ihm seine Lehrerin aber erzählte, dass es dafür ein teures Studium braucht, musste er diesen Traum wohl oder übel aufgeben.

Ein anderer Wunsch fand dafür den Weg ins Leben des jungen Milo: „Willst auch du Priester werden?", stand auf einem Plakat in der Kirche von Chyšky. Schon als Elfjähriger, so berichtete er später, spürte er die innere Bereitschaft zu einem leisen „Ja" anklingen. Noch behielt er den Wunsch für sich, zumal auch der Priesterberuf ein teures und langes Studium voraussetzte. Trotzdem wollte Milo den Wunsch nach einer Ausbildung nicht aufgeben:

Nach dem Krieg suchte ich nach einer Möglichkeit, ohne großen finanziellen Aufwand meine schulische Ausbildung fortzusetzen; denn meine Eltern verfügten nicht über große Mittel. Ein Freund meines Vaters gab uns den Hinweis, in Budweis gebe es ein Internat, wo man umsonst studieren könne. Ohne die geringste Ahnung, was das für eine Institution war, fuhr ich hin, machte die Aufnahmeprüfung und wurde angenommen. Erst als ich die schriftliche Bestätigung erhielt, begriff ich, wo ich gelandet war: Auf dem Zettel stand, dass ich aufgenommen werde mit dem Ziel, einmal Priester zu werden, wenn Gott es will. Es traf mich wie ein Blitz aus heiterem Himmel! Es war ein Knabenseminar! Ich war geschockt. Auf der Rückfahrt nach Hause habe ich im Zug lange nachgedacht, und als ich daheim ankam, stand meine Entscheidung fest: Ich wollte Priester werden. So besuchte ich von 1946 an das Gymnasium des Budweiser Seminars.

Miloslav fühlte sich wohl im Seminar. Das Lernen fiel ihm leicht, vor allem Griechisch und Hebräisch lernte er gern, und die Atmosphäre des gemeinsamen Lebens mit Gebet, Lernen und Spiel nennt er noch Jahre später „exzellent". Er traf im Seminar auch zum ersten Mal auf Bischof Josef Hlouch, für den er später arbeiten sollte. Während seiner Zeit im Seminar erfuhr Miloslav vor allem durch zwei Schwestern des Dritten Ordens des heiligen Franziskus in Budweis geistliche Prägung. Sie organisierten unter anderem Treffen und Begegnungen für Jugendliche, an denen Milo häufig teilnahm. Da sie in Zivil und ohne Habit arbeiteten, konnten sie ihre Arbeit auch in der kommunistischen Zeit lange fortführen.

Als 1948 die Kommunisten in der Tschechoslowakei an die Macht kamen, hatte das allerdings enorme Auswirkungen auf die Pläne des jungen Miloslav:

Den kommunistischen Putsch erlebte ich als sechzehnjähriger Gymnasiast im Knabenseminar. Durch den Zweiten Weltkrieg hatte sich meine Schulzeit insgesamt
verzögert, so dass ich erst 1952, als Zwanzigjähriger, das Abitur machen konnte.
Ich rechnete damit, nach dem Abitur ins Priesterseminar eintreten und Theologie
studieren zu können.
1949, nach dem Umsturz, nahmen uns die Kommunisten das Knabenseminar.
Diejenigen von uns, die die Berufung zum Priestertum schon stärker spürten, zogen damals ins Priesterseminar. Ein Jahr später wurde auch das Priesterseminar
aufgelöst, so dass wir in den letzten beiden Jahren vor dem Abitur privat bei verschiedenen Familien wohnten.
Damals lief der ideologische Kampf auf Hochtouren. Da ich nicht im kommunistischen Jugendverband war, durfte in meinem Zeugnis nicht „Mit Auszeichnung
bestanden" stehen, auch wenn ich in allen Fächern diese Note bekommen hatte.
Deshalb konnte ich auch kein Hochschulstudium beginnen und meinen geheimen
Wunsch nicht realisieren. Während der Kommunismus von Sieg zu Sieg eilte, stand
ich ohnmächtig mit leeren Händen da.

Zwei Jahre nach der kommunistischen Machtübernahme wurden alle
Priesterseminare aufgehoben und ein zentrales Priesterseminar für
Böhmen und Mähren in Prag errichtet. Die Bischöfe rieten den Kandidaten ab einzutreten, weil dieses Seminar zu sehr unter staatlicher Kontrolle sei. Eine andere Möglichkeit des Studiums gab es nicht.
Weil ihm, wie er selbst feststellte, nichts anderes übrig blieb, arbeitete Miloslav deshalb ein Jahr lang in einer Maschinenfabrik in Budweis. Der harten Arbeit setzte der Militärdienst ein Ende, den er 1953
in Karlsbad antreten musste. Die ersten Monate durften die jungen Re-
kruten die Kaserne gar nicht verlassen. Miloslav hütete seine Berufung
wie ein Geheimnis.

Als wir nach zwei Monaten erstmals die Kaserne verlassen durften, habe ich eine
Messe und eine Gelegenheit zum Beichten gesucht. Damals habe ich die Adresse
einer Familie bekommen, die ich bei meinen weiteren „Ausflügen" immer als „Ali-
bi" angeben konnte. Während die anderen sonntags irgendein Lokal aufsuchten,
ging ich, wenn es nur eben möglich war, zur Messe. Zu Weihnachten hatten einige
verschärften Dienst und mussten in der Kaserne bleiben. Gerne übernahm ich den
Dienst eines anderen, denn auf diese Weise konnte ich einmal allein sein und beten.
Das war mir sehr wichtig.

Wenigstens einmal wurde Miloslav vermutlich gerade seine politische
Unangepasstheit und religiöse Bindung in der Kaserne zur Rettung: Als
ein Soldat etwas gestohlen hatte, wurde eine außerordentliche Durchsu-

chung befohlen. Miloslav hielt sein Schicksal für besiegelt, da er in seinem Koffer ein Buch verbarg, das sich kritisch mit dem Kommunismus und dem Marxismus auseinandersetzte. Dann aber rief ihn plötzlich sein Leutnant zu einer Befragung, wohl in Kenntnis seiner Papiere, in denen erwähnt war, dass Milo das Knabenseminar besucht hatte. Miloslav vertraute dem Leutnant an, dass er ein gläubiger Christ sei, und dieser selbst erzählte, bei einem bekannten Professor religiöse Studien betrieben zu haben. Der Moment verband die beiden Männer, so dass der Leutnant Miloslav anbot, das gefährliche Buch vor der anstehenden Durchsuchung zu verstecken und später zurückzugeben.

Noch ein weiteres Mal sollte es Miloslav lebensentscheidend helfen, dass seine Vorgesetzten beim Militär ihn schätzten:

1954, im zweiten Jahr des Militärdienstes, konnte ich Weihnachten zu Hause verbringen. Dort traf ich einen Freund, der einen Studienplatz bekommen hatte. Er konnte mich dafür gewinnen, mich nochmals um einen Platz an der Universität zu bewerben. Immer wieder hatte es sich als hinderlich erwiesen, dass ich nicht dem kommunistischen Jugendverband angehörte. Doch meine Vorgesetzten beim Militär, die mir wohlgesonnen waren und mir helfen wollten, stellten mir eine Bescheinigung aus, dass ich aufgrund der positiven Wirkung des Militärdienstes nun für den Eintritt in den Jugendverband gefestigt sei. So wurde ich schließlich doch noch in die Universität aufgenommen.

Miloslav entschied sich für ein Studium der Archivistik, das ihm als die einzige Möglichkeit erschien, wenn er schon nicht Theologie studieren konnte, wenigstens seine Kenntnis der alten Sprachen weiter auszubauen.

Aber ich musste stets damit rechnen, wieder vom Studium ausgeschlossen zu werden, wenn herauskommen sollte, dass ich heimlich den Gottesdienst besuchte. Das Studium war sehr interessant und ich hatte eine gute Gruppe Gleichgesinnter gefunden. Manchmal trafen wir uns auch zum Gebet oder um miteinander ein religiöses Buch zu lesen, meist in einem Park. Es war eine schöne Zeit. Damals hoffte ich auf ein baldiges Ende der kommunistischen Herrschaft, aber diese Erwartung, die durch den Ungarnaufstand 1956 weitere Nahrung erhielt, erfüllte sich nicht. Mein Plan, nach dem Studium ins Priesterseminar einzutreten und Theologie zu studieren, ließ sich nicht verwirklichen.

In den fünf Jahren seines Studiums entdeckte Miloslav Vlk ganz neu den Wert des Lebens in christlicher Gemeinschaft. Auch diese Erfahrung sollte für sein Leben noch große Bedeutung haben. Es bildeten sich zahlreiche kleine Gruppen von Studenten, die sich aus Angst vor Verrat nur innerhalb ihrer eigenen kleinen Gruppe kannten, aber gemeinsam beteten oder die Heilige Schrift lasen. Vlk erinnerte sich später:

In diesen Gemeinschaften fand die Verwandlung eines traditionellen, gewöhnlichen Glaubens hin zur bewussten Überzeugung statt, dass Gott in unserem Leben gegenwärtig ist. In ihnen vollzog sich ganz konkret das Leben der Kirche, das heißt die gegenseitige Liebe und ein Leben, das sich prägen lässt durch das Wort Gottes. Diese Gruppen gaben uns die Kraft, angesichts der [...] antireligiösen Stimmung zu überleben. Wir waren wie Partisanen, Widerstandskämpfer auf dem Boden des Feindes. Wir waren immer auf der Hut. Während jedes unserer Treffen hielt einer Wache. Das war die Zeit einer großen Gnade. Wir fühlten, wie nah uns Gott war. Und das erfüllte uns mit Freude, trotz der feindseligen Situation.

Dieses intensive Erlebnis des christlichen Glaubens und die Unterstützung eines befreundeten Prämonstratenserpaters, an den sich Miloslav immer wieder wandte, halfen ihm auch durch schwierige Erfahrungen:

In den Jahren 1957/58 habe ich eine starke Krise durchgemacht. Weil das Warten schon so lange dauerte, wurde ich unsicher. Mir kamen Zweifel, ob dieser Weg wirklich Gottes Wille für mich war oder die Erfindung meiner Sehnsucht. Ich hatte damals ein Mädchen kennengelernt, das mich sehr anzog. Aber ich habe die Beziehung bewusst nicht enger gestaltet, weil ich immer noch vor Augen hatte, einmal Priester zu werden. Damals gab mir der Gedanke Kraft, dass der erste Anruf zum Priestertum ja „von außen" kam [...]. Deshalb ging ich trotz Unsicherheit und Dunkelheit weiter meinen Weg.

Nach dem Ende seines Studiums machte der frischgebackene Archivar schnell Karriere und wurde 1961 Chef des Archivs in Budweis. Die Arbeit gefiel ihm so gut, dass er häufig bis in die Abendstunden im Büro blieb, wenn seine Kollegen schon längst nach Hause gegangen waren. Dann eilte er in letzter Minute zur Messe.

Eines Tages besuchte ich heimlich meinen Bischof, der bei Schwestern untergebracht war. Er sagte mir, ich könne ins Seminar eintreten; inzwischen hatten sich die Beziehungen zwischen Staat und Kirche etwas gebessert. Auf dieses Wort hin kündigte ich 1963 meine Stelle. Im Archiv hatte ich eine hohe Stellung inne (nicht nur die Stadt, sondern der ganze Distrikt fiel in meinen Zuständigkeitsbereich), so dass man mich nicht gehen lassen wollte und mir die Erlaubnis zum Studium verweigerte. Erst als ich meine Vorgesetzten im Jahr darauf wissen ließ, wenn mir der Weg weiterhin versperrt würde, ginge ich ins Bergwerk oder zum Bau (daran durfte von Staats wegen niemand gehindert werden!), hat man mich endlich ziehen lassen.

So konnte ich nach zwölf langen Jahren des Wartens in Leitmeritz ins Priesterseminar eintreten. Für die Kollegen war es eine aufregende Sache, dass der Archivar wegging, um Priester zu werden. Einige empfanden das als interessant, andere gingen mir fortan aus dem Weg.

Miloslav durfte nun endlich ins Priesterseminar einziehen. Doch das langersehnte Leben war alles andere als idyllisch, und an die zu Studienzeiten selbstverständlich gelebte *Communio* ließ sich nur schwer wieder anknüpfen. Der Kommunismus warf seinen Schatten auch auf das Leben im Priesterseminar. Die ständige Vorsicht im Kontakt, die ängstliche Vermutung, dieser Seminarist oder jener Ausbildungsverantwortliche könnte ein Spitzel der Geheimpolizei sein, zerstörten jede Offenheit und warfen den Einzelnen radikal auf sich selbst zurück. Vlk sah darin auch eine Absicht der staatlichen Behörden, bewusst die Ausbildung der Priester zu erschweren:

In manchen Jahren hatten wir den begründeten Verdacht, dass selbst der Rektor des Seminars von der Geheimpolizei beeinflusst sei. Ein Ausbildungskonzept war schwer zu erkennen. Der Staat wollte verhindern, dass wir moderne, innerlich gefestigte Priester würden, die auf die Leute anziehend wirken. Moralisch schwache Priester waren damals höchst willkommen.

Diese schwierige Erfahrung führte Miloslav zu einer Erkenntnis und Lebenshaltung, die ihn auch durch sein weiteres Schicksal tragen sollte:

Die Grunderfahrung im Priesterseminar war für mich: Gott allein! Sich nur auf ihn stützen, nur mit ihm rechnen. Es war nicht möglich, auf Spiritual, Rektor oder Kollegen zu bauen, weil die Gefahr zu groß war, enttäuscht zu werden. Die allgemeine Unsicherheit schuf eine äußerst gespannte Atmosphäre. Sie vermittelte uns den Eindruck des Zerfalls und der Zersetzung. Das hätte zu einer großen Belastung führen können, unter Umständen zum Austritt aus dem Seminar. Es gab nur einen Ausweg, und diesen Weg bin ich gegangen: den Weg des Kreuzes. Ich glaubte an das Kreuz unseres Herrn Jesus Christus. Ich glaubte, dass jedes Fallen von Gott aufgefangen würde, wie auch der Tod Jesu am Kreuz zum Leben geführt hat. „Mein Gott, mein Gott, warum hast du mich verlassen?" Jesus hatte auch keinen anderen Ausweg. Unsere Situation schien mir ähnlich. Jesus glaubte an die Liebe des Vaters: „Vater, in deine Hände ..." Bis zum Äußersten an die Liebe des Vaters glauben und nicht in Verbitterung und Pessimismus verfallen, das war mein „Ausweg". Ich entdeckte im Kreuz die tiefste Offenbarung der Liebe Christi; ihm wollte ich nachfolgen, indem ich in dieser schwierigen Situation im Seminar durchhielt.

Auf dem Weg zu dieser Erkenntnis half Miloslav auch die Entdeckung der Spiritualität der Fokolar-Bewegung.[1] Auf einer Reise in die DDR schenkte ihm ein Priester den ersten Band der gerade auf Deutsch erschienenen „Meditationen" von Chiara Lubich. Einer der Texte, den dieser Priester Miloslav besonders ans Herz legte, hieß „Jesus, der Verlassene".

In diesen Jahren der Dunkelheit war die Begegnung mit der Fokolar-Bewegung ein großes Licht. Ihre Spiritualität bedeutete für mich, für uns, in welcher Situation auch immer wir uns befinden, uns zurück auf Gott zu orientieren, uns in seine Hände zu legen, uns in sein Wort zu vertiefen. Ich verstand, dass nur eines zählt: der Weg des Kreuzes. […] Wir durften nicht in Defätismus, Bitterkeit, Pessimismus verfallen, sondern den Glauben an den Vater bis zum Ende tragen. Ich erkannte, dass das Kreuz letztlich die größte Offenbarung der Liebe Christi ist. Deshalb versuchte ich von da an, mich ihm anzunähern, in dem ich die schmerzhaften Situationen des Lebens im Seminar annahm. […] Das war meine geistliche Ausbildung im Seminar.

Zurück im Seminar begann Vlk, diese Erkenntnis seines Besuchs in Deutschland in die Tat umzusetzen. Ein weiteres Mal spielte dafür eine kleine Gruppe junger Menschen, jetzt Seminaristen, eine Rolle, die sich regelmäßig und trotz des äußeren Drucks zu Gebet und Schriftlesung trafen und versuchten, die Worte der Heiligen Schrift in ihr Leben zu übersetzen. Er intensivierte außerdem seinen Kontakt mit der Fokolar-Bewegung, als er 1966 und 1967 an deren Sommertreffen in der DDR teilnahm.

Als es 1968 im Zuge des Prager Frühlings zu einer zwischenzeitlichen politischen Entspannung kam, wurde Vlks Priesterweihe endlich möglich. Seine eigenen Erfahrungen mit dem christlichen Leben und der Austausch in der Gemeinschaft kleiner Gruppen prägten auch die ersten Jahre seiner pastoralen Tätigkeit:

1968 wurde ich von Bischof Hlouch, der gerade aus seinem „Exil" zurückgekehrt war, in Budweis zum Priester geweiht. Meine Tätigkeit begann also in der Zeit des

---

1 Die Fokolar-Bewegung entstand 1943 in Trient. Die Bewegung um ihre Gründerin Chiara Lubich ist inzwischen international und interreligiös tätig und engagiert sich um Dialog und Verständigung. Eine der Säulen ihrer Spiritualität ist das Gebet an „Jesus, den Verlassenen" als geistliche Orientierung.

Prager Frühlings, der einen gewissen Freiraum für die pastorale Arbeit bot. Drei Jahre lang arbeitete ich als Sekretär des Bischofs. In der seelsorgerischen Arbeit konzentrierte ich mich auf die Schaffung kleiner Gemeinschaften, in denen die Kirche lebendig wird.

Der neu gewonnene Freiraum schloss sich schnell wieder, als die sogenannte „Normalisierung" einsetzte, die de facto eine Rückkehr zu den alten kommunistischen Praktiken bedeutete. Die Regierung setzte die Kirchen wieder stärker unter Druck, und auch das Leben der Gläubigen wurde erneut stärker eingeschränkt. Die Aktivitäten der Kirche sollten auf den Sonntagsgottesdienst beschränkt werden; Kontakt mit Jugendlichen und kirchliche Verbandsarbeit waren verboten, ebenso wie soziale oder kulturelle Aktivitäten. Die Messe zu zelebrieren, war Priestern nur mit staatlicher Erlaubnis gestattet, Laien sollten in der Kirche möglichst gar nicht tätig werden, wenn, dann nur im Chor oder als Küster, und es gab ohne offizielle Erlaubnis keine religiösen Gruppen mehr. Miloslav Vlk bekam diesen Druck deutlich zu spüren:

Die Staatsorgane drängten mich, die bestehenden Gruppen, die als unrechtmäßig galten, aufzulösen. Da ich nicht nachgeben wollte, zwangen sie 1971 den Bischof, mich gegen seinen Willen zu entlassen und von der Stadt aufs Land in die Böhmerwaldpfarreien Lažiště und Záblatí zu versetzen.

Die Zwangsversetzung in den Böhmerwald, wo man ihn wohl für weniger schädlich hielt, machte Miloslav zu schaffen.

In dieser Zeit habe ich Kraft geschöpft aus der Erfahrung, die ich bereits im Seminar gemacht hatte: Ich versuchte, die Schwierigkeiten anzunehmen und darin die Gestalt des Gekreuzigten zu finden. Die tiefe Gewissheit, dass dieses Kreuz mehr Segen für mich und die anderen bewirken kann als die Möglichkeit, noch ein paar Jahre im Amt zu bleiben, schenkte mir Ruhe und inneren Frieden; es ließ keine Verbitterung oder Feindschaft aufkommen. In dem kleinen Bergdorf, in dem ich wohnte, habe ich gelernt, mit einfachen Leuten zu leben. Man sah dem Pfarrer bis in den Teller, dort konnte man nichts verheimlichen, geschweige denn geheime Gruppen organisieren. Über jeden Besuch war man informiert, von jedem Auto wurde die Nummer aufgeschrieben und im oberen Stockwerk des Pfarrhauses wohnte ein Polizist. Mehr als Verkündigung durch Worte – auch die wurden bespitzelt – war das Zeugnis des Dienens und des Zuhörens vonnöten, und das konnte mir niemand nehmen.

Dies war eine wichtige Erfahrung für mich, die neue Akzente in meinem geistlichen Leben setzte: In der Zeit als Dorfpfarrer verstand ich, dass Gott von mir vor allem das Zeugnis meines Lebens verlangt. Wichtiger, als das Wort zu predigen, wurde für mich, das Wort zu leben. Wort *sein*! Für einen temperamentvollen Charakter, wie ich ihn habe, beinhaltete dies in vielen Momenten, schweigen zu können … Gott hat mich sozusagen zum Schweigen gebracht. Mein Leben als Priester konzentrierte sich nun viel stärker auf das Dasein und das Leben für die anderen. Allmählich habe ich begriffen, dass das „Leben für" der Stil des ganzen Lebens Jesu war […].

In dieser Demut weitete Vlk Tag für Tag seinen Dienst an seinen Gemeindemitgliedern aus. Selbst mit dem Polizisten, der zu seiner Überwachung da war, konnte er in dieser Zeit Kontakt aufbauen:

Meine Tante putzte immer den Wagen, nur mit einem Eimer Wasser und einem Tuch. Der Polizist hatte die passenderen Reinigungsmittel und Utensilien dafür. Als ich eines Tages mein Auto vor dem Haus geparkt hatte, bot er an, mir zu zeigen, wie ich es mit seinem Material putzen konnte. Die Menschen aus dem Dorf, von denen viele zum Einkaufen in den Laden auf der anderen Straßenseite kamen, waren erst mal schockiert und berührt, eine solche Szene zu sehen: den Priester mit seinem „Feind". Aber für mich war das, was hier passierte, eine Frucht der Liebe, der Nächstenliebe, die ich mit diesem Polizisten leben wollte.

Bereits nach sechzehn Monaten musste Vlk die Pfarrei verlassen und wurde nach Rožmitál pod Třemšínem versetzt. Die kurzfristige Zwangsversetzung verstand er selbst als prägende Erfahrung, in der er lernte, das Unvermeidliche und Leidvolle als sein Kreuz auf sich zu nehmen. In Rožmitál blieb er länger, insgesamt sieben Jahre. In dieser Zeit versuchte er auch, mit einigen Gläubigen intensiver in Gemeinschaft zu leben, und berichtete vor allem Jugendlichen von seinem eigenen Kontakt mit der Spiritualität der Fokolar-Bewegung. Aber auch hier setzte die Staatsmacht irgendwann Vlks Wirken ein Ende. 1978 wurde ihm die Genehmigung zur Ausübung seines Priesteramtes entzogen. Am 29. September trat er zum letzten Mal vor seine Pfarrei:

Niemals zuvor haben mir die Beine so gezittert wie damals, als ich 1978 zum letzten Mal vor die Pfarrei trat, um von ihr Abschied zu nehmen. Ich musste mich am Ambo festhalten, um nicht das Gleichgewicht zu verlieren.

In den Abschiedsworten an seine Gemeinde empfahl Vlk ihr die Aufrechterhaltung ihres gemeinsamen Lebens in Christus. Er selbst musste die Gemeinschaft der vergangenen Jahre nun hinter sich lassen. Er beschloss, nach Prag zu gehen, um in der Anonymität der Großstadt besser der staatlichen Beobachtung und Verfolgung zu entgehen.

Dieser neuerliche, schwere Schlag für sein Leben in der Berufung als Priester ging nicht spurlos an ihm vorüber. Er haderte mit seinem Schicksal und mit Gott:

Ich spürte diesen neuen Lebensabschnitt wie eine dunkle Nacht auf mich zukommen. Immer wieder rang ich mich zu einem Ja durch, obwohl es in mir schrie: „Warum, mein Gott, warum?" In einem solchen Augenblick kamen mir einmal die Worte eines Liedes in den Sinn: „Weil ich dich so liebe". In mir tobte es: „Das ist ja eine nette Liebe!"
Doch mit der Zeit wurde es in meiner Seele licht. Durch das Verbot, als Priester zu wirken, ist mir etwas sehr Tiefes aufgegangen. Es war, als würde Gott mir sagen: „Ich will nicht deine Arbeit. Darin gibst du dich nur mittelbar. Ich will deine Zeit für mich. Deine Arbeit soll kein Hindernis zwischen uns sein; ich möchte, dass du nicht für die Arbeit, sondern für mich lebst."
[…] Mir ist in jener Zeit bewusst geworden, dass Gott die Zeit, die Geschichte, jedes Ereignis in seinen Händen hält. Wenn ich mich damals in dieser Situation befand, dann nicht ohne seine Zustimmung oder ohne seine liebende Absicht. Ich musste, nein, ich *wollte* das annehmen und zu verstehen suchen, was er mir durch diese Umstände sagen will. Im Nachhinein kann ich sagen, dass ich damals einen neuen Glauben an die Liebe Gottes gefunden habe.
[…] Im Glauben an die Liebe Gottes konnte ich Ja sagen zu diesem Kreuz. Ich kann bezeugen, dass diese Zeit für mich die gesegnetste meines priesterlichen Lebens war. Sie brachte mir viele Gnaden und Licht und – vor allem – großen Frieden.

In Prag angekommen musste Vlk sich eine praktische Arbeit suchen – kein großes Problem für den einstigen Bauernsohn. Ein Salesianerpater, der bereits dort arbeitete, empfahl Vlk, sich als Fensterputzer bei der Reinigungsfirma Úklid zu bewerben. Hier arbeiteten schon einige Verbannte oder Verurteilte. Die Arbeit war frei und recht selbstständig, jeder Fensterputzer war für einen bestimmten Sektor verantwortlich und konnte dort im Großen und Ganzen ungestört tätig sein.

Vlk gelang es, nicht nur sein Schicksal zu akzeptieren, sondern daraus auch positive Bestätigung seines priesterlichen Dienstes zu beziehen. Einmal mehr war es auch das Leben in einer kleinen Gemeinschaft mit anderen Christen, das ihn unterstützte: Im Dezember 1980 gründeten in Prag drei Slowaken einen Fokolar, eine Gruppe gemeinschaftlich und zölibatär lebender Männer in der Spiritualität der Fokolar-Bewegung. Es war unmöglich, dass Miloslav bei ihnen lebte, zu groß war die Gefahr seiner Überwachung, aber er kam, sooft es ging, nach der Arbeit vorbei, um sich auszutauschen, gemeinsam zu beten, zu kochen und zu lernen.

Während dieser Zeit habe ich heimlich hinter verschlossenen Türen mit kleinen Gruppen die Messe gefeiert, Sakramente gespendet, freilich immer in Gefahr, entdeckt und [...] dafür bestraft zu werden. Aber ich wusste, dass die Liebe Gottes auch ins Gefängnis dringt.

Ich lebte diese Zeit in einer kleinen festen Gemeinschaft von Laien, in der wir versuchten, uns nach dem Evangelium auszurichten und nach dem Gebot der Liebe zu leben. [...] Dieses tägliche Leben mit dem auferstandenen Jesus unter uns gab mir die Kraft, das Kreuz zu tragen.

[...] In dieser Gemeinschaft, in der man mit Jesus in der Mitte lebte, konnte ich aufatmen, dort fand ich die Kraft für die tagtägliche Begegnung mit Jesus, dem Verlassenen. Aber das Leben in dieser Gemeinschaft war nicht immer leicht für mich. Ich bin ein eher impulsiver Mensch mit einer dynamischen, manchmal geradezu unbezähmbaren Natur und neige dazu, die Führung zu übernehmen und Entscheidungen schnell und eigenständig zu treffen. Es war außerordentlich schwierig für mich, der gegenseitigen Liebe die Priorität zu geben und dafür zu leben, dass Jesus unter uns gegenwärtig sein kann (vgl. Mt 18,20). Diese Gemeinschaft sowie das alltägliche Leben mit dem verlassenen Jesus sind für mich zu einer wahren Schule geworden, ich möchte sagen, zu einer „Hochschule der Einheit".

Neben diesem geheimen christlichen und priesterlichen Leben kämpfte Vlk weiter für die Wiedererteilung der staatlichen Erlaubnis zur Ausübung des Priesteramtes. Er wies in Eingaben immer wieder auf Verfahrensfehler hin, die den Entzug der Erlaubnis seiner Ansicht nach Unrecht werden ließen. Dieser offene Widerstand führte zu intensiverer Beobachtung durch die Polizei. Vlk wurde auch zu Verhören vorgeladen, was ihn aber nicht daran hinderte, seine Kontakte mit Vorsicht und Wachsamkeit weiter zu verfolgen.

Am 24. Januar 1986 konnte er seinen Posten als Fensterputzer kündigen und anfangen, im Archiv der tschechoslowakischen Nationalbank zu arbeiten. Auch weiterhin war er neben seiner Erwerbsarbeit vielfältig in der Untergrundkirche engagiert. Das Engagement war immer noch nicht ungefährlich, aber inzwischen hatte man gelernt, sich anzupassen:

In den letzten Jahren des Regimes wussten wir ziemlich genau, wie weit wir gehen konnten. 1986 beispielsweise war ich bei einem Treffen mit 450 Gläubigen dabei. Offiziell war so etwas natürlich nicht erlaubt. Aber unter dem Vorwand, eine Silberhochzeit zu feiern, konnten wir in einem Dorf über das Wochenende das Kulturhaus mieten. Ich habe dabei zelebriert, gepredigt und die Kommunion ausgeteilt. Die Überwachung von außen hat uns nicht sehr gestört. Wenn alle zusammenhielten, konnte man schon einiges unternehmen.

Ende 1987 zwang ihn dann ein Infarkt zu mehreren Wochen Pause im Krankenhaus. Zu Weihnachten schrieb er an seine Freunde:

Die Energie und die Vitalität, die man hat, sind nicht alles. Ich habe versucht, meine Situation in Gott zu deuten. Wenn ich darüber nachdenke, sehe ich meine Krankheit nicht als Tragödie, sondern als Geschenk, ein Zeichen der Liebe. Ich habe diese Situation angenommen als Gelegenheit, mich gut auszuruhen, und als Warnung, wenn nicht sogar als Rüge: Wir müssen mehr im Sinne Gottes leben und nicht im Sinne unseres menschlichen Nachdenkens. Man ist immer versucht, sich nach dem zu beurteilen, was man tut, und nicht, was man ist. Das habe ich stark empfunden, als mir alles aus den Händen genommen wurde. Ich erkannte, dass ich Gott immer stärker in meinen unterschiedlichen Tätigkeiten gesehen hatte. Das ist also der schnelle Überblick über mein Leben, den ich im Krankenhaus gewinne.

Ich bin da, allein, allein mit Gott, auch wenn mich täglich einige Brüder besuchen kommen. Aber es ist nicht die leere Einsamkeit des Clowns. Es ist die Fülle der Gegenwart des verlassenen Christus, die ich plötzlich in mir spüre, wenn ich die Situation ganz und gar akzeptiere.

Zum Ende der 1980er-Jahre gewannen die Christen in der Tschechoslowakei an Selbstbewusstsein. Am 28. September 1988, zehn Jahre, nachdem Vlk ihre Pfarrei hatte verlassen müssen, verfassten die Gläubigen der Gemeinde in Rožmitál ein erneutes Protestschreiben an den tschechischen Ratspräsidenten Štrougal sowie an den Erzbischof von Prag, in dem sie noch einmal die Fehlerhaftigkeit des Verfahrens gegen Vlk, das zum Entzug seiner Priestererlaubnis geführt hatte, darstellten. Dieses eigene und fremde bleibende Bemühen für Vlk trug Früchte: Am 1. Januar 1989 erhielt der Archivar Miloslav Vlk eine neue Erlaubnis zur Ausübung seines Priesteramtes.

Dass er in den langen Jahren als „normaler Bürger", als Fensterputzer und Archivar, niemals etwas anderes gewesen war als Priester, dass er in seinem Leben im Untergrund als Fokolar, als Gesprächspartner und Beichtvater seine Berufung auch unter den schwierigsten Bedingungen zu leben gewusst hatte, machte wohl die Überzeugungskraft des Priesters Vlk aus, die ihn später Bischof und Kardinal werden ließ.

2012 gab Vlk auf einer Konferenz ein Lebenszeugnis, in dem er von der Zeit nach seinem Abitur berichtete: Als deutlich war, dass er ohne eine Mitgliedschaft im kommunistischen Jugendverband nicht würde studieren dürfen, entschied er, diese Konsequenzen für seine Überzeugung in Kauf zu nehmen. Er machte eine Pilgerreise in der Region von Budweis, um seine Entscheidung im Gebet zu festigen. Dort hörte er als Lesung Worte aus dem ersten Petrusbrief, die ihm im Nachhinein wie ein Grundthema seines Lebens klingen: „Beugt euch also in Demut unter die mächtige Hand Gottes, damit er euch erhöht, wenn die Zeit gekommen ist" (1 Petr 5,6). Zudem erinnerte er sich an eine Erkenntnis, die ihn angesichts des Entzuges seiner Erlaubnis zum Priesterdienst bewegt hatte: „Von Anfang an wusste ich sehr gut, was zu tun wäre, um ein bequemeres Leben zu haben, doch dazu war ich nicht berufen. Meine Berufung war, Christus auf dem Kreuzweg zu folgen."

Miloslav Vlk ist heute Kardinal und emeritierter Erzbischof von Prag.

Die Texte wurden von Ruth Kubina zusammengestellt, die auch, wo nötig, die Dokumente aus dem Französischen übersetzt hat.

Diesem Beitrag liegen folgende Werke zugrunde:

A. Boudre, Laveur de vitres et archevêque. Biographie de Mgr Miloslav Vlk (Prague), Paris 1994.

M. Vlk, Reifezeit. Dietlinde Assmus im Gespräch mit dem Erzbischof von Prag, München ³1996.

Das erwähnte Lebenszeugnis von 2012 ist als Film verfügbar unter: http://www.oekumenischer-christusdienst.de/kardinal-miloslav-vlk-video/ [Abruf am 13.12.2013]; die zitierten Stellen finden sich ab 24'14" bzw. 44'14".

Im Folgenden die Zitate in der Reihenfolge ihres Vorkommens:

„Ich kann Ihnen versichern …", aus: A. Boudre, Laveur, 100.
„Sieben Jahre lang …", aus: A. Boudre, Laveur, 100.
„Wir hatten damals …", aus: A. Boudre, Laveur, 18.
„Nach dem Krieg …", aus: M. Vlk, Reifezeit, 13.
„Den kommunistischen Putsch …", aus: M. Vlk, Reifezeit, 14f.
„Als wir …", aus: M. Vlk, Reifezeit, 15f.
„1954, im zweiten Jahr …", aus: M. Vlk, Reifezeit, 16.
„Aber ich musste …", aus: M. Vlk, Reifezeit, 16f.
„In diesen Gemeinschaften …", aus: A. Boudre, Laveur, 40.
„In den Jahren 1957/58 …", aus: M. Vlk, Reifezeit, 17f.
„Eines Tages …", aus: M. Vlk, Reifezeit, 18.
„In manchen Jahren …", aus: M. Vlk, Reifezeit, 21.
„Die Grunderfahrung …", aus: M. Vlk, Reifezeit, 21f.

„In diesen Jahren …", aus: A. Boudre, Laveur, 52f.

„1968 wurde ich …", aus: M. Vlk, Reifezeit, 22.

„Die Staatsorgane …", aus: M. Vlk, Reifezeit, 22.

„In dieser Zeit …", aus: M. Vlk, Reifezeit, 22f.

„Meine Tante …", aus: A. Boudre, Laveur, 72.

„Niemals zuvor …", aus: M. Vlk, Reifezeit, 26.

„Ich spürte …", aus: M. Vlk, Reifezeit, 26–29.

„Während dieser Zeit …", aus: M. Vlk, Reifezeit, 30–32.

„In den letzten Jahren …", aus: M. Vlk, Reifezeit, 61.

„Die Energie …", aus: A. Boudre, Laveur, 120f.

Verzeichnis der Autorinnen und Autoren

Bremer, Prof. Dr. Thomas, Professor für Ökumenik, Ostkirchenkunde und Friedensforschung am Ökumenischen Institut der Katholisch-Theologischen Fakultät der Universität Münster.

Damenia, Maia, Dipl.-Theologin, wissenschaftliche Mitarbeiterin an verschiedenen Projekten der Staatlichen Ilia-Universität in Tiflis und Erasmusstipendiatin an der Universität in Bologna. Ihr Forschungsschwerpunt liegt auf der Selbst- und Fremdwahrnehmung Georgiens vom 17. bis zum 19. Jahrhundert.

Dartmann SJ, Stefan, ist Hauptgeschäftsführer von Renovabis, der Solidaritätsaktion der deutschen Katholiken mit den Menschen in Mittel- und Osteuropa, in Freising.

Haneke, Burkhard, ist Geschäftsführer bei Renovabis, der Solidaritätsaktion der deutschen Katholiken mit den Menschen in Mittel- und Osteuropa, in Freising.

Hubitsch, Lidija, Journalistin, wissenschaftliche Mitarbeiterin an der Ukrainischen Katholischen Universität in Lwiw.

Jović, Savo B., Erzpriester-Stavrophor und Sekretär des Heiligen Synods der Serbischen Orthodoxen Kirche, Belgrad.

Kalkandjieva, Dr. Daniela, Historikerin mit dem Forschungsschwerpunkt Geschichte der orthodoxen Kirche und Gesellschaft in Osteuropa. Sie arbeitet zurzeit für die bulgarische NRO „Professor Balan", Sofia.

Kharko, Alena, Dipl.-Theologin, wissenschaftliche Mitarbeiterin im Projekt „Glaubenszeugen während des Kommunismus" am Ökumenischen Institut der Katholisch-Theologischen Fakultät der Universität Münster.

Kubina, Ruth, Dipl.-Theologin, wissenschaftliche Mitarbeiterin im Projekt „Glaubenszeugen während des Kommunismus" am Ökumenischen Institut der Katholisch-Theologischen Fakultät der Universität Münster.

Kunter, PD Dr. Katharina, Historikerin und evangelische Theologin. Zu ihren Fachgebieten zählen u. a. Menschen- und Bürgerrechte und der Kalte Krieg. Sie arbeitet an der Evangelischen Akademie in Frankfurt a.M.

Marinescu, Prof. Dr. Adrian, rumänisch-orthodoxer Theologe und Professor für Liturgik und Patrologie mit Alter Kirchengeschichte an der Ludwig-Maximilians-Universität München. Einer seiner Forschungsschwerpunkte ist das theologische Denken von Dumitru Stăniloae.

Neupauer, PhD Mgr. František, Historiker, Publizist und Hochschullehrer. Gründer des Museums der Verbrechen und der Opfer des Kommunismus und Vorsitzender des Bürgervereins „Unauffällige Helden" in Bratislava.

Pągowska, Agnieszka, ist als Kulturwissenschaftlerin und bildende Künstlerin in Berlin tätig.

Paršić OP, Rando, war Ordenspriester des Dominikanerordens und wirkte im heutigen Kroatien. Er starb 2004.

Plíšek, Jonáš, forscht für seine Doktorarbeit über den tschechischen Theologen Josef L. Hromádka an der Evangelisch-Theologischen Fakultät in Prag. Außerdem arbeitet er in der Zentralen Kirchenkanzlei der Evangelischen Kirche der Böhmischen Brüder in der Abteilung für Ökumene und internationale Beziehungen.

Stăniloae Ionescu, Lidia, Physikerin, Übersetzerin und Autorin. Tochter des rumänischen Theologen Dumitru Stăniloae, Freiburg i.Br.

Zele, Daniel, ist Kaplan der Pfarrei Liebfrauen-Überwasser in Münster und als Seelsorger für die rumänischsprachigen griechisch-katholischen Christen im Bistum Münster tätig.